「若者」の時代

菊地史彦
Kikuchi Fumihiko

TRANSVIEW
トランスビュー

「若者」の時代＊目次

第5章 学園はいかに夢見られたか——学校意識の変容

第6章 〈遠郊〉の憂鬱——地元意識の変容 254

終　章　東北と若者たち　296

装幀　菊地信義

#「若者」の時代

17歳の頃、ほんとうのことを知った

I learmed the truth at seventeen

AT SEVENTEEN by JANIS IAN

序章　反抗までもう一歩

1　美空ひばりの不機嫌な踊り子

美空ひばりは、十七歳になる直前、『伊豆の踊子』（松竹、一九五四）に出演した。もちろん、踊り子・薫の役である。相手の一高（第一高等学校）の学生役は、新進の石浜朗だった。監督は、後に『張込み』（一九五八）などの佳作を撮る野村芳太郎である。

ひばりは、この時点ですでに四十本以上の映画に出演していた。日本映画が頂上にさしかかる時期、彼女は松竹を中心に、プログラムピクチュアの稼ぎ手の一人だったのである。

前年の春、ひばりは精華学園中等部から、そのまま高等部へ進学した。一家は、彼女の稼ぎによって、横浜市磯子区間坂《まさか》に新居を建設した。いわゆる「ひばり御殿」である。敷地が八〇〇坪、総檜《ひのき》二階建ての家屋が延べ一〇〇坪、庭にはプールもあった。

しかし、『悲しき口笛』（一九四九）で衝撃的なデビューを飾り、『東京キッド』（一九五〇）、『あの丘越えて』（一九五一）、『リンゴ園の少女』（一九五二）と快進撃を続けた少女歌手にして子役女優は、この頃難しい時期を迎えていた。十代の後半へさしかかれば、観客は当然ながら、「恋する娘」への転換を求める。それは同時に、恋する喜びと悲しみを表現できる演技派への期待でもあった。

『伊豆の踊子』は、そうした期待に応えようとする、正念場の映画だった。

川端康成のこの作品は戦前、五所平之助によって映画化されている（松竹、一九三三）。踊り子は田中絹代、一高生は大日向傳《おびなたでん》が演じた。五所は、弱く貧しい人々が拠り所とするものを陰影深く描く監督とされるが、本作はその手腕を確かめ得る貴重な作品である（現存する五所の無声映画は、『愛撫（ラ・ムール）』と本作の二本しかない）。

伏見晁の脚色は、原作にないエピソードを織り込んで若い二人の悲恋を盛り上げており、その手際は周到で強い説得力を発揮している。また五所の細かく刻むショットは、登場人物の感情や心理の動きをていねいに捉え、小原譲治の的確なカメラワークと相まって、穏やかな山村風景と人々の心象を重ね、完成度の高い映像に仕上げている。佐藤忠男が、後の五回に及ぶ再映画化作品の中で、本作を超えるものはないと言いきったのは頷ける。

初めて再映画化された『伊豆の踊子』で、ひばりは、田中絹代とはまったくちがう踊り子・薫を演じてみせた。彼女は、ごく例外的な笑顔を除けば、終始不機嫌で、ふくれっ面をしている。口数は少なく、心の内を明かすことを自ら禁じているようだ。

よく知られているように、〝学生さん〟や〝書生さん〟と呼ばれる一高生と旅芸人の一行には、画然たる階層差が書き込まれている。茶屋の老婆も宿屋の仲居も、彼を旦那様と呼び、厚遇する一方で、芸人たちを「あんな者」と呼び、地に根を張る生活者の一段下に置こうとする。

そうした差別を知る薫は、当初、一高生のやや過剰な凝視にたじろぎながら、少し上目づかいの視線で敢然と睨みかえす。その警戒的な眼差しを演出したのは、野村芳太郎にちがいない。彼は、五所の考え方を彼なりに再解釈し、柔弱かつ健気な絹代版・薫に代えて、純情だが勝気なひばり版・薫をつくりだそうと考えたのだろう。

私は、その試みはきわめて効果的だったと思う。

ひばりの踊り子は、後の若手女優（鰐淵晴子、吉永小百合、内藤洋子、山口百恵ら）が演じた踊り子と異なり、さほど可憐ではないが、代わりに哀愁を含む圧倒的存在感を発揮している。

五所の作品で脚色を担当した伏見晁は、野村の作品にも名を連ねている。湯ヶ野の資産家が薫を引き取りたいと申し出るのは、伏見の付け加えたエピソードで、二つの作品では細部が異なるが、これが下田港の別れに、原作にない強度を与えている。川端の原作では、旅費の払底が一高生の帰京を促しているが、伏見脚本では、薫の結婚という将来の「幸福」を思って身を引く男と、それと知りながら、諦めきれない女の悲愁が前面化している。

この場面で、田中絹代が演じる薫は、岸壁で泣き崩れ、男の胸に顔を埋めるが、ひばりの方は、じっとしゃがみ込んだまま、目を合わせようとさえしない。櫛と万年筆が交換される際のわずかな会話をのぞけば、別れの挨拶さえ彼女は口にしないのだ。

ここにいる踊り子・薫は、一時の恋に揺れた自身を悔やんでいるばかりではない。自分の人生や運命が、自分の埒外の事情で変更されていくことに、強い不満を抱いている。彼女の内面的な「不機嫌」は、もうひとつのありえたかもしれない人生へ向かって動き出せない無力感から生まれ、岸壁に立ちつくしているのである。


ひばりの踊り子が表出した不機嫌と無力感は、まちがいなく、ひばり自身の本質に通じている（多くの人はそれを「哀愁」と呼んだ）。またひばりは、終生、この不機嫌と無力感を振り捨てようとはしなかった。

その理由はまず、彼女の性格に起因している。

少女時代の彼女は、もともと内向的な性格だったという。陰に籠る子として「インコモちゃん」という渾名がついたこともある。ノンフィクション作家の上前《うえまえ》淳一郎は、「ひばりの内向的な性格は、才能の一部である」と書いた（『イカロスの翼』、一九七八）。なぜなら、「声帯や表情で感情を表現する場合、そのひとの性格は内向的であればあるほどよい。エネルギーが外へ発散せず、沈潜して、一点から噴出しやすくなるからだ」（前掲書）。

ただしひばりは、その鋭敏さによって、歌唱や演技へ転化しきれない「澱《おり》」が内部に残ることに気づいていた。彼女の表現に（たとえ歌いながら涙を流しても）自己陶酔感がないのはそのためである。むしろそこには、微かな不機嫌や無力感の影が射していた。

もうひとつは、彼女が虐げられた経験を持っていたことである。デビュー寸前のひばりは、笠置シヅ子のブギや「セコハン娘」を歌っていたが、その当人から自分の持ち歌を歌うなと言い渡されたことがある。理由は定かでなかったが、飛ぶ鳥を落とす勢いの笠置の要求とあっては、誰も抵抗することができなかった。

また、〝大人の歌を歌う子ども〟として奇異の眼差しで見られ、侮辱されたこともある。小学三年生の頃、NHKラジオの「のど自慢素人音楽会」で、大人の歌を歌ったひばりは、審査の対象にならず、落選のカネさえ鳴らしてもらえなかった（審査員の古賀政男は後に、正式参加ではなかったこと、「気持ち悪い子だと思った」ことを述懐している）。

デビュー後は、たとえば詩人のサトウハチローが、「ブギウギこども」（『東京タイムズ』、一九五〇年一月二十三日）と題した記事で、彼女を「ゲテモノ」と呼んだ。ひばりの母は「ゲテモノ」という言葉を知らず、夫に尋ね、その意味を聞いて蒼白になったという。また、当時『婦人朝日』の編集長だった飯沢匡《ただす》（劇作家）は、誌上でひばりの過酷な労働環境を追及し、記事のリードに「「畸形的な大人」を狙った小歌手が目下大いに持て囃されている」と書いた（『婦人朝日』、一九四九年十月）。総じてひばりは、進歩的知識人から嫌われた。差別されたと言っても過言ではない。

さらにいえば、ひばりと家族の関係がある。母・喜美枝は、わが娘の成功のために、自分の人生をすべて投げ出した。ひばりは折につけ、母の愛情の深さに感謝を表明しつづけたが、感情の中にまで踏み込んでくる母親の横暴に、圧迫され続けたことはまちがいない。ひばりは、自分が母を独占したことで、幼かった妹や弟たちの拠り所を奪ってしまったと悔やんでみせたが、これが遠回しな母親批判であることは、誰にも分かった。

ただし、ひばりの踊り子に現われた不機嫌と無力感には、本人の資質や経験だけでは、語りきれないものがある。「戦後史的存在」としての美空ひばりに目を向けなければ、彼女と彼女に心奪われた人々との関係が、見えてこないのだ。

ひばりを論じた作品はいくつかあるが、彼女と同じ一九三七年に生まれた阿《あ》久《く》悠《ゆう》の言葉は、中でも印象的である。作詞家になって十年後にひばりに会ったとたん、少年時代の「かなわない」という感情が蘇って、口がきけなかった。彼は、弁解するようにこう書いている。

> いくらか自分を正当化するつもりもあるかもしれないが、ぼくは、美空ひばりは、天才少女歌手といった生やさしい存在ではない、と思っている。ファンタジーである。敗戦の焦土が誕生させた突然変異の生命体で、しかも、人を救う使命を帯びていた、ということである。
> だから、可愛いとか、可愛くないとか、子どもと大人とかいう常識の線引きは許されない。関係ないのである。
> そのことを同年のぼくらはわかっていたが、大人たちには理解を超えた存在で、悪口を言う人もいたのである。（『愛すべき名歌たち』、一九九九）

阿久の言葉を信じれば、ひばりの不機嫌と無力感もまた、彼女の資質や経験を超えたものである。

「突然変異の生命体」は、十七歳の春、貧しい踊り子の役柄を通して、若者と〈世界〉との本質的な関係を体現したのである。彼女はほぼ無言のまま、わずかな表情の変化だけで、〈世界〉の不条理と、それをどうすることもできない自分への憤りを表わした。これが、戦後の若者たちの、普遍的な意識と通い合っていたのは確かだと思う。

一九五〇年代に、彼女が獲得した超絶的な人気の秘密は、歌手や役者としての能力だけでは説明できない。和洋の多彩なジャンルを歌いこなし、現代の働く女性から江戸の目明かしまで幅広く演じながら、ひばりの魅力は一貫している。

それは、華やかさの中の奇妙な重さ（泥臭さと言ってもいい）である。表面上の明るい強さの端ばしに垣間見える陰りのある表情は、恐らく彼女の若いファンに、もっともよく通じていたはずである（その多くは農村から都会へ出てきた若い女性たちだった）。不機嫌と無力感、言い換えれば悔しさと諦めの感情は、若年の大衆というもっとも弱い人々に、たいそう近しい感情だったのである。

折しも、『伊豆の踊子』が封切られた一九五四年は、日本の戦後社会が「五五年体制」へ舵を切る直前である。それは、自民党と社会党の二大政党体制だけを指しているのではない。資本と労働もまた、「春闘」を軸に共存補完体制へ雪崩《なだ》れ込んでいった。

「もはや戦後ではない」のかけ声がそこまできていた。「戦後革命」と呼ばれる動乱期に、横浜のダウンタウンから出現した少女は、この映画の中で一瞬立ち止まって、「素」に戻った印象がある。

その時、いくつかの偶然が重なり、何かが彼女に降り来たったのである。

2　若者たちに求められたもの

この本で私が論じていくのは、戦後の若者たちにまつわる、格別の事象である。主な関心は、それぞれの時代で、若者たちが仲間や家族や学校、地域や社会や国家にどんなふうに触れたのか、または扱われたのかというところにある。多くの場合は、「層」としての若者を論じているが、「層」を抜きん出た個人を描いた箇所もある。〝抜きん出た〟というのは、生まれついての「才」や並はずれた努力による「技」ばかりではない。「層」から転がり出た「業《ごう》」も含んでいる。

なぜ、若者たちを論じるのか。

彼らが時代の変化に敏感だからである。楽観的なようだが、若者たちが、その時々に発した言葉や取った行動を見ていけば、時代の感情のようなものがかなりよくわかる。

もちろん若者たちの反応だけで、すべてを知ることはできない。ことの本当の意味は、時に若者たちがとうてい思い及ばない深層にある。それでも、彼らへの注視が有効なのは、寄せてくる歴史の波頭に対する期待や不安や恐怖が、若者たちの「気分」の中に投影しているからだ。彼らは、〈社会意識〉のもっとも感度の高いアンテナなのである。

ではなぜ、彼らは敏感なのか。

その理由は、彼らが社会から期待され、求められるからである。彼らは若いという一点において、未来の社会を支え、担う使命を課せられている。しかもそれらの要求は、たいていの場合、労役や搾取や犠牲を意味している。それゆえに若者たちは、〈社会意識〉に対していつでも、並々ならぬ関心を払い続けてきたのである。

彼らが敏感であるもうひとつの理由は、自身が弱者であることを知っているからだ。知識と経験と人脈に乏しい者たちは、要求に逆らえないから、怯えている。時に不機嫌や反抗へ転じることもあるが、怯えは無力感とともに、じっと立ちすくんでいる。

戦後は、若者たちが主導権を握った時代だと思われている。確かに、一九四七年頃から出生数が急激に高まり、数年間にわたるベビーブームが出現した。このいわゆる「団塊世代」（一九四七〜四九年生）の約八〇〇万人をコアに、六〇年代の経済・社会・文化が若者へシフトした傾向はある。

しかしそれは、若者の地位が向上したという意味ではない。彼らは、重要な労働力として、また強力な消費者として期待され、厚遇されたが、それは彼らが利益をもたらす存在だったからだ。本質的な意味で、若者たちがイニシアティブを取った時代はない。

当然ながら、急激な人口の膨張は、厳しい競争環境を生みだした。富や財は、いつの時代も大人の側にあり、その配分方法は彼らの権限のうちにある。それでも高度経済成長期には、若者と社会は（小さな摩擦はあったにせよ）比較的円満な関係を続けた。雇用が拡大する中で、若者は自身の自由も拡大できるように感じたからだ。

この時期の不機嫌は、若者の自己意識の拡大（または自由の幻想の膨張）を妨げるものいっさいに向けられた。日活アクションからヌーヴェル・ヴァーグと安保ブントを経て、全共闘とヒッピーまで、高度経済成長期の不機嫌はほぼ同じかたちをしている。

それは、ひばりの踊り子が表出したものの一部を受け継ぎ、一部を捨て去った。六〇年代の若者たちは、〝ありえたかもしれない可能性〟への夢は継承したものの、その幾分かを自己の欲望（または「豊かさ」）の実現へ置換してしまったきらいがある。その分だけ、もとの不機嫌が含んでいた絶対的な無力感は薄まり、やや子どもっぽい、ないものねだりの表情が浮上した。

そのような好況期の様相が変わったのは、七〇年代の後半である。経済成長が終わりを告げ、革命運動の機運が完全に消滅し、若者たちは、拡大しきった自己意識の撤収を始めざるをえなかった。村上龍や村上春樹の作品に登場する不機嫌な人物は、この分の悪い後退戦にてこずっているような印象がある。

九〇年代以後の不機嫌は、もはや若者の側の事情（自己や欲望）と無関係である。バブルの崩壊後、ふつうの若者たちは、重要な労働力としては期待されなくなり、当然ながら消費者としても期待されなくなった。周到な排除と格差によって、「不機嫌な学園」と「不機嫌な職場」が、いたるところに生まれた。その不機嫌には、暴力と絶望が貼りついている。

本書が、若者たちの姿を捉えるために据えた視点は、戦後社会が彼らをどのような「能力」と見なし、何を要求したかということだ。先に述べたように、社会は若者たちに期待し、そのつど必要なものを求める。諸々の要求は具体的な項目ばかりでなく、〈社会意識〉を通じて、また物語や隠喩や商品を介して伝えられる。そうした変幻自在な〝ニーズ〟の背後を知るためには、大ざっぱとはいえ、一定の視点が必要だと思うからだ。

第一は、若者の労働力がどのように求められたか、である。

一九六〇年代以後の高度経済成長期にあって、日本の企業が若者に求めたのは、学校で身につけた一般的な学力、まじめで明るく、他者と協調できる性格、長時間労働をこなせる体力だった（一部の特殊な職種を除き、専門知識が問われることはなかった）。

こうした汎用的な能力が重視されたのは、戦後日本の企業社会が、職種を限定せず、フレキシブルな職場配置を行なったからである。市況の急激な変化や不断の技術革新に応え、仕事の内容や構成をすばやく変えていくには、欧米型の職務を限定した雇用は不都合である。若者たちは、最初から「多能工」として働くことを前提に、フレキシブルな適応力を発揮することを期待され、詳細な職務記述のない労働契約を結んだのである。

経済学者の熊沢誠は、この汎用的な能力に加えて、「生活態度としての能力」を挙げている。従業員は、企業から、「生活の全体を仕事志向で会社中心とする態度・姿勢・性格を半ば強制的、半ば自発的に要求される」（『若者が働くとき』、二〇〇六）。私用を犠牲にする残業や、就業時間以外の研修に励む態度も、企業は能力として認め、評価した。

日本の企業は、これら二つの能力を支えるものが、先に述べたように、成績・性格・体力の三点セットであることを見抜き、働き口を求める若者に要求した。このような能力主義的要請の見返りが、終身雇用と年功制だったことは言うまでもない。また、企業に学生を送り込む学校も、相手の要求に違うことは言わなかった。迎合したわけではないが、結果的に方向が重なったのである。

より正確に事情を言えば、「戦後民主教育」を支えた人々は、どんな階層の生徒でも、普通教育過程を中心に学力水準を引き上げることを望ましいと考え、早期から職業教育のコースへ生徒を割り振るのをよしとしなかった。この発想は生徒にも保護者にも広く受け入れられ、高校進学は普通過程を中心に、きわめて競争的な様相を示すことになる。

多科目偏差値評価で好成績を収め、かつ厳しい受験競争を制する能力は、企業が求める柔軟性や生活態度と適合性が高いとされた。特に需要が多かった営業・事務系ホワイトカラーには、専門知識より、ＯＪＴ（On the Job Training、企業内で社員が社員を指導する訓練）になじむ学習能力の方が重要と考えられたからである。

学校で成功した者は企業でも成功しやすい——高度経済成長に基づく安定期を通して、企業と学校は（結果的にだが）、若者の能力に対して、ほぼ同一の評価基準を指し示したのである。

第二は、家族力としてどのようなことが要求されたか、である。家族力とは、家族の一員として貢献する能力というほどの意味で使う。

初期の戦後社会が描き出したありたい姿は、より多くの財に囲まれた「豊かな暮らし」という自己像だった。民主主義も確かに主導的な理念だったが、そこで唱えられた公平や平等は、「豊かな暮らし」への個人主義的な競争の公平や平等（機会均等主義）と見なされたところがある。民主主義は、豊かな社会の手段として捉えられたのである。

「豊かな暮らし」を直接欲したのは、家族である。

その欲求を実現するための方策が、世代を超えた階層上昇であり、一番確実なルートが子どもの教育（進学）だった。一九五五年に開始されて現在まで続くSSM調査（日本の社会学者によって十年ごとに行なわれている社会階層および社会移動に関する調査）を見ても、そのことが分かる。戦後の階層流動では、農林漁業層やブルーカラーの子弟からホワイトカラーになった比率がきわめて高いこと、また学歴の獲得による階層移動が「地位形成のメインストリート」であったことが明確に見てとれる。

つまり「豊かな暮らし」への欲求が、戦後家族の階層上昇を促し、若者にその主役を務めるように求めた。彼らは、進学競争を勝ち抜き、しかるべき企業に入り、安定した収入を得ることを期待された（女性の場合は、そのような「主役」との婚姻が要請されることも多かった）。そして結婚と子育てを一通りこなし、老親の面倒を見ながら、資産の維持と拡大を滞りなく遂行することを、無言のうちに要請されたのである。

これについても、学校は基本的に、異論を差しはさまなかった。教科のみならず、民主主義を教えた教師たちは存在したが、彼らも家族の戦略について、異見を述べることはなかった。日活映画『キューポラのある街』（一九六二）で、吉永小百合が演じた石黒ジュンに、担任教師の野田（加藤武）は、普通高校への進学を薦めこそすれ、彼女が階層上昇への機会をつかむのに反対はしなかったはずだ。日本人のかなりの部分が貧しかった時代、若者の家族力に期待をつなぐのは、人々のごく自然な気持ちだった。

第三は、若者の消費力への要求がどのようなものだったか、である。

戦後の消費ブームが、家族消費から始まったことはよく知られている。家電製品から始まって自動車へ、さらに持ち家へと、戦後家族は律儀に購買対象の額を高めていった。一九七〇年代から八〇年代に住宅を買ってしまうと、後がなくなった。戦後家族は、家族消費の終了とともに終焉を迎えたのである。個人消費が本格的に始まるのは、その後なのだ。

そのような消費社会史の中で、早い時期に個人消費の先鋒を担ったのが、若者たちだった。若者向けの商品は、このベビーブーマーたちが青年期に達した一九六〇年代半ば、大挙して街に登場する。たとえば「ファッション」がようやく大衆化するのは、この頃のことである。背景には、高度経済成長期の賃金上昇や人手不足によって、若者たちにも可処分所得がもたらされたことがある。そうした新参の消費者を当てにして、若者のための雑誌やテレビ番組が生まれ、消費情報が流通し始めた。若者たちは、消費の楽しさをアピールし、消費文化を体現するメッセンジャーとして大いに期待されたのである。

消費アイテムは、衣や食に留まらず、さまざまな娯楽の分野に及んだ。音楽・映画・文学、遊興そして恋愛。大人のものとはちがう、若者だけを相手にした商品やサービスの市場が自立できる環境が整ったのである。

3 〈社会意識〉と若者の戦略

以上の三つの要求は、良くも悪くも、戦後の若者をめぐる〈社会意識〉の中心にあった。ただし、六〇年代半ばまで、三者はややちぐはぐだった。多くの企業は、日本的雇用慣行に引きずられ、能力主義に踏み切れていなかったし、進学熱は高まりつつあったが、受け入れ先はまだ十分ではなかった。「豊かな生活」を支える消費社会もまだ、できあがっていなかった。

三つの要求が、ほぼ重なって、一つの焦点をつくり出すのは、高度経済成長が勢いをつけてからである。企業が日本的雇用形態に潜む能力主義を洗練させていき、家族はその見返りとして、賃金の急速な伸びを手にした。そして街には、その金を遣う機会がどんどん増えていった。

山田洋次の監督第二作である『下町の太陽』（松竹、一九六三）には、早川保が演じる毛利道男という会社員が登場する。彼は、主役の寺島町子（倍賞千恵子）が勤める石鹼工場で、事務職についている。なにかのきっかけで二人はつきあうようになり、結婚の約束をしている。

道男は野心を持つ青年として描かれている。正社員登用試験に合格し、都心の本社に勤めたいと考え、経営学を独学で学んでいる。また彼の野心が、父親由来であることもほのめかされている。父親はかつて軍隊で、息子の会社の総務部長の上官であったらしく、登用試験の前に挨拶に出向く。山田監督は、親子二代の階層上昇をサブストーリーに組み込んで、この時代の〝若者と家族の戦略〟の一端をさりげなく描いてみせたのだ。

もっとも、若者たちが三つの要求を鵜吞みにしたかといえば、そうではない。

映画の中で、町子は、道男を選ばず、鉄工所の工員・北良介（勝呂誉）に惹かれるようになる。出世して、郊外の団地に住もうという道男の申し出を断る彼女は、高度経済成長の一端を支えた〝大衆の戦略〟に、疑義を呈したのである。

もうひとつ、別の資料を見ておこう。

統計数理研究所が一九五三年以後行なっている「日本人の国民性調査」では、「くらし方」の意識について、一九五三年から二〇〇八年まで半世紀の推移を一望することができる（次頁図参照）。この国民性調査は、以下の選択肢から自分の望む「くらし方」を選ばせている。

1　一生けんめい働き、金持ちになること（金持ち）
2　まじめに勉強して、名をあげること（名をあげる）
3　金や名誉を考えずに、自分の趣味にあったくらし方をすること（趣味）
4　その日その日を、のんきにクヨクヨしないでくらすこと（のんきに）
5　世の中の正しくないことを押しのけて、どこまでも清く正しくくらすこと（清く正しく）
6　自分の一身のことを考えずに、社会のためにすべてを捧げてくらすこと（社会につくす）

二十歳代の層を取り出して全体値を比較すると、「趣味」の比率に差があることがわかる。戦後初の一九五三年でも、二十歳代は全体値に八ポイントの大差をつけており、最大では一六ポイントの開きがある（一九九八年）。「くらし方」の回答で「趣味」が群を抜いて高いのは、若年層がそれを牽引してきたからである。

では、「趣味に合ったくらし方」とは、何を指しているのか。

それを考えるには、対比的な項が必要である。一般的には、「公」（「清く正しく」「社会につくす」）

日本人の国民性調査

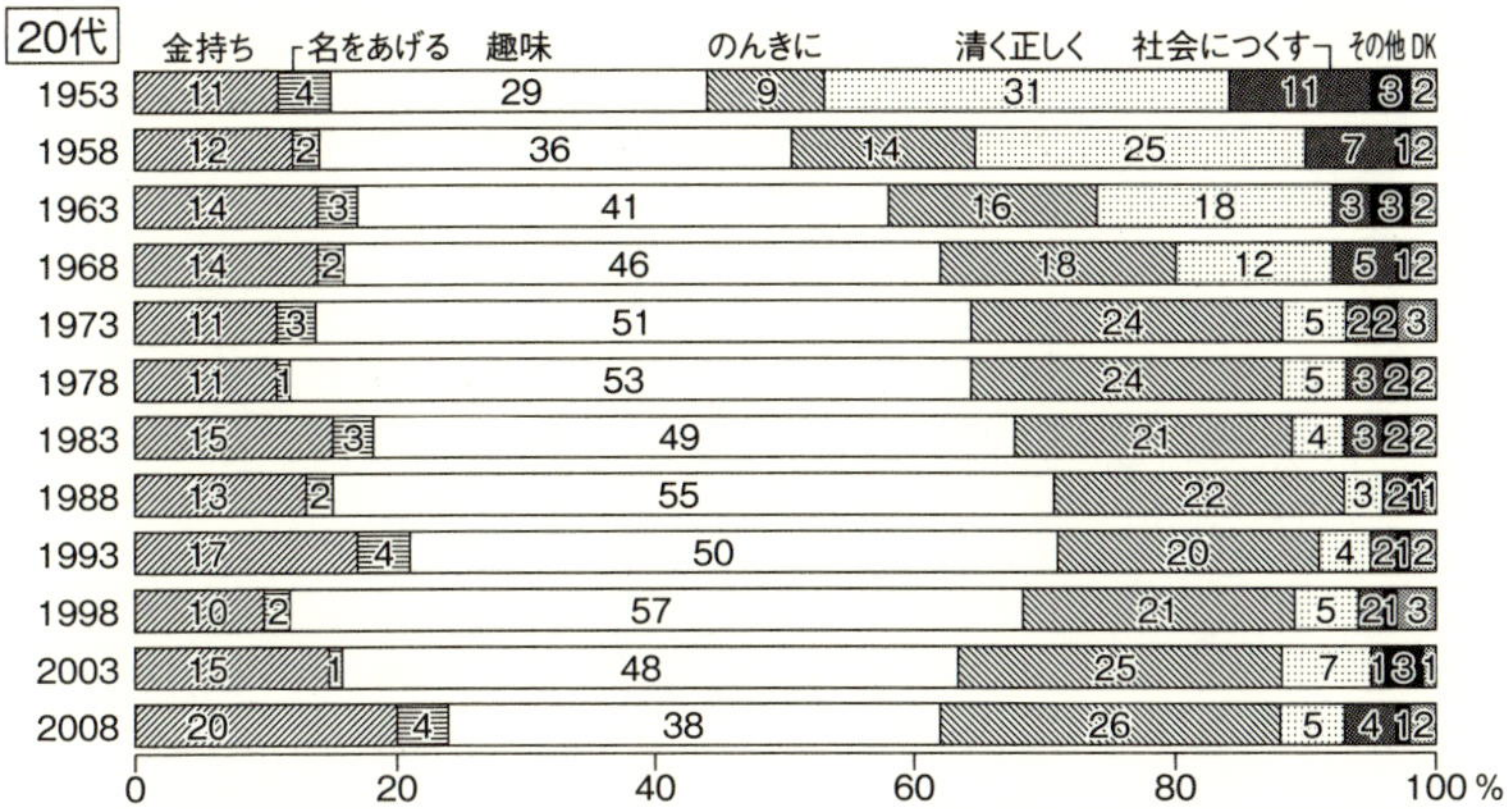

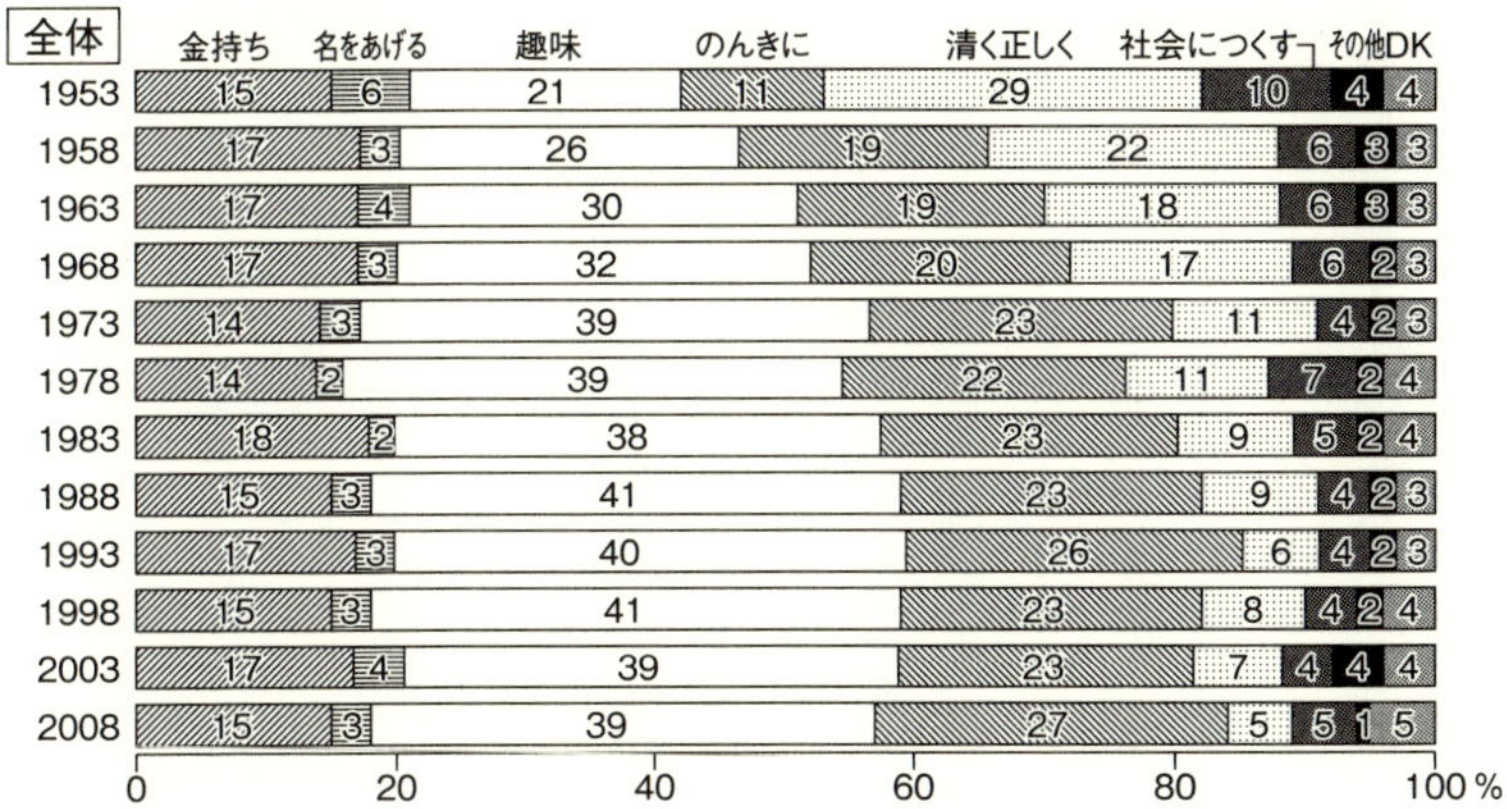

1　一生けんめい働き、金持ちになること（金持ち）

2　まじめに勉強して、名をあげること（名をあげる）

3　金や名誉を考えずに、自分の趣味にあったくらし方をすること（趣味）

4　その日その日を、のんきにクヨクヨしないでくらすこと（のんきに）

5　世の中の正しくないことを押しのけて、どこまでも清く正しくくらすこと（清く正しく）

6　自分の一身のことを考えずに、社会のためにすべてを捧げてくらすこと（社会につくす）

と「私」(「趣味」「のんきに」)を対比するが(たとえば、日高六郎『戦後思想を考える』、一九八〇)、それでは「趣味」の意味が見えない。むしろ、近接して見える「のんきに」と比べるべきである。「自分の趣味に合ったくらし方」とは、「豊かさ」の実現である。しかもここには、彼らが手に入れたいものと、身をかわしたいものの両方が含まれている。いうまでもなく若者たちは、消費に積極的であり、労働や出世には消極的だった。彼らは、何を求められているかをよく承知しながら、それに応える難儀も察知していたのである。「金や名誉を考えずに」は、おそらくこの回避の心情にぴたりと重なっていたのである。

「その日その日を、のんきにクヨクヨしないでくらす」は、一九六八年以後、第二位につけ、以来その座を譲っていない。こちらは「豊かさ」への夢を放棄し、代わりに自由を標榜する点で、「趣味」とは異なる「くらし方」を意図している。しかし、能力主義の貫徹する社会で、「のんきに」はきわめて困難な生き方である。六〇年代末の反体制文化や八〇年代の「フリーター」の中に、その可能性はわずかに見えたものの、ファンタジーは長く続かなかった。このライフスタイルは、かつては同じ「私」の中にあったが、「失われた二十年」の中で、二極化にさらされ、「私」から「貧」へ転落しかかっている(二〇〇八年の調査で「金持ち」と「のんきに」がともに史上最高値を示したのは、二極化が若者たちのまぎれもない現実であることを示している)。

私は、「趣味に合ったくらし方」や「のんきにクヨクヨしないでくらす」が、半世紀にわたって併存してきたことの中に、若者たちを含むこの国の人々の屈折した〈社会意識〉が表出されているように思う。

おそらく多くの若者たちは、三つの要求に従おうとした。しかし、その実現には相応の資質や努力が要求される。「金持ち」や「名をあげる」がさほど伸びないのは、その難しさが目に見えているからだ。彼らはそのような暮らし方を早々に断念し、「金持ち」の代わりに「趣味」を、「名をあげる」の代わりに「のんきに」を選択したのである。

もっとも、回避や代替につきものの〝負い目〟は、若者の中に残った。それは、武器の整わない悪環境、要求に応えられない非力、さらには機会を与えられない不平等への苛立ちとなってくすぶり、反抗的なしぐさや行動となって表われた。

戦後史を刻んだ若者たちは、必ずしも反抗の主人公ばかりではない。ただ、日々の労苦と実直な暮らしを通して、戦後社会の基盤をつくり出した若者たちも、〈世界〉の不条理と自身の無力を知って、不機嫌に眉を曇らせることは少なくなかったのである。私は本書を、彼らの記憶のために書こうと思った。

各章の内容を紹介しておきたい。

第1章は、六〇年代初頭にデビューし、一世を風靡しながら消え去った、青山ミチという歌手について述べている。彼女の一時の成功とその後の不遇は、同時代の若者たちの勢いと甘さとともに、そこに差したアメリカの影を象徴していると思えてならない。

第2章では、五〇年代以後、農村から都市へやってきた若者たちを書いた。「集団就職」と呼ばれる大規模な人口移動の実態や意味を考えながら、人々がその体験を通じて生み出した「流転の文化」とでもいうべきものを論じた。

第3章は、安保闘争のあった一九六〇年の東京を舞台に、この年のセヴンティーンの群像を描いている。テロリストとプロボクサーと女優の卵と反安保の活動家の表情や行動を通して、「転換期」の感受性をつかみだそうと試みた。

第4章では、一九六九年の高校闘争と、それにわずかに触れた十七歳の私自身の記憶を記した。遅咲きの「自我」を持てあまし、突然出現したバリケードに震撼した私は、父と衝突した。その時点で、我と彼が共有しえたもの、しえなかったものを振り返った。

第5章は、学園論である。学園ドラマ、ラブコメから『リバーズ・エッジ』にいたる学園の幻想と、管理教育、校内暴力から「ゆとり教育」にいたる学園の現実を縫い合わせ、少年少女たちの欲望とモラルの変容を論じたいと思った。

第6章は、郊外の外側にある〈遠郊〉について書いた。七〇年代の「市原両親殺人事件」を起点に、〈遠郊〉を舞台とする作品や〝不良文化〟を交差させ、「地元」で生きる若者を論じた。自身の宿題だった『木更津キャッツアイ』論を含んでいる。

終章は、若者という存在が、さまざまな「分岐点」によって生まれることを、戦後東北の若者に触れながら、論じている。敗戦直後の『山びこ学校』から、高度経済成長期の福島原発を経て、3・11まで、この地域が遭遇した時代の変化と、そこに生きた人々の表情と気概にも言及した。

第1章　忘れられた歌姫——青山ミチの存在と闘い

1　十三歳のデビュー

〈青山ミチ〉という、忘れがたい歌手について書きたい。

彼女は、若くしてデビューし、一時は人気を集めたものの大ヒットには恵まれず、自身の不器用な処世のせいもあって、約十年の活動を経て引退した。その後、いくつかの不祥事を起こし、消息を絶った時期もある。

彼女には確かな才能があった。歌手人生を後から辿ってみると、ライヴァルを抜き去って一時代を画すチャンスもあった。

しかし、その時々の理由があって、ことは成就しなかった。

彼女はまだ人生の途次にある。ゆえに私がこの稿で描けたのは、昭和歌謡史の一部をなす、かなり限られた範囲の肖像である。

私が青山ミチをはっきり認識したのは、彼女がデビューしてずっと後のことだ。

ミチは、一九七〇年に始まった「全日本歌謡選手権」（大阪・よみうりテレビ）というオーディション番組に、その年の二月から出演し、十週勝ち抜いて、グランドチャンピオンの座を獲得した。

ミチはその時、二十一歳になったばかりだったが、すでに七年以上のキャリアを重ねていた。情感の表現力が群を抜いていることは、十八歳の私にもすぐ分かった。滲みだす哀愁は、彼女がすでに人生の闘いを十分に経験していることを伝えていた。

「全日本歌謡選手権」にはアマチュアも参加できたが、番組の目玉は、売れないプロ歌手が再起を賭ける、気迫のこもった歌いっぷりだった。一九七〇年、ミノルフォン専属の三谷謙は、この番組でミチ同様、グランドチャンピオンになり、ともに審査員だった山口洋子と平尾昌晃に見初められて再デビューを果たした。新しい芸名は五木ひろし。曲は山口と平尾が書いた「よこはま・たそがれ」（一九七一）である。

同じように、八代亜紀も天童よしみも中条きよしも山本譲二も、この番組を足がかりにその後の座をつかんだ。ちなみに他の審査員は、歌手の淡谷のり子、作曲家の船村徹と鈴木淳、それに音楽評論家の竹中労という凄い顔ぶれだった。歌う方が真剣勝負なら、審査する側も白刃を抜いてこれに応じた。竹中労が、数週勝ち抜いた「かぐや姫」（第一次）を、切って捨てるような口調でこき下ろしたことがあった。南こうせつの屈辱に歪んだ顔も印象に残っている。

その鬼のような審査員たちが、青山ミチを毎週、絶賛した。そして、十週勝ち抜いた彼女に向かって、(私の記憶では) 船村徹がこう語りかけた。

「あんたは歌がうまいんだ。本当にうまいんだよ。だから、道を過たずに、とにかく歌一筋に歩いていきなさい」。

青山ミチは泣いていた。船村が何を言いたいかは彼女だけでなく、テレビの視聴者にもわかっていた。しかし、この非凡な歌手はその後も、「歌一筋」を貫くことができなかった。


青山ミチこと八木フサコは、一九四九年二月七日に横浜市中区西之谷町で生まれた。

母・君子は日本人で、父は米軍の兵士だった。

父のナーシス・ケリーは、横浜山手に進駐した部隊の炊事班の軍曹だった。フサコの祖母、八木サキヲが経営する西之谷町のバー「エース」に通ううちに、店を手伝っていた君子に好意を持つようになる。

ケリーは温和で明るい男だった。カウンターの端でもの静かに酒を飲む彼に、サキヲも君子も好印象を持っていた。そのうち、ケリーは君子に結婚を迫り、何度目かのプロポーズによって同意を得る。

一九四八年、二十五歳の米軍兵士と十八歳の日本の少女の同棲生活が始まる。

翌年、女の子が生まれる。後にケリーが語ったところによれば、彼の愛称フレンチ、祖母のサキヲ、母のキミコから一字ずつ取ってフサコと名づけられた。

親子三人の生活は、しかし、長くは続かなかった。朝鮮戦争の終わった一九五二年に、ケリーは帰国し、母子がその後を追うことはなかった。

フサコは出生の六年後、一九五五年に、祖母サキヲの五女として入籍された。小学校に上がる年齢になっていたからだ。ただし、実際に横浜市立北方小学校に登校してきたのは、三年生になってからだった。約二年間、彼女は、学籍はあるのに届出住所に不在の「行方不明児童」だった。二年生の終わり頃に現住所を知った学校が、登校を促してきたため、ようやく新学期から三年生として登校してきたのだった。

それでもフサコはものおじせず、教室で元気よく振る舞った。当時の担任教師によれば、分かっても分からなくても手を上げて発言する。成績の方はさっぱりだったが、月例の仲よし会では同級の混血児の男子と、流行歌をみごとに歌ってみせた。真っ赤な洋服を着て通学するフサコは、女優かファッションモデルになりたいと、教師に夢を語っていた。

横浜市立港中学に進学したフサコに転機が訪れるのは、一九六二年の五月のことだった。中学二年生、十三歳の少女は、叔母に連れられてジャズ喫茶「横浜テネシー」のコンテストに参加、三位に入賞する。曲は「子供ぢゃないの」。弘田三枝子が歌ったヘレン・シャピロのカヴァー曲だ。

このコンテストの審査員、高木晋司は、自ら経営するエコープロに彼女をスカウトした。レコード会社はポリドールに決まり、同年の十月にはデビューシングルが発売された。A面は「ひとりぼっちで想うこと」(詞:水島哲、曲:中島安敏)、B面はコニー・フランシスのヒット曲「ヴァケーション」が収められた。

歌手「青山ミチ」の誕生である。

すでにテレビの受信契約数は一〇〇〇万の大台に乗っていた。フジテレビの「ザ・ヒットパレード」や日本テレビの「シャボン玉ホリデー」は、不動の人気番組となっていた。渡辺プロダクションを筆頭に、若い洋楽系歌手を抱えるタレント事務所の鼻息は荒かった。放送局が、カヴァー曲やそれに近い雰囲気の曲が歌える歌手を欲しがったからだ。

ミチはそこへやってきた。各局の歌番組はミチの出演を熱望した。ダイナミックな歌唱力は弘田三枝子のライヴァルとして格好の存在であり、歌のうまさは第二の江利チエミかという評判だった。十三歳の少女の未来が、大きく開けたと見えた瞬間だった。

2　歌に書き込まれた宿命

ミチは、デビュー曲の「ひとりぼっちで想うこと」を映画『悪名《あくみょう》波止場』（監督：森一生、大映、一九六三）の中で歌っている。今東光原作の「悪名」シリーズは、勝新太郎の「八尾の朝吉」と、田宮二郎演じるインテリヤクザの清次が、義に欠ける悪党たちと戦う初期の任侠映画である。『悪名波止場』は七作目の作品だ。

巻頭、瀬戸内海を航行する連絡船に朝吉と清次、着物姿のお照（藤原礼子）が乗っている。船中で丁半賭博をやっている三郎（藤田まこと）のイカサマを暴露すると、病んだ妹のためだと泣きつかれる。同情する朝吉を見て、清次がいつものクセが出たとボヤいていると、組織の金を横領した三郎を追う地元ヤクザ（鬼瓦組）が因縁をつけにやってくる……。

主人公たちが下船した港町のクラブでミチが歌っている。赤いノースリーブのシャツと白いパンツ。足元もローヒールの白い靴だ。店内には、セーラー服姿の米軍水兵が数人いて、近隣に基地のあることが示されている。

クラブの真っ赤な壁を背景に、マイクなしで歌うミチは年齢不詳というしかない。撮影時で十四歳であったはずだが、歌声も身体も少女のそれをすっかり抜け出している。歌詞の語る物語は十代の少女にふさわしく、他愛ないが、伝わってくる情感はずっと深く、重い。

夜の渚すてき
星を浮かべ砕ける
波にうつす姿
ひとりぼっち淋しく
思い切り叫びたい
あの人が好きだって
いいじゃない　いいじゃない
わたしだけ　ひとりなの

「夜の渚すてき」から始まる四フレーズは、この歌が浜辺の恋に象徴される青春歌であることを知らせている。それでも作詞家は、少女が「ひとりぼっち淋しく」しかも「思い切り叫びたい」事情を背負っていることを伝えずにはいられなかった。

さらに、二度繰り返される「いいじゃない」は、ミチの後の生き方をみごとに予言している。歌手も薄々それに感づいていた。だから、「いいじゃない」は、自分に言い聞かせているようにも、他者に哀訴しているようにも聞こえる。夜の渚にたたずむ少女の歌から、人生の不可抗力に対する怖れと諦めがこぼれだしている。

青山ミチは、彼女にかかわる人々を、その「在り方」に引っ張りこむ力を持っていた。後で述べる「失踪事件」に際して、ポリドールの担当者は、「ミチの顔見ると泥沼に引きずりこまれちゃうんです」と語った。これは率直な証言だが、彼女のパワーは、スケジュールを混乱に陥れるといった実務面に留まらなかった。彼女の表現活動にかかわる人々は、半ば無意識のうちに、彼女の「在り方」に巻き込まれ、その「在り方」自体を作品の中に描き込みたくなってしまうのだった。

『悪名波止場』は、『若い樹々』（一九六三）、『下町の太陽』（一九六三）に続いて、ミチの出演した三作目の映画である。最初の作品では、ジャズ喫茶の歌手「野添ミチ」という役名も台詞もあったが、後の二作では、匿名の歌手としての出番しかない。にもかかわらず、『悪名波止場』では、なぜかミチの「在り方」と映画が奇妙に重なりあっている。

基地のある町のクラブという設定からしてそうだ。店内の赤い壁は、おそらく進駐軍の兵士を相手とする店を象徴するインテリアである。

また、映画の後半、混血の少女マリ（ジニー・マリッチ）が、一種の狂言回しを務めるところも興味深い。マリは、滝瑛子が演じる訳ありげな女、悦子が生んだ子である。清次（田宮）が、この混血少女を、三郎の殺害された妹・おとしの娘に急遽仕立て、鬼瓦組の荷揚げ会社に見舞金の掛け合いに出向く。碧眼金髪のマリは、関西弁を喋って観客の笑いを誘いつつ、無事大役を果たす。ただ、この三文芝居が成功するのは、会社側が、清次のインチキを見抜きながら、金銭による決着を望むからだ。しかも、その支払いは「混血児」に対する贖罪行為のようにも見える。弁の立つ清次が、嬉々として交渉に臨むのは、この心理的効果を知っているからである。ちなみに清次は進駐軍で働いた経験を持ち、映画の中でも若干の英語を操る。

さらにある種の予告のように、映画は、死んだおとしを麻薬中毒者として描いた。鬼瓦組の闇商売には、香港を仕入先とするドラッグビジネスも含まれていて、おとしはその犠牲者だった。船中で三下の三郎（藤田）がほのめかした妹の「病」とは、このことだったのだ。

監督の森一生や脚本の依田義賢が何を考えていたのか、今はもうわからない。シナリオはできていて、その一場面に合う歌手役が求められたのかもしれないし、エコープロやポリドールがミチを売り込むにあたって、内容に何らかの関与をしたのかもしれない。詳細は分からない。ただ、結果として、映画はミチの在り方に重ねるように、物語を展開していくのである。★1

基地文化や「混血児」は、ミチが否応なく抱えてきた烙印である。もちろん、麻薬については、ミチがこの方面で事件を起こすのは十年以上後だから、偶然の符合にすぎない。

しかし、彼女が芸能生活のごくはじめの頃から、常に直面せざるをえなかったのが、これらの徴《しるし》だったことはまちがいない。人々は、まるでミチの「在り方」に強迫されるように、彼女の徴を描きこんでしまう。作詞家の水島哲が思わず「いいじゃない」となげやりな容赦を求めてしまったのも、作曲家の中島安敏が青春歌謡を書きながら、ブルース風の旋律を埋め込んでしまったのも、私は、彼らがミチに巻き込まれてしまったからだと思う。

3　ライヴァルは弘田三枝子

青山ミチのライヴァルは弘田三枝子だと言われていた。ミチ本人もそのような発言をしたことがある。先に書いたように、ミチが「横浜テネシー」のコンテストで歌った「子供ぢゃないの」（一九六二）は、弘田のデビュー曲である。

この時点で弘田の歌唱法は際立っていた。あ行の発音にHをからませたり（恋は「こい」ではなく「こひ」と発声される）、声をつぶした「唸り」を交えたりする独特な歌い方は、おそらく弘田独自の米国ポピュラー・ソングの解釈であろう。ヘレン・シャピロは、原曲“Don't treat me like a child”（1961）を、弘田よりずっと自然な歌唱法で歌っている。

ヘレンと同じ十四歳でデビューした弘田は、自力で（または坂本九に追随して）このユニークな歌唱法を実験し、確立した。[★2] それは、彼女なりのアメリカニズムの表現であり、その後の流行歌にかなり大きな影響を与えた。弘田唱法を受け継ぎ、発展させた歌手には、都はるみや桑田佳祐がいる。[★3]

もちろん、ミチも弘田を真似ている。しかも、彼女はこの間近のライヴァルと競って、コニー・

フランシスの「ヴァケーション」(一九六二)も歌った。この曲は、日本では、弘田とミチだけでなく、伊東ゆかりや金井克子らの競作となったが、レコードの売れ行きでは弘田が群を抜き、ミチは二番手につけたようである。ミチ自身も、ポリドールが当初あてがったスロー・バラードより、アップテンポのこの曲の方が気に入っていたらしい。

しかし、二人の「ヴァケーション」を聴き比べると、その差はかなり歴然としている。弘田の堂々とした発声と高度なセンスは、ミチを圧倒している。新人のミチの歌は、なんとか追随しているものの、華やかさやふくらみに欠けている。率直に言えば、二人の間には、プロとその予備軍の差がある。

この差が生まれた背景には、二人のキャリアの違いがある。

弘田は、小学生の頃からFENを聴いて、アメリカン・ポップスに憧れ、歌手になることを熱望していた。母親にせがんで、ジャズ演奏家のティーブ釜萢《かまやつ》についてレッスンを受け、米軍基地(キャンプ)のクラブのオーディションで合格を勝ち取った。母は娘のために苦労して譜面を調達し、手製の衣裳を整えた。母娘は首都圏近郊のキャンプを回り、娘はプロとして数多くのステージをこなすなかで、自分の歌を鍛えた。一九五〇年代の後半のことである。

よく知られているように、戦後日本の洋楽市場をつくりだし、支えたのは、進駐軍の兵士を相手に演奏や歌唱の技を磨き、音楽ビジネスのABCを学んだ人々である。全国各地のキャンプや主要都市には、将兵向けのクラブが多数設けられ、そこで提供される娯楽(音楽とショー)のために、日本人の演奏家や芸能者は、「オフリミット（立ち入り禁止）」の空間へ出向いていった。音楽の分野は、ジャズ、ハワイアン、ウエスタンと多岐にわたり、幅広く、かつきわめて実践的な演奏の場となった。★4

出演料などその費用の大半は、日本政府が負担した。クラブの数は推定で五〇〇以上あったといわれ、一九四七年の時点で政府の費用負担は三億円に上った。

演奏者の報酬は、当時の一般の日本人の稼ぎに比べて格段に恵まれていた。ジャズピアニストの穐吉《あきよし》（秋吉）敏子の回想によれば、一九四八年に上京し、進駐軍クラブのショーの伴奏をした時の月給が一万三千円、その後、ナイトクラブの専属バンドのメンバーになった一九五一年には五万円になったという。五一年当時の国家公務員上級試験合格者の初任給が六五〇〇円というから、そのギャップは相当なものだった。

それだけに、キャンプ・クラブの仕事をめぐる競争は熾烈だった。敗戦直後の混乱期は、楽器に触れればギャラを手に入れることができたものの、すぐに素人っぽい演奏家の出る幕はなくなっていった。結果として、厳しいしのぎ合いの中で、聴衆の耳を惹きつける技芸が鍛えられ、新しいタレントが生まれた。また、キャンプで演奏し、歌ってきたという実績は、彼らの腕の確かさを保証するキャリアでもあった。

しかし、一九五二年、サンフランシスコ講和条約が発効し、連合国軍の撤退が始まるとともに、関連施設は次々に縮小されていった。もっとも、キャンプ内のクラブがなくなったわけではない。講和条約と同時に締結された日米間の安全保障条約（旧安保条約）と日米行政協定（地位協定）により、主要な米軍基地は存続したからだ。

弘田三枝子とその母がめぐったのは、そうした進駐軍時代より後のキャンプである。全盛期を過ぎて、限られた機会をめぐる戦いは、さらに（十代前半の少女にも）容赦なかったのだろうか。弘田によれば、クラブのステージではかなり厳しい評価・選別がなされ、その日の最初のステージが不評だと、降板が命じられた。そこで、少女歌手は何とかウケようと曲目や曲順を考え抜いたという。

レコード会社のオーディションも簡単ではなかった。ようやく五回めの東芝で合格した。三枝子は、敬愛するエラ・フィッツジェラルドの「黄色いバスケット」を歌った。それを聴いて合格を宣した担当ディレクターは、坂本九を手がけた草野浩二である。ちなみに、この人物の実兄は、『ミュージック・ライフ』編集長を務めながら、漣《さざなみ》健児のペンネームで洋楽カヴァー曲の訳詞を書きまくった草野昌一である。

「子供ぢゃないの」（一九六一年十一月）でデビューすると、弘田は翌年、「すてきな16才」（二月）、「カモン・ダンス」（四月）、「寝不足なの」（六月）、「かっこいいツイスト」（七月）、「かっこいい彼氏」（九月）と立て続けに新譜を出し、十月には「ヴァケーション」をリリースした。この年、第十三回紅白歌合戦で、初出場の彼女はもちろんこのヒット曲を歌った。弘田の歌唱力は、天性と努力に加え、こうした場数から生まれたものである。

ミチがこの差を縮めるには、かなり時間がかかりそうだった。ヒットに恵まれればライヴァルを乗り越えるのは不可能でないが、プロダクションやレコード会社の側には、弘田の二番煎じを続けるのは得策でないという判断もあったにちがいない。ミチの側は、ミコ（三枝子の愛称）との正面戦を比較的早期に回避したように見える。ポリドールのその路線変更には、少し後で触れる。

4　失踪する少女

青山ミチを扱った最初の雑誌記事は、おそらくレコードデビュー直前の『週刊女性』（一九六二年九月五日号）に載った人物紹介である。大見出しは見開きをぶち抜いて、「ママもう心配しないで」。その上に「混血少女歌手物語」と記事の趣旨が示され、沖合を貨物船が通る港の岸壁で、頬杖をつくミチの写真を載せている。さらに最初のページには、重ねるようにして「混血児の宿命にめげず明るく人生を切り開いていく少女に運命はほほえみを投げかけた」とあり、大衆誌が彼女の「在り方」を切り取る角度がはっきり示されている。

記事には、ミチ自身と母親・君子の談話を中心に、ミチの出生と成長、歌手デビューへのきっかけなどが書かれている。たった三カ月前までは無名だった少女のシンデレラ・ストーリーであり、逆境をはね返して成功を勝ち取ろうとする母子の闘いを応援するように見える。

ただし、その記事はなにげない筆致ながら、母子を取り巻く周囲の視線を、女性誌一流の「勘」で捉えている。たとえば、レコードを吹き込む娘を見て涙ぐむ母のかたわらで、ディレクターたちはミチの歌を称賛しながら、低い声でこう語っている。

「このリズム感のよさ。パンチがきいてるね。やっぱり、あっちの血はちがう」。

「あっちの血」は、黒人の優れたリズム感を指しているのだろうが、これは誤認で、ミチの父親ケリーは白人である。ミチのすぐ間近にいる人々のまなざしにも歪みがあった。

さらに、記事の末尾で、母・君子は次のように述べる。

「まだ私のあやまちをつぐなう坂道をのぼりかけたばかり……でも、フサコの元気いっぱいの声を聞くと、手をひいて助けてもらうのは、この母かもしれないと思われて……」。

マスメディアは、まず、母親の懺悔を聴き取ろうとした。これは、彼らが最初から〝条件付きの囲い込み〟を提示していたことを意味している。

すなわち、「あやまちをつぐなう」なら仲間入りを認めよう。もし、「あっちの血」を生かして我々に音楽の愉しみをもたらすなら、あなたがたの存在は許容されるであろう。でも、もしその約束が十分に果たされないなら、我々はあなた方を受け入れないだろう、と。

六カ月後、約束不履行に対する攻撃が開始された。


一九六三年二月二十八日の朝刊各紙は、二十四日以来、青山ミチが行方不明になったと報じた。これが、彼女の最初の「失踪事件」である。翌日の三月一日には、大阪梅田コマ劇場に姿を現わし、なにごともなかったかのように歌った。しかし、結果として、彼女はテレビ番組を「無断欠勤」し、芸能人としての信頼にみずからキズをつけた。

さらにまずかったのは、五日間の「失踪」についての本人の証言が虚偽であったことだ。ミチは、なぜか、自分と同じ混血の不良少女に誘拐・監禁されていたと述べた。また、プロダクションや近親者の証言も曖昧でチグハグだった。

　本当の「失踪」先は、横浜市磯子区の〝ひばり御殿〟すなわち美空ひばり邸だった。ひばりは小林旭との短い結婚生活のため、この邸には不在で、弟の元映画俳優・小野透（後のかとう哲也）が住んでいた。

　小野は前年、ひばり主演の『民謡の旅・桜島　おてもやん』の出演を最後に、芸能界を引退していた。ミチはひばりに憧れていたとも、小野のファンだったともいわれるが、「失踪」には、小野の関与があったとされている。ミチの関係者も事情を知っていただろうが、さすがに相手が相手だけに、事実の公表をはばかったのだろう。ちなみに、この失踪事件の後、六三年三月には小野と山口組系益田組の五人が、京都で賭博幇助容疑、賭博開帳図利で逮捕され、ひばり邸にも家宅捜索が入った。

　事件をきっかけに、ミチに対するマスコミの視線は急に厳しいものになった。

　しかも、その余韻が冷めやらぬ五月、彼女はまたも五日間行方をくらました。本人の証言（『週刊現代』六月十三日号）によれば、女友だちといっしょに札幌で遊んでいたという。上野から鈍行列車で青森へ行き、青函連絡船で北海道に渡った彼女たちは、薄野《すすきの》でラーメンを食べ、ミチの出演した映画を見た。ジャズ喫茶で踊っていたら、店のマスターが入り口に「青山ミチ来たる」とビラを貼り出したらしい。もっとも、週刊誌の記者が話のウラを取った形跡はなく、なにがどこまで本当なのか分からない。

マスコミは、この時も彼女の行動を手厳しく批判した。『週刊現代』は、先の記事のなかで、無責任な行動は「十三年間の非常識生活」が生み出したものであると結論づけている。明言していないが、批判のターゲットは母親の君子である。

同時期の『週刊新潮』（六月十七日号）の論調も同様で、さらに辛辣な言葉で母親を責めた。大見出しは、「戦後の犠牲者青山ミチ」。匿名の人物の証言を持ち出して、子どもをかまわない母・君子の暮らしぶりをあげつらった。先に触れたようにデビュー前、マスメディアがこの母子を捉えていた差別的な視線は、「失踪」を機に明確に強化された。加えて、一部のテレビ局は、ミチを番組から締め出すと決めた。さらに「事件」の直後に開催された音楽興行団体の会合でミチを除名したという噂も出たという。

音楽評論家の安倍寧《やすし》は、ミチに対するメディア・音楽業界の厳しい反応の背景に、「足らん時代」の到来を指摘している（『週刊現代』六月十三日号、傍点引用者）。テレビによる需要拡大がタレント不足を引き起こし、芸能プロダクションより弱い立場になったテレビ局が、この事件を口実に巻き返しを図ったというのである。各局の音楽番組に大きな影響力を発揮し、「帝国」の片鱗を示し始めた渡辺プロダクションの存在を思えば、安倍の発言には頷ける点がある。テレビ局は、ミチと中小プロダクションを叩くことで、「しめし」をつけようとしたのかもしれない。★5

5　ポリドール時代の試行錯誤

率直に言って、ポリドール時代のミチの持ち歌には一貫性がない。これは彼女のせいではなく、レコード会社がミチの路線を決めかねていたからだ。弘田三枝子に追随する洋楽カヴァーも捨てきれず、「ひとりぼっちで想うこと」以来の洋楽風歌謡曲も諦めきれず、あれやこれやを打ち出したものの、決め手を欠く印象があった。ミチ独自の歌を見つけるための試行錯誤だったのだろうが、「次の何か」が見えていない。

もっとも、この時期の流行歌の世界そのものが、ある種の混乱期だったともいえる。

一九五〇年代末の「ウエスタン・カーニバル」のロカビリーブームから始まる、若者向け洋楽ブームは、広い影響力を及ぼした。キャンプやジャズ喫茶で歌っていた若い歌手たちが、続々と歌謡曲の世界に入り込み、従来とは異なる都会的な歌を大量にもたらした。ザ・ピーナッツ、中尾ミエ、伊東ゆかり、藤木孝などを擁する渡辺プロダクションが勢いを増し、急速に増加するテレビの歌番組が、彼らの歌と顔を視聴者に送り出した。

ミチもミコも、そうした若者歌手のニューフェイスだった。

しかし、世の中が洋楽一色に染まっていたわけではない。音楽評論家の北中正和が指摘しているように、一方では、戦前の曲のリバイバルが起こり、浪曲調やお座敷調の歌が数多くヒットした。浪曲調の歌手には、三波春夫、村田英雄、畠山みどりなどの個性的な歌手が多い。中でも畠山は、デビュー曲「恋は神代《かみよ》の昔から」（一九六二）で、強烈な唸り節と袴をはいた巫女姿で人々の度肝を抜いた。また、五月みどりやこまどり姉妹、もとはジャズ歌手の松尾和子まで、この頃さかんにお座敷ソングを歌っている。

さらに、六〇年代初頭には、フォークソング・ブームもあった。その中心はアマチュアやセミプロの大学生で、主にアメリカのフォークソング・バンドの曲を演奏し、合同でフェスティバルを開いた。いわゆる「カレッジ・フォーク」である。

フォークソングの魅力は、ヒットチャート系の洋楽にはない飾り気のなさだった。シンプルな楽器編成、英米古謡の素朴さ、ふだん着のような衣装が好感をもって迎えられた。「知的」で「進歩的」なメッセージ性も、スパイスのような効果を生み出していた。森山良子やマイク真木は、こうした手づくり感のある「カレッジ・フォーク」から生まれた歌手である。

こうした「混沌」の中で、ポリドールがミチのために打ち出した、やや破格・破調の楽曲群がある。「ミッチー音頭」をはじめ、「ミッチー・マーチ」、「ABCからZまで」、「いろはにほへと」（すべて一九六三）など、岩瀬ひろし（詞）と伊部晴美（曲）のコンビが手がけた一連の作品である（いずれもシングル盤のA面）。

ロックンロールをベースにツイストやブルースなどの味付けを施しているが、受ける印象は、ハナ肇とクレージーキャッツなどの冗談歌謡曲にも近い。「ミッチー音頭」は、レイ・チャールズの“What'd I say”を翻案したかのごとき曲である。

伊部はギター奏者であり、どちらかというと編曲の仕事が多い。洋楽カヴァーを離れて、変化球を試してみるために、伊部のような引き出しの多い巧者が起用されたのだろうか。

これらの曲に特異な様相をつくり出しているのは、岩瀬の詞である。当時の洋楽系の曲づくりで、これらの詞に似ているものは見当たらない。たとえば、「ミッチー音頭」で繰り返される歌詞は、「唄って踊ってスタミナつけて　イェイ　イェイ　イェイ　イェイ」というものである。また、Ｅ・プレスリーの「Ｇ・Ｉ・ブルース」ばりの「ミッチー・マーチ」では「ガッチリガメって恋してキスして　泣いて笑って　バリバリ食べて」と歌わせる。「ＡＢＣからＺまで」では、「今日はバカンス　明日はビジネス　ビン　ビン　ビン　ビン　ビン　ビン　ビビッと生きぬこう」と、栄養ドリンクのコマーシャルソングのような言葉を連ねている。実際、日本初の栄養ドリンク「リポビタンＤ」が発売されたのは、一九六二年三月である。高度経済成長の初期、「スタミナ」は、明日の「豊かな暮らし」をもたらす重大要素だったのである。

一九六三年の中ヒットになった「ミッチー音頭」は、ありていにいえば、洋楽調と復古調のそれぞれに足を乗せて踏ん張ったような曲である。その危ういバランスが、ミチの太い声で支えられているものの、前のめりで不安定な姿勢が、曲に陰影を生み出している。

この曲は、後年、「エンケン」こと遠藤賢司がカヴァーして、絶望感さえ漂う奇妙なお祭りソングとして歌っている。むろん、遠藤の悪意によるものではない。彼の目が、この曲が抱え込んでいる時代の狂気のようなものを暴いているのである。★6

そしてようやく六五年に――競作ではあったが――「涙の太陽」（詞：湯川れい子、曲：中島安敏）がヒットした。和製ポップス第一号とされるこの作品は、まず日本コロムビアの洋楽レーベルであるＣＢＳから、エミー・ジャクソンの歌う英語歌詞の「偽装洋楽」として発売され、七〇万枚のセールスとなった。ミチは、湯川の日本語歌詞の方で歌っている。

ミチは、まちがいなくこの時期、和製ポップスの波に乗ろうとしていた。だが、後が続かなかった。

和製ポップスは、西郷輝彦や佐良直美などの青春歌謡と混じり合いながら、すぐ後のグループ・サウンズと合流して、戦後流行歌史を大きく塗り替えた。

ブームを初期に牽引したのは、なんといっても黛ジュンである。黛は米軍キャンプでジャズを歌い、一九六四年にビクターから渡辺順子の名前でデビューしたが、まったく売れなかった。一九六七年に、芸名を変え、プロダクションを変え、洋楽風の歌謡曲「恋のハレルヤ」（詞：なかにし礼、曲：鈴木邦彦、編曲：中島安敏）を、東芝の洋楽レーベル、キャピトルからリリース、これがヒットになった。ちなみに、なかにしは訳詞家（当時）、鈴木は慶應義塾大学のビッグバンド出身、中島はアメリカ帰りといういずれも洋楽通の面々だった。★7
そして実は、黛の再デビューを支えたこれらの人々は、青山ミチにも曲をつくっている。

中島は、ミチのデビュー曲「ひとりぼっちで想うこと」を書いている。「涙の太陽」のヒットを追った「太陽が沈むとき」と「素敵なあなた」（ともに一九六六年三月）は、なかにしが詞を書き、中島が作曲と編曲を手がけている。「恋のハレルヤ」より約一年前、曲調はこの曲に近似している。

ミチは黛の代わりに、和製ポップスの黄金時代を拓く歌手になった可能性がある。ドライブ感と哀愁を帯びた声音という生来の武器は、洋楽が歌謡曲化したこの時期に、彼女をもうひと回り大きな歌手へ押し上げたかもしれない。

しかし、結果はそのようにはならなかった。

黛ジュンは、一九六八年の「天使の誘惑」（詞：なかにし礼、曲：鈴木邦彦）で、その年の第十回日本レコード大賞を獲得した。ミチは、一九六六年にポリドールから日本クラウンへ移籍し、和製ポップスから「艶歌」へ路線を変更していた。

ミチのポリドール時代の最後の曲は、橋本淳（詞）とすぎやまこういち（曲）がつくった「風吹く丘で」（一九六六）である。急な移籍のせいで、この曲はほとんど日の目を見なかったが、十七歳の彼女の歌は屈託なく清々しく美しい。二年後に、ヴィレッジ・シンガーズが歌った「亜麻色の髪の乙女」は曲名を変えた、この曲である。

6　和製ポップスから「艶歌」へ

ポリドールから日本クラウンへの移籍の意味は小さくない。

日本クラウンは、新しいレコード会社だった。日本コロムビアの叩き上げの常務・伊藤正憲が事実上更迭されたのを機に、伊藤を慕う現場のディレクターたちが、お抱えの歌手・作家を引きつれてつくった七番目のレコード会社である。

設立は一九六三年九月。作家では米山正夫、星野哲郎、小杉仁三、歌手では北島三郎、五月みどりなどがコロムビアから動いた。水前寺清子、一節太郎、西郷輝彦、美川憲一は、クラウン草創期の新人歌手である。

伊藤は、レコード制作の側から戦後歌謡曲を盛り立てた人物である。コロムビアの大看板、美空ひばりを見出し、レコードデビューさせたのは伊藤である。一九四九年、マネジャー、福島通人の強引な〝押し〟によって、[★8]ひばりは、笠置シヅ子の代役のように有楽座のコロムビア大会に出演した。観客は熱狂し、ひばりは共演の二葉あき子、藤山一郎を食ってしまった。文芸部長だった伊藤はそのようすを見て、ひばりを引っ張ることを決意する。

その年、初のレコード「河童ブギ」に続いて、「悲しき口笛」が発売され、同名の映画（監督：斎藤寅次郎）の公開とともに、爆発的なヒットになった。藤浦洸作詞、万城目正《まんじょうめただし》作曲になるこの曲は、たちまち五十万枚のセールスを記録した。

営業畑から文芸部長に抜擢された伊藤は「ライオン」と呼ばれ、畏怖されたが、信任もまた厚かった。その伊藤を追って日本クラウンに移ったディレクターのひとりが馬渕玄三である。五木寛之の小説「艶歌」（一九六六）で、主人公・高円寺竜三（「艶歌の竜」）のモデルになった人物と言えば、思い出す方もいるだろう。[★9]「艶歌」は舛田利雄の手で映画化され（『わが命の唄　艶歌』、一九六八）、芦田伸介が重厚な「艶歌の竜」を演じた。

映画では、高円寺が売りだす新人歌手「眉京子」を水前寺清子が演じている。その他にも、一節太郎、笹みどり、美川憲一、泉アキなど、クラウンお抱えの新人たちが登場する。

ミチも映画の中で歌っている。

移籍から二年経っても、彼女はまだ若手の扱いだったのだろうか。

彼女が日本クラウンで吹き込んだレコードは、一九六六年から七二年まで十三枚ある。ポリドール時代は、四年間で二十五枚発売されているから、ペースダウンは明らかだ。ミチはあまり売れない歌手になってしまった。先の映画と同時期に、『クレージーの怪盗ジバコ』（一九六七）や『進め！ジャガーズ敵前上陸』（一九六九）に出演しているものの、歌う場面さえないゴーゴーガールの役柄だった。

ミチが日本クラウンで吹き込んだレコードの多くは、歌謡ブルースの類である。黛ジュンの曲が——彼女は短期間ではあれ和製ポップスの女王のようだった——明るい哀愁歌だったとすれば、ミチの方は暗い悲愁歌といっていい。ドスを効かせた重い声調は、六〇年代後半の「艶歌」の〝気分〟と重なっている。戦前のブルースのモダンな雰囲気は、西田佐知子の「東京ブルース」（一九六四）あたりまででいったんとだえ、青江三奈（「恍惚のブルース」、一九六六）から藤圭子（「女のブルース」、一九七〇）へ、しだいに「艶歌」の暗い淵の方へ接近していった。クラウンというレーベルは、まさに「艶歌」のメッカであり、ミチもまたその方向に起死回生の途を求めていた。

ミチがクラウン時代に放った最大のヒットは、「叱らないで」（一九六八）である。詞は星野哲郎、曲は小杉仁三。ともにクラウンの創設に関わった作家である。星野は、コロムビア時代に北島三郎の「なみだ船」を書き、その北島を「俺の目をみろ　何んにもゆう《(ママ)》な」（「兄弟仁義」の詞）と無言で移籍を促したというエピソードが残されている。

「叱らないで」も歌謡ブルースに属する曲調だが、どこか突き抜けて清冽な印象を与えるのは、星野の詞によるところが大きい。

あの娘がこんなに　なったのは
あの娘ばかりの　罪じゃない
どうぞ　あの娘を　叱らないで
女ひとりで　生きてきた
ひとにゃ話せぬ　傷もある
叱らないで　叱らないで
マリヤさま

歌いかけている主体は、「あの娘」を見つめる誰かである。それは母親ではない。かといって恋人でもない。強いていうなら、〝彼女の近くにいる人々〟の寛容なまなざしである。

高度経済成長期前半の大衆は、〝こんなになったあの娘〟にことさらの注意を払う余裕を持たなかった。戦後社会は――各地域の近代前期がそうであるように――巨視的に見れば、多様性を認める「民主的」な傾向を示しているものの、人種や性や家族にかかわる規範では、非自覚的な保守主義を維持し続けた。言うまでもなく、ミチは、この分野ではずっと〈逸脱者〉だった。

歌の主体は、聖母に言及しているが、キリスト教徒ではない。なぜなら、クリスチャンなら「マリヤさま」が許しこそすれ、叱ることはないと知っているからである。ここで「あの娘」を見つめているのは、聖母を無雑作に母と同一視する下層大衆である。

跪《ひざまず》いている「あの娘」の方は、クリスチャンだろう。星野のイメージの中には、混血孤児を育てた澤田美喜のエリザベス・サンダース・ホームがあったかもしれない。これは、例によってミチの発揮する巻き込み力の結果である。

マリヤ信仰はカトリックの伝統である。ここから先は私の推測だが、星野が「マリヤさま」のイメージに託したのは、土俗的・土着的な「キリシタン」の聖母のように見える。「あの娘」を救えるのは、「民主的」な善導や福祉ではなく、今はもう忘れられた、土くさい「マリヤさま」がもたらす「奇跡」である、という文脈だ。

こんな推測を誘うのは、六〇年代後半の「艶歌」思想が、社会の下層に生きる人々へ視点を大きく旋回させていったからである。もちろん、星野もその中にいた。

その思想は「艶歌」を、抑圧された大衆の怨念や情念の表出であり、潜在的であるものの、根底的な変革へのバネとして捉えた。市民社会の小ぎれいな表層に隠されて見えない、またそこからはじき出された底辺の人々こそ本来の主人公であり、彼らの屈折した希望と絶望がないまぜになって「艶歌」が迸《ほとばし》る。そして、この滔々たる水脈は、遠く近代以前から流れ来たって今に至る……。

「叱らないで」の「マリヤさま」も、そうした底流に目を向け、手を差し伸べる救援者として描かれている。貧しく、虐げられ、道を外れ、しかもマリヤに跪く「あの娘」こそ、〝隠された歴史〟の担い手であり、本来の主人公である、と。

星野の詞をやや過剰に深読みしているのは、彼が「叱らないで」と同年に、水前寺清子の「艶歌」を書いているからだ。先に挙げた『わが命の唄　艶歌』の主題歌であり、第十回レコード大賞作詞賞を受賞した作品である。

水前寺の「艶歌」は、内容からすれば、忍耐と犠牲と労苦を通して「男の舞台」を立ち上げよと呼びかける、（星野の言葉を使えば）「援歌」である。泣かずにこらえ、意地をつっかい棒に持ち上げろと激励し、「負けて死ぬのは死ぬよりつらい」と意味不明の名文句で叱咤する。水前寺のボーイッシュで向日的なイメージを借りて、女が「男歌」を歌うところに妙があるものの、詞を素直に読めば、報われない仕事と当てのない生活に疲れた「俺」には、さしたる希望はない。「一が二になり二が三になる」という下積みの労働では、どうしても勝ち目がめぐってきそうにない。つまり、敗者の歌である。

しかし敗者だからこそ、本来の主人公であるという逆説を主張している。すなわち、「艶歌」の〈艶〉とは、敗北を続ける無名の大衆が、時を得て逆転の闘いに立ち上がる時、身に帯びる光／艶である、というロジックである（そう見ればそんなに悪い歌ではない）。

そして、「艶歌」のこうした本質を、負けた「女歌」として別な語り口で表出したのが、「叱らないで」である。自分が敗者であると認めるからこそ、聖母に赦しを乞う権利が生まれる。おそらくこの時、星野のなかには、ひとつの〝確信的な艶歌思想〟があり、それが「男歌」と「女歌」へ分岐して現われた、と私は考えている。

7 「艶歌」という偽史

この「艶歌」思想が、「進歩的」啓蒙主義に対抗する思想だったという指摘がある。「戦後民主主義」を標榜する人々が築き上げた、開明的に見えて実は権威主義的なエリート主義に対する、カウンターカルチャーだったというのだ。

音楽文化研究者の輪島裕介が、幅広い調査によって明らかにしたとおり、「艶歌」は、明治期以来の「演歌」（演説する歌）に直接由来するものではない。昭和期の流行歌の源流でも、ましてや日本文化の本質や日本人の心性につながるものでもない。「艶歌」のそのような意味づけは、六〇年代の半ば以後、比較的短期間に「ある種の知的な操作を通じて」（輪島裕介『創られた「日本の心」神話』、二〇一〇）、行なわれたのである。

むろん、「艶歌」は突如無から発生したものではない。昭和の流行歌に流れ込んだ民謡調・浪曲調・お座敷調と、戦前の洋楽の影響を強く受けたブルースや古賀メロディが融合し、さらに「流し」「ヤクザ」「下積み」のイメージなどを取り込んだキマイラのような文化現象である。つまり、純正な「本質」ではなく、雑多な「表象」である。

この融通無碍で変幻自在な歌を、戦後の「進歩的」な知識人や団体は嫌った。序章で触れたように、少女時代の美空ひばりも、さまざまな場面で侮蔑的な扱いを受けた。

「進歩派」への反論が出るのは、六〇年安保闘争以後のことである。評論家・竹中労の『美空ひばり』（一九六五）は、転換の画期をなした。竹中は、ひばりの歌と存在を大衆文化の正統とみなし、その階級的意義を論じた。★10

五木の小説「艶歌」も竹中同様、「進歩派」への対抗的発想の上にある。

物語は、昔ながらの歌づくりにこだわる「艶歌の竜」と、彼を追い落としたい辣腕の制作部長・黒沢の社内対立を背景に、演歌系新人歌手「眉京子」とポップス系新人歌手との新譜販売競争を、物語の主軸に据えている。若いディレクターの津上は、高円寺の人物と「艶歌」に惹かれながら、手段を選ばない暗闘を目の当たりにして会社を去る。企業社会の非情に男たちの欲望と意地をからませながら、五木がそこかしこで語るのは、大衆の歌「艶歌」の普遍性である。

輪島が「ある種の知的な操作」と呼んだのは、竹中や五木のこうした流行歌の描き方である（竹中は「艶歌」という言葉を使っていない）。さまざまな要素を呑み込んで、六〇年代にゆるやかなスタイルを形成しつつあった歌謡曲のひとつの支流を、彼らは日本の歌の――日本の民衆の歌の――本流として発見したのである。これもまた、評論家・大塚英志のいう「偽史」であることはまちがいない。

「偽史」については、前著『「幸せ」の戦後史』（二〇一三）で述べたので詳しくは書かない。要点をひとつだけ記しておくなら、それはありえたかもしれない選択肢への言及である。戦後史の多様な可能性の中から、「今あるこの戦後」が選ばれたことによって、「その他の戦後」が排除された。「偽史」とは、こうした選ばれなかった歴史への想像力であり、〝未発の可能性〟へのノスタルジーといってもいい。七〇年代以後のサブカルチャーや村上春樹の作品に立ちこめる「偽史」の匂いは、すでに六〇年代末、「艶歌」思想に兆していたのである。

いうまでもなく、土俗的な「聖母」マリヤも「偽史」的な表徴である。

さらに、青山ミチの独特な「在り方」が、この歌にバイアスをかけている。先に述べたように、ミチの表現にかかわった者たちの多くが、彼女の「在り方」に巻き込まれた。作家や演出家たちは、彼女のライフヒストリーをなぞるように人物や場面を造形し、彼女に書き込まれたスティグマ（負の徴）を昇華させようとした。出生の「悲劇」を抱える少女をめぐる物語をつくりだすことによって、彼女の「在り方」を聖化したいという衝動を抑えきれなかったのだ。こうした強迫観念は、おそらく戦後日本の、「単一民族神話」★11という〈社会意識〉の裏返しだろうが、その背景には、「アメリカの影」がある。

星野哲郎もまた、その一人だったのではないか。「叱らないで」は、誰が聞いてもミチ自身の半生を歌っているように聞こえる。確かに、彼女はこの曲を自分自身のために歌っている。レコードの出た月にやっと十九歳になったばかりなのに、自分の「在り方」を、この曲を通してほぼ正確につかみとっている。それが聴く者に強い衝撃を与える。

叱られそうになっている少女の向こう側には、彼女と同じように、アメリカを「父」と見なすことを余儀なくされた〈社会意識〉があった。我々、戦後の日本人は、父＝アメリカをある時期まで、ごく自然に受け入れ、その後、居心地の悪さを感じるようになった。戦後日本の本来の「成長」にとって、ファザーコンプレックスとの徹底的な闘いは不可欠であったにもかかわらず、我々はそれを中途で投げ出してしまったのである。

そう考えれば、「叱らないで」は、「父」に盲従し、ナショナリズムを失いかけた戦後社会が、ふと洩らした気弱な哀訴のようにも聞こえてくる。★12

8　歌の終わりと夢の続き

「叱らないで」のリリース直後、ミチはフジテレビの人気番組「スター千一夜」（一九六八年二月十五日）に出演した。彼女は番組の中で、アメリカにいる父に国際電話をかけ、受話器に向かって「叱らないで」を歌った。

ミチが生まれた三年後に帰国した父は、ある時期から行方が分からなくなった。アメリカの日曜新聞『パレード』の混血児特集（一九六七年十二月一日号）でミチが紹介され、これをきっかけに父と連絡がついた。父、ナーシス・ケリーが送ってきた手紙には、自分もその両親も混血であり、アメリカ自体が混血の人々で成り立っている国なのだ、と書いてあったという。

テレビ番組で放映された親子の会話は、新曲「叱らないで」（二月五日リリース）のプロモーションという側面を持っていたのだろう。また週刊誌には、ミチの談話として、「失踪」は父親不在の寂しさにも原因があったと記された。

この年、ミチは父との再会を企てていた。女性週刊誌の記者もダラス郊外のメスキートの町を訪れ、ケリーと面会している。しかしこの時は、なにかの事情で再会は実現しなかった。

そして六八年夏、彼女は三度目か四度目の「失踪」を決行して顰蹙をかった。今回は相手がいた。日本クラウン系のグループサウンズ「ザ・ジェノバ」のギタリスト、岩本まさるである。

六九年二月には、「泣く女」、七〇年二月には「命のかたみ」が発売された。

売れなかった。引退の間際までできていた。

冒頭で触れた「全日本歌謡選手権」に出場したのはこの時期である。十週勝ち抜いたグランドチャンピオンは、副賞としてヨーロッパ一周の航空券がもらえることになっていた。ミチは、このチケットを書き換え、父を日本に呼び寄せようと考えた。招来計画は実現したが、親子の再会はマスコミの都合に振り回されてぎくしゃくした。よみうりテレビが、「全日本歌謡選手権」の公開録画で父子の対面を計画し、他のマスコミのスクープを恐れて、ケリーを軟禁状態にしたからだという。ミチの父は疲労と怒りをため込んだまま、羽田から米国へ飛び立った。

七〇年には、「おもちゃの女」と「雨の夜の恋は終わった」が出た。

しかし、再起はならなかった。船村徹をはじめ、審査員の絶賛を勝ち得ながら、ミチは、次の有効な一手を打つことができなかった。七一年、「或る女の人生」と「むらさきの京都」を最後に、ミチの新譜が店頭に出ることはなくなった。

一九七〇年代にミチは、二度の覚醒剤取締法違反などで逮捕され、実刑を受けた。その詳細をここで述べるつもりはない。芸能界からは追われ、以後、公の場で歌った形跡はない。

ミチの最初のライヴァル、弘田三枝子も、六〇年代後半は洋楽カヴァー路線からの脱皮に苦闘した。元気溌剌の唸りで一世を風靡したポップス少女が、「大人の女性歌手」へ転身するのはなかなか難しいことなのである。

一九六七年には、「渚のうわさ」で紅白歌合戦に復帰したものの、この可憐な曲は大量に出回った和製ポップスに埋もれてしまった感がある。彼女がもう一度、歌謡界の前面へ躍り出たのは、二年後の「人形の家」によってである。乾坤一擲《けんこんいってき》で放ったこの歌は、戦後歌謡曲が触れたことのない新しい世界を見せた。体型と装いをすっかり改めたミコは、なかにし礼の詞と川口真の曲で、この時期の「艶歌」と通じる「捨てられた女」の姿を、やや耽美的な雰囲気を醸し出して歌った。

これが、歌手としての弘田の二度目のピークである。紅白出場は一九七一年が最後になった。もっとも、一九七〇年には、『ミコのカロリーブック』がミリオンセラーになり、独特のメイクや着こなしでファッションリーダーに変身した。少女時代から痩せたいと願っていた彼女の、もうひとつの夢がかなったのである。

黛ジュンは、レコード大賞を獲得した一九六八年がピークだった。紅白出場は、その翌年が最後になった。ミチと同じレコード会社に所属していた水前寺清子は、この中ではもっとも長期にわたって第一線で活躍してきたが、大きなヒット曲は、一九六九年の「真実一路のマーチ」までだ。

ミチが再起をかけた「全日本歌謡選手権」の翌年には、公開オーディション番組「スター誕生！」（日本テレビ系）が始まった。初期の森昌子、桜田淳子、山口百恵、中期の岩崎宏美やピンク・レディー、そして後期の小泉今日子や中森明菜まで、この番組は、十二年間にわたる「アイドルの時代」をつくりだした。その間に——昭和はまだ続いていたが——戦後歌謡曲は「歴史的使命」を終えて退場した。

一九六〇年代、すなわち戦後歌謡曲の最後の十年間、青山ミチには何度かチャンスがあったし、自身を奮起させるに十分な、格好のライヴァルもいた。また、いうまでもなく、抜群のヴォイスとセンスを持ちあわせていた。さらに、作家や演出家を巻き込み、魔法をかけるように「彼女の世界」を引き出させる力も具えていた。出生のハンデも、観点を変えれば、持続と飛躍のバネになりうるものだった、と私は思う。

しかし、巡り来たチャンスの前で、彼女はささやかな「事件」を繰り返し——結果的には——自らそのチャンスをつぶしてきたように見える。目を凝らすと、それらの「事件」は、なにかになろうとする自分自身への逡巡であり、反抗であるかのように見える。

レコード歌手を辞める少し前に吹き込んだ、「或る女の人生」（詞：荒木とよひさ、曲：中川博之）という曲がある。

波止場に女が一人でたたずんでいるよ
ありもしない幸福に
裏切られたと泣いているよ
人生なんて涙なのにさ

詞を書いた荒木もまた他の作家と同じように、ミチの物語へ身を寄せている。そのようすを横目で見ながら、ミチは己の人生の幕を引くかのごとく、突き放すような調子で歌っている。その歌声には、どこか重荷を下ろしたような解放感さえ漂っている。

うまく説明できない反抗を繰り返し、誰のためにもならないトラブルにまみれて、少しばかり疲れてしまった歌手は、戦後歌謡曲とともに、舞台を降りたままである。

註

★1　他の映画では、『野良猫ロック・マシンアニマル』（監督：長谷部安春、日活、一九七〇）にも、その傾向がある。横浜を舞台に若者グループの対立を描きながら、「ここではないどこか」への逃走を夢見る青年たち（ノボ・藤竜也、サブ・岡崎二郎）の実存主義的反抗のようなものを描いている。ベトナム脱走兵とともにスウェーデンへ逃亡を試みる彼らが、ギリシャ・バーのマダム、ミチに密航の手引きを乞い、併せて所持するLSDの売り先を紹介してもらう場面がある。ミチは久々にセリフのある役柄に就き、作品中で、「恋のブルース」（一九七〇）を歌っている。不思議なもので、この映画もどこかミチの「在り方」——横浜の闇の世界につながるイメージ——に引き寄せられている。

★2　後に述べるように、弘田を見出し、デビューさせた東芝の草野浩二は、坂本九などを手がけ、六〇年代初頭の洋楽カヴァーの黄金時代を築いた人物である。草野浩二「門下」の弘田・坂本には歌唱法の共通点が多い。キャンプ時代の弘田の歌が聴けないので確証はないが、弘田が坂本の歌を取り入れた可能性はある。ちなみに、彼の歌い方にはバディ・ホリーと母親のやっていた小唄の両方の影響があるという。

★3　輪島裕介によれば、都はるみの「唸り」は、母親が浪曲師上がりの漫才師を見て思いつき、娘に指示したものだが、はるみ自身は母親の期待するイメージが飲み込めず、弘田三枝子の歌唱法を真似ることで「唸り」を身につけたという。現代艶歌の主流である、はるみの歌唱法が実は、洋楽の影響から生まれたというのは興味深い。

桑田は、弘田の歌唱法をさらにデフォルメしながら、独自のノリと哀愁の表現に成功したイノベーターといっていいだろう。弘田へのオマージュ曲「MICO」(『綺麗』、一九八三、所収)では、「お前がいなけりゃ俺今さら歌などない」と歌った。弘田もアンサー・ソング「O－KAY」(一九八三)を歌っている

★4　ジャズの世界では、原信夫、宮間利之、小野満、ジョージ川口、渡辺貞夫、渡辺晋らがいる。彼らはバンドを率いて五〇年代初頭には空前のジャズブームを担い、一部は後に流行歌歌手のバックバンドとしてレコードやテレビの世界で活躍した。また、渡辺晋のように自ら芸能プロダクションを構え、音楽出版など従来にない音楽ビジネスをつくりだした者もいる。

ハワイアンは戦前から活動していた演奏家が、進駐軍クラブで復活した。大橋節夫とハニー・アイランダース、バッキー白片とアロハ・ハワイアンズ、ポス宮崎とコニー・アイランダースが当時の「御三家」バンドである。アロハ・ハワイアンズに所属していた和田弘は独立して、マヒナスターズを結成、松平直樹を起用して、松尾和子や吉永小百合らとのデュエット曲から「お座敷小唄」「愛して愛して愛しちゃったのよ」まで、幅広い領域で活躍した。

カントリー・アンド・ウエスタン(当時はウエスタン)では、チャックワゴン・ボーイズがパイオニアで、メンバーの井原忠高が後に結成したワゴン・マスターズには、小坂一也、寺本圭一、堀威夫、田辺昭知などが所属していた。井原は後に日本テレビのプロデューサーとなり、「光子の窓」、「11PM」、「巨泉・前武のゲバゲバ90分!」などを制作。堀はミュージシャンとしての活動の後、ホリ・プロダクションを設立、山口百恵、石川さゆり、森昌子などを擁して、ナベプロのライヴァル企業となった。また、山下敬二郎、平尾昌章、ミッキー・カーチスなど日劇ウエスタンカーニバルのロカビリー歌手も、この世界から生まれた。

女性歌手では、キャンプで歌っていた十代半ばの少女が続けて世に出た。十五歳の江利チエミは「テネシーワルツ」（一九五二）、十六歳の雪村いづみは「想い出のワルツ」（一九五三）でデビューし、一九四九年に十二歳でデビューした美空ひばりとともに「三人娘」と呼ばれた。

進駐軍が演奏家たちを調達するには、主に日本の仲介業者が利用された。仲介業者は、政府の「特別調達庁」と契約を交わしていたが、実質的にはキャンプの各クラブと親密な関係を築き、評判の良い演奏者を継続的に派遣する機能を果たした。草分けは、東宝、日本演芸社、花柳芸能社などだが、渡辺晋夫人・美佐の実家、曲直瀬《まなせ》家もオリエンタル芸能社の名前で仲介業を営んでいたことがある。

演奏者も安定した収入を確保するために、仲介業者に所属することを望んだ。または、安定した仕事のとれる有力バンドマスターが率いるバンドのメンバーになりたがった。

ただし、そのクラブ側の需要が過剰な場合は、所属演奏家だけで満たすことができないこともよくあった。特に、多くの米軍キャンプが集中する首都圏では、慢性の演奏者不足が生じた。その不足を埋めるために、東京駅北口、新宿駅南口、立川駅などには、キャンプに送り込む演奏家を「拾う」ための青空マーケットが出現した。

★5　テレビ局と歌手の力関係は、芸能プロダクションの登場と隆盛によって変化しつつあった。筆頭の渡辺プロダクションは、「テレビ時代」を見通し、実権を確保していた。

フジテレビ系列の「ザ・ヒットパレード」がスタートしたのは、まだ映画が全盛期にあった一九五九年である。担当ディレクター・椙山浩一《すぎやまこういち》（後の作曲家）の提案に対する上層部の対応は冷たく、制作予算もスタッフも最小規模だった。それでも渡辺晋は椙山の提案を呑んだ。当面はタレントのギャラさえ払えないが、この機会に自社からテレビ局に人を送り込み、制作現場のノウハウを身につけようと考えたのだ。

後に、このやり方は、日本テレビの「シャボン玉ホリデー」などで「ユニット番組」という方式に進化する。番組の演出だけはテレビ局のディレクターに任せるものの、出演者、構成作家、音楽スタッフすべてを渡辺プロが仕切る。そうすることで番組のコンセプトが鮮明になり、同時に利益をコントロールできるようになる。さらに、実質的に電波を専有化し、番組を自社タレントのプロモーション手段として使えるようになる。もちろん、このシステムが確立したのは、渡辺プロの歌手・タレントが圧倒的な人気を博していたからである。渡辺晋・美佐は鼻息荒く、「ナベプロ帝国」の版図拡大に進撃した。テレビ局側にこれを面白くないと思う人が出てくるのは当然だった。

★6　遠藤は一九八九年、ミチの在籍したポリドールから、シングルCD「エンケンのミッチー音頭」を発表。遠藤賢司バンドの湯川、嶋田をはじめ、コーラスなどに多数のゲストが参加している。この曲はラジオ番組「三宅裕司のヤングパラダイス」（ニッポン放送）のテーマ曲になった。

★7　日本のレコード歌謡史は、昭和初期に「専属制度」とともに始まった。文字通り、歌手も作家（作詞家・作曲家）も楽団もすべて、特定レコード会社と専属契約を結び、他で仕事をすることを禁じられていた。曲も特定の歌手の「持ち歌」として、競作を排するのが原則だった。

戦後もこの制度は継続したが、一九六〇年代半ば、和製ポップスやグループ・サウンズの曲を中心に、専属制度を破るフリーランスの作家たちが登場する。作詞家では阿久悠、なかにし礼、安井かずみ、橋本淳、作曲家では筒美京平、平尾昌晃、都倉俊一、鈴木邦彦、すぎやまこういちなどである。彼らのつくる曲は、多くの場合、専属制度が適用されない洋楽レーベルから発売された。「洋楽」のテイストを醸しだすと同時に、新しい世代の作家を取り込む手段だったが、以後、「専属制度」は実質的に終焉を迎えていく。

★8　福島通人は、一九四八年、「横浜国際劇場」で美空ひばりの天才を発見し、初代のマネジャーを務めた人物である。「新芸術プロダクション」をつくって、ひばりの全盛期を支えたが、母・喜美枝との確執から身を引いた。その後は、日本クラウンの創設時、日本コロムビアを辞めた伊藤正憲を有田一壽（若松築港社長）に引きあわせ、資金調達を側面から支援したものの、念願の制作部長に迎えられることはなかった。

★9　五木寛之が「艶歌」で造形した「高円寺竜三」は、馬渕玄三とはいくつかの点で決定的な違いがある。一番大きいのは世代の差である。「高円寺」は、昭和初期から流行歌をつくり続けてきたベテラン・ディレクターという設定だが、現実の馬渕は戦後、日本コロムビアに入社した新進気鋭のディレクターだった。五木は、「艶歌」が戦前昭和から連綿と続いてきたものという印象を与えるために、「艶歌の竜」を意図的に「高齢化」させたのである。

★10　竹中は『美空ひばり』（一九六五）の中で飯沢匡に反論した。当時、飯沢は、「柔」（一九六四）で「浪曲調」に移ったひばりと、そのファンを批判していたのである。

「……「明瞭に古いもの」は、夫子《ふうし》（「あなた」の意：引用者）自身のエリート意識のうちにあった。一見、自由放任の状況にみえた戦後の風俗は、その底に滔々たる革命のエネルギーを秘めて、旧体制のとりでを打ち壊そうとしていたのだ。

私は思う。あの焦土から民衆の歌声が起こったのど自慢狂時代に、飯沢のいう「大衆の恣意」がほしいままに爆発したならば、日本という国は完全に変革されていたにちがいない。そして美空ひばりは、資本やヤクザ集団に奪取されることなく、真に人民大衆の歌い手として私たちの前にあったであろうと」

竹中のやや過剰なオマージュは、今となってみると、彼女の一九五〇年代初頭までの「在り方」を深い位置で捉えていた。ひばりが主演した初期の映画（『悲しき口笛』や『東京キッド』）で瓦礫の残る街を背景に歌う彼女には、たしかに戦後七十年間のどんな少女歌手にもない哀愁と威厳と（さらにいえば）神秘がある。

阿久悠は、ひばりを「敗戦の焦土に降り立った奇跡の鳥」（『愛すべき名歌たち』、一九九九）と書いているが、この実感は竹中にもあっただろう。ただし、竹中がユニークなのは、〝売れ出した〟ひばりに震撼しながら、彼女を戦後革命の敗北の象徴と見たところにある。

「美空ひばりが、コマーシャルベースにのってスターへの道を歩み始めたのは、日本人民の反権力闘争が挫折した時点においてであった。民衆が革命に幻滅し、「決して人を信じちゃいけませんよ」という居残り左平次流のオポチュニズムに傾斜していく時流の中で、ひばりは資本の「籠の鳥」になったのである」（『美空ひばり』）。

★11　社会学者の小熊英二は、「日本人」の支配的自画像といわれる「単一民族神話」が戦後につくりだされたと論じている。確かに、戦前の「大日本帝国」は多民族国家だった。一八九五年に台湾、一九一〇年に朝鮮を併合して以来、総人口の三割におよぶ非日系人が「臣民」としてこの帝国に包含されていた。また、このような実体を踏まえて、対外侵略を正当化すべく、「多民族国家」が強調されたのである。戦後、転じて、単一民族論が説かれるようになったのは、非侵略的な「日本民族」という神話（偽史）によって、戦前の海外侵略・多民族化が例外的で強いられたものだった、というロジックを持ち込もうとしたからである。

★12　「叱らないで」に響きあう〝叱られ歌〟の代表は、「叱られて」（詞：清水かつら、曲：弘田龍太郎）である。一九二〇年（大正九）に『少女号』四月号に発表されている。吉本隆明は、「日本のナショナリズム」（一九六四）でこの曲を含む大正期の唱歌を採り上げ、日本近代のナショナリズムが変成するようすを論じている。吉本が挙げているのは、他に「浜千鳥」（鹿島鳴秋、一九一九／大正八）、「背くらべ」（海野厚、一九一九／大正八）、「靴が鳴る」（清水かつら、一九一九／大正八）。「かなりや」（西条八十、一九一八／大正七）、「雨」（北原白秋、一九一六／大正五）、「てるてる坊主」（浅原鏡村、一九二一／大正十）、「七つの子」（野口雨情、一九二一／大正十）、「赤蜻蛉」（三木露風、一九二一／大正十）、「夕焼小焼」（中村雨紅、一九二三／大正十二）、「花嫁人形」（蕗谷虹児、一九二三／大正十二）、「あの町この町」（野口雨情、一九二五／大正十四）である。

吉本は、「御国の為」意識と「身を立て名を挙げ」意識というふたつの主題からなる明治期のナショナリズムが、大正期にそれらの主題を失ったと述べ、上記の唱歌は、「主題を喪失したあとでの大衆の「ナショナリズム」の表面をよく表現している」と書いた。

「叱られて」の詞を見ながら、吉本の分析を補完しておこう。

叱られて
叱られて
あの子は町まで　お使いに
この子は坊やを　ねんねしな
夕べさみしい　村はずれ
こんときつねが　なきゃせぬか

叱られて
叱られて
口には出さねど　目になみだ

二人のお里は　あの山を
越えてあなたの　花のむら
ほんに花見は　いつのこと

ここには、二人の子どもが登場する。彼らの里は山の彼方にあり、いつ帰れるか分からない。奉公に出されたのか別離によるものか判然としないが、彼ら二人は、親や家族ではない、「誰か」に叱られ、罰せられている。二人はなぜ自分たちが叱られているのか、その本当の理由が思い当たらない。したがって、赦しがいつ誰からもたらされるのかを知らない。その宙吊りの不安こそ、吉本のいう「主題の喪失」の表現である。

青山ミチの「叱らないで」にも共通するものがある。「こんなになった」のが「あの娘」が叱咤される直接の理由ではあるものの、「なぜ私が」という本源的な問いは答えのないまま放置されている。「艶歌」思想もまた、六〇年代的ナショナリズムのひとつの変成だったことはまちがいないが、ミチの歌には、はじめから「主題」など知らされていなかった者たちの空虚がある。その「空っぽ」を歌いきったところに彼女の歌の凄みがある、と私は思う。

第2章　転がる卵のように――集団就職と戦後都市

1　駅のホームから始まった物語

一九五〇年代の半ば以後、桜の咲く頃になると、東京や大阪など大都市の駅には、中学を卒業したばかりの少年少女だけを乗せた列車が次々に到着した。表情にあどけなさの残る彼らは、東北や九州などの農村から働くためにやってきた十五歳だった。職安の係員や教師に引率されて、固い面持ちで駅に降り立つようすは、マスメディアによって大きく報道され、人々の目を引いた。

駅のホームには、彼らを採用した雇用主たちが、幟《のぼり》や旗を持って待ち受けている。数十人から数百人に上る詰め襟やセーラー服姿の集団は、そこで雇用主に引き渡されてばらばらになり、各々の職場へ向かう。ある年代以上の人なら、どこかで見たことのある「集団就職」の光景である。

二〇〇五年公開の映画『Always 三丁目の夕日』（監督：山崎貴）の開巻直後のシーンを記憶している方も多いだろう。青森県の中学校を卒業した星野六子（堀北真希）が、職安の係員に先導されて、級友たちと一緒に上野駅一七番線ホームに降り立つシーンだ。時代設定は一九五八年である。六子を迎えにきた鈴木オートの社長、鈴木則文（堤真一）は、ダブルのスーツに中折れ帽をかぶり、まるで大企業の経営者然としているが、乗ってきたのはぼろぼろのオート三輪。乗りつけた「有限会社鈴木オート」は、町の自動車修理工場で、六子は描いていたイメージとのギャップに愕然とする。

実際の集団就職でも、彼女と同じような落胆を味わった少年少女は少なくなかった。それゆえ、転職する者も多かった。夢破れて郷里に帰った者もいた。ほんの一握りの若者だけが、失意を嚙みしめながら、石にかじりつくようにして出世や独立を勝ち取った。中卒が「金の卵」だったのは、一九五五年から六五年までの十年間にすぎないが、この時期に生まれた膨大な出郷者たちの物語は、戦後の若者像のひとつの元型を形成している。

集団就職の背景には、第一に農村の過剰人口問題があった。敗戦前後は帰郷家族の増加が過剰人口に輪をかけたが、より根深いのは古くからの「次三男問題」だった。近世以来、農村では土地を長子にのみ相続させて分散を防ぐ習慣であったから、次男以下は他の職業に就くか、男子のいない農家への婿入りを選択するしかなかった（それらの道も閉ざされた場合は、長男の下で雇い人のような地位で働くしかなかった）。「次三男問題」は、長いあいだ農村に閉塞感をもたらす大きな社会問題だった。

それが、五〇年代半ばに風向きが変わる。都市への本格的な流出によって農村の人口が減り始めるのだ。特に若年層の農業就業率が激減していく。たとえば、二十～二十四歳の年齢層では、男子の場合、五五年の八三・六万人から六五年の二三万人へ、ほぼ四分の一に減った。女子の場合も、一〇一・二万人から三〇・四万人へ、七割の減少を示している。十五～十九歳の階層では、進学率の上昇もあったせいで、この傾向はさらに顕著であり、男子は四分の一、女子は五分の一にまで急減している（加瀬和俊『集団就職の時代』、一九九七）。

いうまでもなく、流出を促したのは都市が生み出す新しい雇用である。戦後の復興期から高度成長期にかけて、産業構造の変動を伴う経済活動の拡大は、大量の労働力需要を生みだした。まず、繊維工業や金属機械工業を中心に、大量生産の設備を整えた工場が多くの若年労働者を求めた。また、景気の拡大に加え、工業分野の雇用拡大のあおりを食らって、都市部の小売店や外食店などの流通・サービス業分野は、深刻な人手不足に見舞われた。広範な分野で、安価で使いやすい労働力へのニーズが高まったのである。

都会には、とにかく仕事があり、活気がある。多くの場合は経済的な理由で進学を断念した中学卒業生が、街へ向かったのは自然ななりゆきだった。その結果、都市は出郷した若者であふれ、都市生活者の一大勢力になっていく。他方、六〇年代初頭の農村では人手不足が語られるようになる。「次三男問題」に代わって、「村に残る者の孤独」、すなわち「長男問題」さえ持ち上がるようになる。

想像もしなかった早さで、逆転が起きたのである。

前著『「幸せ」の戦後史』でも触れたように、五〇年代後半、春日八郎や三橋美智也の望郷歌が、流行歌の重要なカテゴリーとなった背景がここにある。また、フルサトへの郷愁の中に出郷者の密かな優越感が忍び込むのも、ここに理由がある。望郷歌に頻出する残された者（たとえば村で男を待つ娘）への愛惜は、村を捨て、ようやく都会生活者への転身を果たそうとする者たちの両義的な心の動きだった。

2　卵たちへのまなざし

「集団就職列車」がはじめて走ったのは、一九五四年四月五日である。その春中学を卒業した六百二十二人を乗せ、青森駅から二十一時間かけて東京の上野駅に着いた。列車の仕立ては県（一九六二年からは交通公社）が企画し、国鉄が協力した。六〇年代に入って、「金の卵」の主役は中卒から高卒に代わり、集団就職は全盛期を過ぎた。最後の集団就職列車は一九七六年だったらしい。

ちなみに、「集団就職」は「集団就職列車」に由来する言葉のようだが、確たる定義がない。加瀬和俊の『集団就職の時代』（一九九七）によれば、本来の意味での集団就職は、就職地が同じ新卒者たちが、同じ列車でやってくるということだけでなく、「集団求人」に応じて新卒者が集団的に就職する、という関係を意味していた。

集団求人は、一九五四年度に、「東京都渋谷公共職業安定所所管内の商店連合会が傘下二十余店の求人六十人をとりまとめて、同所に求人申し込みし、同所が新潟県高田公共職業安定所とタイアップして、集団的職業紹介を実施した」事例に始まる（『職業安定広報』、雇用問題研究会、一九五九年七月号)。求人活動を行なったのは、世田谷区の桜新町商店会で、これに応えて、五五年三月二十六日、新潟県の十五人が夜行列車で上京した。以後、この商店会は集団就職で新卒を採用し続け、六二～六三年には、百数十名に達していたという。

桜新町に住んでいた長谷川町子は、朝日新聞の連載マンガ「サザエさん」(一九五六年三月二十九日付)で、このテーマの作品を描いている。まず、上野駅に着いた少年たちに、ラジオ局がインタビューしている。「どこにおつとめするの」と聞くと「じてん車やです」。次に自転車店の主人にもマイクが向けられると、「温かく家族どうようにしたい」と答えるうちに話が大きくなり、「できれば世界一周をさせてやりたい」と発言してしまう。4コマ目では、自転車店の主人が奥さんにたしなめられている。

長谷川は、自分の住む町にやってきた年若い労働者に強い印象を受けたのだろう。また、長谷川だけでなく、当時の多くの人々が彼らの姿に心を揺さぶられた。農村、特に東北の貧しさは、ベストセラーになった『山びこ学校』(無着成恭編、一九五一)などでよく知られていた。厳しい現実を背負って、遠く故郷を離れ、過酷な労働に就く少年・少女たちは、人々の同情を集めた。この時代の人々にとって、貧しさの記憶はまだ、すぐ近くにあったからだ。

また、そこには同情以外の感情もあったのではないか。彼らを送り出した農村の人々は、罪悪感を拭えなかっただろうし、彼らを受け入れた都市の人々の方は、下積み労働を押しつけた彼らに、加害者意識のようなものを感じていたのではないか。

ちょうどこの両者の感情を緩和するような記事が、『家の光』(一九五七年十一月号)に掲載されている。社会運動家で、労働省婦人少年局の初代婦人課長も務めた新妻イトが書いたもので、「東京で明かるく働く少年たち」と題されている。新妻は長時間労働の実態などを指摘しているものの、職安に取材協力を得たせいか、登場する少年・少女たちは総じて優等生的で、批判的言辞を控えているように見える。

桜新町商店街の寿司屋、墨田区の機械製作所、浅草蔵前のおもちゃ問屋などに就職した少年たちが、インタビューに答えている。いずれの事例でも、採用の応対や処遇の水準が平均を上回っているのは、職安のアピールを趣旨とする記事だからだろう。新妻は、少年たちがいっぱしの社会人として発言する様子を評して、「郷里の親御さんたちも、御安心なさい!」と書き、雇用主の、教育やしつけへの配慮に触れながら、確かな職場に息子や娘を送り込むには、職安に依存するのが一番だと強調している。

彼らを送り出した親たちは、記事を読んで――なかば宣伝記事であることを知りながら――自分たちの行動がまちがっていなかったと安堵しただろう。これが『家の光』側の一番大きな狙いだった。少し前まで、若者の農村流出を憂える立場にあったこの雑誌は、流出の圧力に抗しえないと判断した段階で、少年少女を送り出した農村の親たちを擁護する側に回ったのである。

またここには、年少の出郷者たちが、苦労しながらも善良な都市生活者になろうとするようすを伝える意図もあったのではないか。農村の労働力を都市に差し向けた政治家や資本家に対して、慣れない環境に溶け込もうとする若者たちのひたむきさをアピールし、政策の妥当性を肯定することも、この雑誌にとっては重要な使命だったはずだ。

しかし、集団就職の現実は、比較的早い時期に知られるようになる。まず問題になったのは、彼らの頻繁な離職・転職行動である。

3　差別的な就職先

年少労働者の離職率はかなり高かった。一九六四年の調査では、三十〜九十九人規模の事業所で四人に一人前後が、就職後一年以内に離職している（『集団就職の時代』）。これ以下の規模の零細工場・商店で雇われた住み込み労働者では、さらに高い離職率だったにちがいない。
小説家の平林たい子は、新妻の記事の五年後、同じ『家の光』で、集団就職した年少労働者の離職問題を採り上げた。この雑誌ですら、「東京で明るく働く少年たち」がすでに幻影であることを、隠し通せなくなっていたのである。[★1]
平林はこう書いている。

自分を雇った商店や工場の規模の小さいことを気にして、ここにいても、自分の将来はひらけていかないように思いつめる。

そのうえ、まだたまにはひどく頭の古い雇い主があって、住み込みの小店員《（ママ）》に子どものお守りや庭の掃除をさせたり、勤務時間を約束するよりも、勝手にながく延長することもないでは

ない。(「集団就職」、『家の光』、一九六二年九月号)

こうした現実を見れば、規模の小さな事業所ほど――賃金が急激に上昇したにもかかわらず――離職率が高くなるのはやむをえない、「自分の将来は開けていかないように思いつめる」少年少女たちに忍従ばかりを強いるわけにはいかない、と論じた。

ただし、ここで興味深いのは、平林が、離職の発生しやすい零細事業所に子どもを入れるのは「ごく、生活に余裕のない家庭である」と書き、「少し余裕のある家庭では、当座の収入はなくとも、将来のために、みっちりと技術を身につけてやることを考えるものだ」と述べているところだ。これは、現実の一端を言い当てているものの、構造的な認識には至っていなかった。集団就職で都市へ出た者たちの就職先には、大きな偏りがあったのだ。

高度経済成長期の前半、中卒労働者は、多くが製造業の現場に就業したが、実はその比率は地域によってかなり異なっていた(『集団就職の時代』)。当時の花形である金属機械工業で見ると、東京都の中卒就職者では四〇パーセントを超え、女子でも三〇パーセント近いのに対し、農村的府県の出身者ははるかに低い比率である(男子の場合、新潟県:一七・一パーセント、秋田県:一〇・七パーセント、鹿児島県:一一・七パーセント)。農村的府県の地元に、金属機械工業が少なかったせいもあるが、大都市に出て就職した地方出身者が、大都市出身者に阻まれて、彼らとは異なる産業に従事せざるをえなかった可能性も大きいのだ。

機械工業は戦後、機械化・合理化が進んで単純労働分野が広がり、若年の不熟練労働者の求人ニーズが急速に高まった。これに呼応して、中卒者側の人気も高まった。一九六一年の東京都の調査では八九パーセントが工員志望だったという。

すると大都市圏に集中する機械工業の雇用主は、当然ながら工場所在地の近くに在住する求職者を採用する。宿泊施設や日常生活の世話を心配しないですむからだ。

この結果、地方出身者は、大企業主導の機械工業には入り込めず、都市圏出身者が就業しようとしない商店、軽工業、雑業的分野へ入っていかざるをえなかった。

こうして、町工場や個人商店へ連れてこられた若者たちは、劣悪な待遇に不満をくすぶらせた。低い賃金や狭小な住まいはいうまでもないが、彼らの憤懣はなによりも、あてがわれる食事に集中した。とにかく量が足りず、小遣いの大半は空腹を満たす間食に費消されたらしい。そのような職住環境に耐え、技術や知識を身につけようと頑張る若者は少数だった。都市には消費文化の兆しがあり、仲間同士の情報交換が離職・転職を誘った。「割のいい仕事」は、経済成長の中で泡のように生まれ、消えながら、集団就職した若者たちの群れを一人ひとりに分け、流動を促したのである。

平林たい子が推測したように、貧困家庭が金欲しさに零細事業所へ子どもを送り込んだというのは、事実の一端ではあるが、全体の構造ではない。集団就職の仕組みそのものが、早期離職を生む要因を最初からはらんでいたのである。

都市部の新卒者を優先する採用環境の中で、集団就職は人気のない分野や職種、零細な事業所へ、地方の少年少女を送り込む装置として機能した。しかも、その装置は、中学校と職業安定所（採用地及び就職地）の周到な連携に支えられていた。

五〇年代半ば以後、人手不足が顕著になると、従来の縁故採用では間に合わず、地方の中学校に対する仲介機能への要求が高まった。ただし、中学校側は生徒側に求人情報を公開したわけではなく、多くの場合は、学校側の押しつけ的な割り振りが行なわれた。

この「学校の職安化」は、当然のことながら生徒たちの不満を呼んだ。

畑山博の小説「狩られる者たち」（一九七二）には、主人公の木元進が、元就職担当教師の柳井に食ってかかる場面がある。一九六〇年に山形県の内陸部から東京へ集団就職した木元は、従業員四人の町工場に入り、十年勤続すれば旋盤とフライス盤を揃えて独立させてやる、という口約束を信じて働き続け、裏切られ、その怒りの矛先を柳井にぶつけている。

その柳井は、教師を辞めた今も、ガラスメーカーの人事係長の肩書で、中卒採用を担当している。奥羽本線の中で、帰省中の若者を引き抜くような仕事だ。

また木元は柳井から、現役の就職担当教師Sの噂を聞く。Sはその立場を利用して、斡旋業者から金品を受け取り、羽振りがいいらしい。木元は、「げんこつで車窓のガラスをぶち破ってやりたいような怒り」を感じる。

一方、職安は、新規中卒者の求人ニーズが高まる中で、たんなる求職・求人の仲介機能から脱して、労働市場に対する規制力を強める方向へ向かった。たとえば、求人者（企業）と中学校及び求職者（中学生）が直接接触することを禁じ、職安を経由しない直接募集や委託募集を許可制とした。

また、各都道府県間の求人率を平均化し、人手不足の「打撃」を等しく甘受させるべく、求人企業に求人希望地を変更させるようなことも行なった。

その結果、職安の規制と中学校の職安依存が相まって、地方の中卒者はオープンな新卒市場からますます遠ざけられた。東京など都市部の中小・零細企業が、「都市近郊では安易に離職するおそれがある」と、地方出身者を強く求めるようになって、この傾向はますます強化され、求人先地域の固定化も進んだ。ちなみに、一九六二年の中卒者求人先都道府県は、男女とも福島県がトップであり、新潟、山形、宮城、岩手、秋田、青森、北海道の順だった。

4　流転のドラマ——森進一への軌跡

離職・転職は、こらえ性のない若年労働者たちの浮ついた行動ではなかった。それは割の合わない労働に展望を失った者たちの、ぎりぎりの反抗だったのである。

一九六三年に宮城県・上沼《うわぬま》中学校を卒業し、東京へ出た中卒者たちの「その後の十年間」を辿った記事がある。週刊誌には珍しい十ページに及ぶ特別記事である（『週刊新潮』一九七三年六月二十一日号）。

約四十名の少年少女たちは、仙北鉄道の上沼駅から父母や教師に見送られて出発した。途中の駅で他校の卒業生を載せ、瀬峰駅で東北本線の集団就職列車に乗り替えた。一夜明けて、上野駅に降り立った集団は五百名に膨れ上がっていた。

上沼中学校のこの年の卒業生は百七十五名。県外に就職した五十八名のうち、三十五名が首都圏に就職した。記事を書いた岩本隼は、この三十五名のその後を追跡した。

十年間で勤め先をまったく変えなかったのは、ソニーと打越メリヤス（後のスターニット）に入った女子二名だけだった。後は皆、転職を経験している。

そのうちの一人、佐藤正義が最初に就職した墨田区のオモチャ会社は、ひと月もしないうちに潰れた。次に職安から紹介されたのは、同区内の三江製作所。ステンレス製中ビンのジャーを開発して鼻息も荒かったが、不良品と判定されて社長が自殺し、いっきょに傾いた。次の月賦店、喜久屋はつぶれもせず、ガールフレンドもできたが、十八歳になると、父の遺言で自衛隊に入隊した。御殿場で二年を過ごし、除隊して故郷の近くで建具の見習い職人になるものの、親方と喧嘩し、バイクで飛び出す。埼玉県でバイクを売り払い、電話工事の請負で一年半しのぐが、危険な工事だったので、長距離トラックの運転手に転じ、川崎・広島を往復する。トラックの中で寝泊まりする生活をしばらく続けて、取材の時点では電鉄系タクシー会社に辿り着いている。

後藤とくえは、入社した会社の規模が大幅に縮小され、配置換えで遠い工場で働くことになった。嫌気がさして、和文タイプを習いながら念願の銀座でウェイトレスになった。その後は川崎・元住吉のボウリング場で働き、一念発起、プロボウラーを目指すものの、叶わぬ夢と諦めて石油会社に転じる。むしょうに結婚したくなり、職場で相手を見つけた。取材当時は、大きなお腹を抱えていた。

手にマメをつくって働いたアサヒゴムの工場から横須賀市のデパートガール、そして同じ安浦町のバーへ流れた熊谷万代。東京・芝の町工場、渋谷の米屋、のんべえ横丁の焼鳥屋と働く場所を変えながら、定時制高校へ通い続けた只野頼治。社員寮の炊事婦から東芝へ移り、遊戯施設のアルバイトで仕送りを続け、夫の故郷で商売を始めようとする佐藤徳子。日本コロムビアから赤坂、丸の内、大手町と高級レストランを渡り歩き、結婚したものの相手の事業が破綻して、上野のキャバレーへ出た仮名の女性……。

記事の末尾に掲げられた三十五人の十年間の一覧表は、めまぐるしい転職の軌跡である。

もっと果敢に転職を繰り返す若者もいた。

彼らと同じ年に、鹿児島県から集団就職した九千五百四十四人の中の一人、森内一寛である。彼は、大阪市・十三《じゅうそう》駅前の寿司屋「一花」へ就職した。住み込み食事付きで給与は一万二〇〇〇円。一人前の寿司職人になりたいと思っていたが、一カ月で店を去った。

鹿児島へ帰って、大衆食堂の皿洗い、キャバレーのバンドボーイなどをやってみるが、続かない。また大阪へ戻って、鉄工所、大衆食堂。次は東京へ出て、中華そば屋、和風食堂、塗装看板屋、お茶漬け屋。また、大阪へ戻ってフランス料理屋、運送屋、バー。再び東京へ出て、家具屋、外人バー、大衆食堂……。ここまでで転職は十七回を数えていた。長くても三カ月、最短はたった一日。転がる石のように転々と職を変えた。

後年、彼はその頃のようすを次のように語った。

日曜日にね、集団就職の仲間に会うんです。励ましたり慰めたり？　とんでもない、情報交換ですよ。

〝どうだ、給料はいいか？〟

〝仕事、きつくないか？〟

で、よし、となったら、タクシーにフトンのっけて、サッとずらかって、ちがう店へいっちまうんです。みんな、そうなんですよ。（『女性自身』一九六八年六月十七日号）

彼の最後の転職先は、チャーリー石黒と東京パンチョスというバンドである。石黒は、フジテレビの「リズム歌合戦」で優勝した森内を、内弟子兼バンドボーイとして自宅のガレージに住まわせた。固定給なし、空腹に苛まれながら、青年は、歌を学び直した。

演歌でいくという石黒の強い主張に、所属先の渡辺プロも折れた。デビュー曲は、「女のためいき」（詞：吉川静夫、曲：猪俣公章）。一九六六年六月。森進一の誕生である。大阪十三の寿司屋を辞めてから、三年が経っていた。

5　出奔の衝動――永山則夫への軌跡

その頃、永山則夫は、まだ流転の旅の途次にあった。

永山は、一九六五年三月末、集団就職列車に乗って、青森から東京へ出た。最初の勤め先は、渋谷駅前の西村フルーツパーラーである。店には、母親が一カ月の行商で得る収入と同じ数千円もするメロンがあり、それを買っていく客がいる。月給は、寿司屋に務めた森内一寛と同じ一万二〇〇〇円で、永山にとっては望外の金額だった。

北海道で育った永山は、訛りが少なかったので、他の地方出身者ほど言葉のコンプレックスに悩まないですんだ。夢中で仕事を覚え、三カ月後には東急プラザの支店担当に抜擢された。開店準備に奔走し、店では「銀座にいっても通用する」と言われて得意になったが、東京の暑い夏をなんとか乗り切った頃には疲れがたまっていた。

「事件」はそんなときに起きた。

秋に採用活動で永山の母校を訪問した上司は、学校関係者から、彼が中学三年の時に起こした窃盗事件について聞かされた。それが店の中で知れ、永山を精神的に追いつめた。仕事のミスも続いていた。過去の犯罪がばれてしまえば、クビになるのはまちがいないと思い込んだ永山は、誰にも相談せず、荷物も置いたまま、飛び出した。

そんな永山を、東京の荻窪で苦学していた三男の兄は、追い返してしまった。

行き先を失って、神戸で最初の密航を企てるが、横浜へ送還された。栃木県小山市の長兄の家へ送り届けられ、近くの板金工場に勤めるも、窃盗の真似をして逮捕。年が明けると長兄の家を出た。以後、永山の逃亡のような転職が始まる。

ノンフィクション作家の堀川惠子によれば、「最初は必死に働くものの、辞めるきっかけはいつも同じ。人間関係をつくれず孤立して、何をされても被害的に受け止めてしまい、果ては身ひとつで逃げ出すというパターンを繰り返す」（『永山則夫』、二〇一三）。

一九六六年九月には、アメリカ海軍横須賀基地に潜り込み、また逮捕された。保土ヶ谷の少年鑑別所では、同室の少年たちからリンチを受けてぼろぼろになった。

それでも、横浜家庭裁判所へ身柄の引き取りにきた母親と次兄に優しくされたことをきっかけに、再起を決意する。新宿・淀橋の牛乳店に住み込み、明治大学付属中野高校の定時制に入学。勉強にもクラブ活動にも打ち込み、ドストエフスキーを読み始めた。

しかし、疲労がたまるころ、いつもの行動パターンが現われる。様子を見にきた保護観察官とやりとりするうちに、前科が露見するという被害妄想に苛まれ、店を飛び出す。

その後は、横浜で沖仲仕などの仕事に就くが、定時制高校へ通う夢を捨てきれない。また牛乳店へ住み込むものの入学の前に失踪、三回目にようやく入学にこぎつけた。この時は、まじめさが認められ、学級委員長にも選ばれた。

しかし、この推挙は、彼の猜疑心に火をつけることになった。

永山はこう語っている。


俺、どうして委員長になったのかなって。向こうが委員長にして辞めさせるっていう考えだったのかもしれないって、俺が脱落するようにして、全員で俺の名前書いてね。選ぶことで辞めさせるっていう、ほら、牛乳屋の仕事はキツイってこと知ってるんだ。それで俺がくじけるからって負担かけて。（前掲書）

後に、精神鑑定を行なった石川義博医師に語られたのは、こうした強い被害妄想だった。永山は耐え切れず、また牛乳店から逃亡する。一九六八年五月七日のことである。青森にいったん戻るが受け入れられず、横浜の沖仲仕で食いつなぐ。東京に住む兄たちには拒絶され、ほぼホームレス状態に陥った。十月八日、横須賀基地に四回目の潜入を行ない、二二口径の拳銃を奪った。東京プリンスホテルで最初の殺人事件が起きたのは、その二日後である。

以後永山は、十一月にかけて、京都・函館・名古屋で三人を射殺したが、逮捕されなかった。警察の目を逃れ、新宿のジャズ喫茶「ヴィレッジ・ヴァンガード」でボーイの職を得、中野にアパートを借りた。

しかし、人を殺したことを忘れたわけではなかった。一九六九年四月四日、横浜で埋めておいた拳銃を掘り出し、二日後に原宿の専門学校に侵入、警備員に向かって発砲した。その場からは逃走したものの、もう彼は逃げ続けるつもりはなかった。翌朝、半ば自首するように、警備中のパトカーの前に姿を現わした。

6　列島を旅する「艶歌」

集団就職は、戦後社会でどのような役割を果たし、その役割を通していかなる影響を戦後社会に与えたか、そのことを三つの点から論じてみたい。彼らの在り方は、六〇年代以後の日本の〈社会意識〉に少なからぬ「外傷《トラウマ》」を残した、と私は考えているからである。

第一に触れたいのは、集団就職者が果たした労働力としての役割であり、その意味である。農村的府県から東京・大阪などへやってきた彼らは、大都市の産業と生活を底辺で支える下積み労働に就いた。すでに見たように、低劣な労働条件は早期離職を生み出し、膨大な数の転職者たちが、少しでも良い条件を求めて都市間、都市・地方間を移動し、流転を重ねた。

彼らは、きつい思いを重ねながら、高度経済成長が生み出すさまざまな仕事に就き、当時の社会的包摂力を頼りに、巨大な都市住民層を形成していった。

この高い流動性が、高度経済成長期の労働力需要に、実にフレキシブルに対応したことは明らかだ。一言でいえば、生き続けるために流転せざるをえない人々は、労働力を調達する側には実に都合のいい存在だったのである。その人々の多くが、終身雇用や年功制など日本的雇用慣行の外側にいたことは、いうまでもない。

集団就職に象徴される若年労働者の環境は、六〇年代半ばに様相を変える。高校進学率が上昇し、「金の卵」の主役は高卒者に移った。また、地方都市の就業機会（たとえば石油化学コンビナート）が増え、大都市への移動が減った。さらに、男子では零細工場や個人商店、女子では繊維産業などが、大企業・中堅企業との競争の中で新卒者を雇う力を失った。廃業の道を選ばなかった企業は——機械化に踏み切った少数の企業を含めて——主要な労働力を、主婦などのパートタイマーに求めていったのである。

先に見た上沼中学校を一九六三年に卒業し、就職した者たちのその後はどうか。記事の書かれた一九七三年当時（二十五歳前後）、女性は大半が結婚し、家庭に入っている。彼女たちは、子育てが一区切りついた段階で、まちがいなくパート労働に就いただろう。

一方、男性は、転職を繰り返しても――この時点では――最初に就いた仕事の分野（機械工業系が多い）に留まっている率が高い。平均転職回数は四回程度である。ただ、七〇年代の産業界は、記事が書かれた直後、一九七三年のオイルショックを経て、大きな構造再編に乗り出していく。さらに十年後の一九八三年（三十五歳）、彼らが転職を重ねていたとしたら、その勤め先はサービス分野を含めもっと多様化しているにちがいない。

集団就職世代の、その後をうかがい知る史料がある。『新潟日報』の記者、簑輪紀子が書いた『新潟発　団塊の世代史』（一九九五）である。簑輪は、八〇年代後半、新潟市坂井輪中学校を一九六二年に卒業した同級生を訪ね歩き、彼らの「その後」をたんねんに取材している。

地域は異なるものの、上沼中学校卒業生と同世代の、二十五年後の姿である。坂井輪は当時農村地区だったから、中卒男子のうち長男は農業を継ぎ、次三男たちは型通り、外の勤めに出た。中卒で東京へ出た者は一人だけで、他の多くは新潟市内へ就職している。進学し、高卒で東京へ出た者はいるものの、ほとんどはUターンしている。

市内では、鉄鋼・機械関係の製造業に就いた者が目立つが、新潟鐵工所へ勤めた一人を除き★2、後は倒産や合理化による離職・転職を経験している。Uターン組も含め、彼らの転職先を見ると、ホテルや居酒屋などの飲食・サービス業もあるが、なんといっても地方経済を「縁の下」で支えた建設業や運送業が有力な受け皿になっている。

かつて工作機械に向かい、溶接の火花を散らしていた男たちは、その技術を生かすことなく、建設現場でブルドーザーを操り、トラックのハンドルを握るようになった。簑輪の著作は、一方で農村の変貌を伝えながら、もう一方では、オイルショックと八五年のプラザ合意を含む二十五年間に、地方の雇用がどのように変わったかを伝えている。

第二に述べておきたいのは、集団就職者たちが直接的もしくは間接的に生み出した「文化」である。それは、厳しい労働と流転を余儀なくされた彼らが支持した文化であり、また、彼ら新都市民を購買層として開発された、新たな文化商品である。

たとえば、集団就職を歌った代表的な歌謡曲は、井沢八郎の「ああ上野駅」(詞：関口義明、曲：荒井英一)である。一九六四年に発表され、ヒットした。集団就職列車の着く上野駅を「心の駅」、人生の起点と捉えている。そこは、配達帰りの自転車を停めれば、お国訛りも聞こえてくる、郷愁への入り口であった。そして、特徴的なのは、このヒット曲がまだ集団就職者の「希望」を表現していることである。

三番の歌詞にはこうある。

ホームの時計を　見つめていたら
母の笑顔に　なってきた
上野は俺らの　心の駅だ
お店の仕事は　辛いけど
胸にゃでっかい　夢がある

歌った井沢もまた、青森の中学校を卒業し、歌手になりたくて東京へ出てきた出郷者である。「でっかい夢」は、おそらく井沢自身の夢でもあったにちがいない。

ちなみに、作詞家の関口義明は、上野駅の雑踏でこの詞を着想し、『家の光』の歌詞募集に応募して採用されたという。

中卒者の集団就職が、歌のテーマとして肯定的に採り上げられたのは、たぶんこの曲が最後だろう。文学者の藤井淑禎《ひでただ》が、舟木一夫の学園ソングがすべて高校生の別れの歌であることを指摘してみせたとおり、出郷の主体は高卒者に転じていく。舟木の学園ソングが集中的に発表された一九六三年は、高校が団塊世代に埋めつくされた年である。

私が前著で書いたように、「ふるさと歌謡」は六〇年代後半に、いったん表舞台から姿を消す[★3]。同時に集団就職の歌も消える。そして都会での自己実現を「夢」として語ってみせるのは困難になった。

かといって、この間、地方から東京へ出て、転職を繰り返す人々に寄り添った歌がなくなったわけではない。ただ、その歌は「夢」を語る歌ではなく、雑踏や酒場の孤独に耐え、希望の少ない未来から目を逸らすための歌だった。

たとえば、初期の森進一の歌の背景には、集団就職列車で大阪へ出た自分自身の、また同じ境遇にある者たちの流転の人生がある。森の「艶歌」とは、おそらくそのようなものである。

デビュー曲、「女のためいき」（一九六六）は、「死んでもお前を離しはしない」と嘘をつく男と、それを信じてだまされた女の、二人それぞれの漂流感が、森のしわがれた声で表現されている。おそらく、この二人はともに地方から都会に出てきたあげく、不安定な職場に流れつき、嘘のような本当のような約束を交わし合ったのだ。森は、そんな流転者たちの悲愁を、街から街へさまよう女に託して歌っている。

六七年のヒット曲「盛り場ブルース」は文字通り、具体的な地名を詠み込んで、全国の盛り場を流れ歩く女の物語である。そして、この趣向をさらに大きなスケールで歌ってみせたのが、森の最大のヒット曲「港町ブルース」（詞：深津武志・なかにし礼、曲：猪俣公章、一九六九）だ。

背のびして見る　海峡を
今日も汽笛が　遠ざかる

この歌い出しは、はるばると列島を北から南へ旅する漂泊者の存在を伝えている。旅するのは、「だました男」を追い続ける女に擬せられているものの、歌のスケールはそこにとどまっていない。

集団就職者に代表される、戦後の都会へ流れ出た出郷者すべてに向かって、流転の不安と苦難を癒すように歌われている。二〇一一年の紅白歌合戦で、一九六九年以来四十二年ぶりに森がこの歌を選んだのは、地震と津波と放射能によって故郷を追われた人々への思いがあったからだ、と私は思っている。

前章では、戦後歌謡曲史における「艶歌」思想を検討した。「艶歌」を抑圧された大衆の怨念や情念の表出と見なし、底辺の人々の屈折した希望と絶望がないまぜになった〝魂の歌〟と見る考え方である。

この「艶歌思想」がいまだに有効かどうかはわからない。それが一種の「偽史」であるのはまちがいないが、この当時、「艶歌」的なるものを強烈に求めた聴衆が存在したことは確かである。[★4] 一九七〇年代半ば、都市へ流入した人々が一時、フルサトを思いやって、望郷歌をもう一度よみがえらせる（たとえば、五木ひろしの「ふるさと」）まで、「艶歌」はフルサトへの安易な帰還を押しとどめるように歌われ続けたのである。

7　戦後都市の応対――吉永小百合が演じたもの

第三の論点は、年若い出郷者を迎えた戦後都市の側の反応である。都市の人々が、彼らの存在をどのように受け止め、そのインパクトをどのように緩和したか、そのことを論じておきたい。

帰る場所をもたない片道切符の旅人は、都市の中で、新たな格差を顕在化させた。橋本健二が書いたように、貧しい農村の若者たちと華やかな都会の若者たちという、無関係に生活する者どうしの格差ではなく、同じ都会で暮らす若者たちの間の「お互いの姿が目に見える格差」(『「格差」の戦後史』、二〇〇九)が出現したのである。

同じ都市空間の中で、一方には、集団就職の労働者や住み込み店員がおり、もう一方には、不自由なく高等教育を受け、高給を取るホワイトカラーの職へ就く者がいる。この、合理的な説明がつきにくい不平等に対して、人々はそれを緩和するものを求めた。

大衆文化には、そのような社会的機能もある。

たとえば、横浜の下層社会から出た美空ひばりは、敗戦直後から五〇年代にかけて、さまざまな役柄を歌い、演じ、自身の成功も含めて、階層をみごとに乗り越えてみせたタレントである。「悲しき口笛」(一九四九)や「東京キッド」(一九五〇)で孤児のイメージから出発したひばりは、映画『あの丘越えて』(一九五一)で富豪の娘を演じ、江利チエミ、雪村いづみと共演した「三人娘」シリーズでは、青春を謳歌する女子高校生や働く女性を演じ、さらには時代劇の女目明かしやお姫様役までこなした。ひばりのファンには、地方から上京した同世代の女性が多かった。[★5] 彼女たちは、目の前の格差を噛みしめながら、歌唱と演技の力でそれを超越してみせたひばりに、惜しみない喝采を贈ったのである。

美空ひばりの、こうした階層超越的な在り方を六〇年代に継承したのは、吉永小百合である。一九六〇年、日活に入社した吉永は、浦山桐郎《うらやまきりお》監督の『キューポラのある街』(一九六二)で、鋳物工の娘を演じて広く知られるようになった。その後は、高校生・大学生などの学生役はもとより、

「BG」（後の「OL」のこと、『若い東京の屋根の下』、一九六三）、質屋の娘（『美しい暦』、一九六三）、外交官令嬢（『泥だらけの純情』、一九六三）、デパートガール（『若草物語』、一九六四）、スチュワーデス（『大空に乾杯』、一九六六）など、多彩な階層・職業の役を演じてみせた。

橋本健二は、吉永が、「頂点から底辺まで多様な階級の少女を演じ、どんな境遇にあっても、また誰に対しても明るく誠実な姿をみせ、階級を超えた存在であり続けた」（前掲書）と書いたが、この見解は、当時の映画が果たした社会的機能からみれば、やや表層に留まるものではないか。映画は大衆に「夢」を見せるだけではなく、その「夢」によって現実を忘却させる仕組みである。美空ひばりがそうであったように、吉永もまた、人々に「夢」を与えることで、都市の階層的格差を曖昧化するタレントだったと、私は思う。ちなみに、当時、看護婦役の吉永が橋幸夫と歌ったデュエットソングは、「いつでも夢を」という曲名だった。

吉永が住み込みのお手伝いを演じた、石坂洋次郎原作の『風と樹と空と』（監督：松尾昭典、日活、一九六四）も、そのような文脈（コンテクスト）で見るべき作品である。集団就職で東北の町から東京へやってきた男女六人——中卒ではなく、高卒の十八歳である——が織りなす青春物語の中で、吉永はたしかに「誰に対しても明るく誠実な姿をみせ」ている。

主人公の沢田多喜子（吉永）は、仲間たちがみな企業に就職するのに、あえて住み込みの家政婦を選択し、港区青山に邸を構える安川家にやってくる。安川家は、ゴム会社の社長、儀一郎とその妻・弓子、長男で大学生の三郎、高校生の澄子、引退間際の老家政婦（ばあや）で構成されている。

経済力があり、聡明な主婦が家庭を仕切り、二人の子どもたちはのびのびと学生生活を謳歌している。つまり、先に述べた「目に見える格差」が、はっきり示されている。

しかし、多喜子はそんなことに頓着する素振りも見せない。持ち前の開放的な性格と真面目な仕事ぶりで、弓子をはじめ家族全員の信頼を得て、ばあやの後任のポジションを確保する。同郷の五人の仲間との交友、御用聞きの青年たちとの交流などのエピソードが、コラージュのようにつなぎ合わされ、筋を運んでいく。大きな試練や争いはなく、平穏無事な日常には倦怠の匂いさえ漂っている。

そんな中で特徴的なのは、弓子（加藤治子）やばあや（高橋とよ）といった年長の女たちの「新しい思想」である。たとえば三郎（川地民夫）が、上京してきた多喜子を上野駅で迎え、精養軒の昼餐などで手厚くもてなした様子を聞いて、弓子は心中で次のように独白する。

三郎を迎えにやったのが失敗だった。お手伝い候補の鞄を持ってやったり、腕を絡んで歩いたり、はれがましい料理店S軒で昼食を共にしたり……そんなことで遠い縁戚の娘でも迎えるような雰囲気をつくり上げてしまったのだ。

では、そうでなく、三郎は、はじめからもっと冷たく「お手伝い」として多喜子を扱えばよかったのかと考えると、弓子は自分の生んだ子は、そうあって欲しくないという気がする。それどころか、三郎が、雪国からポッと出てきた田舎娘に、常識以上の善意を示してやったことでは、むしろ賞めてやりたい気がするほどだった……。（石坂洋次郎『風と樹と空と』、一九六二）

こうした弓子の「民主思想」は、基調音として作品全体に静かに鳴り響いている。おそらく石坂は、戦後初期に普及した平等や公平の観念が、中産階級の主婦の胸にも生き続け、かつ多喜子の世代にも継承されていることを書きたかったのだ。

実際、多喜子が臆することなく、男女の平等を語り、消費の楽しさを述べ、格差の存在を論じる態度に、弓子は――最初はとまどうものの――秘かに賞賛の拍手を送る。三郎や澄子も、弓子のように省察的ではないが、直観的に多喜子の正当性を認めていく。

つまり、ここに描かれているのは、戦後家族の「石坂的」理想なのである。

ただし石坂は、この民主的な「受容のドラマ」を、それだけで終わらせてはいない。多喜子を受け入れた安川家の姿を通して、出郷者（低コストの労働力）を大量に招き入れた戦後都市の〈社会意識〉を、もう少し深く掘り下げようとしている。

原作の終盤には、映画では全面的に削除された、多喜子と三郎の〝未遂の情交〟の場面がある。つぎのようなシーンだ。

恋人、浅井秀子（十朱幸代）との別れ話で心をかき乱された三郎は、偶然、寝乱れた多喜子の姿を見てしまい、欲情する。めくれ上がったスカートからのぞく白い太腿に引き寄せられるように、彼女の部屋へ踏み込もうとした刹那、相手が目を覚ます。多喜子は声を上げ、三郎の気勢をそぐ。実際には何も起こらなかったが、二人はともに性的関係を想像したことに傷つく。

三郎は、令嬢然とした秀子には抱かなかった欲望を多喜子にかき立てられたことにショックを受ける。無垢な田舎娘の多喜子が、その本質において強烈な性的存在であったことに、戦慄するのである。

欲動と恐怖を象徴する、季節外れの黒い蝶も登場する。多喜子の部屋に舞い込んだその蝶は、「悪魔の使」のごとく、三郎に情欲の鱗粉を振りまいたらしい。打ちひしがれた三郎を慰謝し、関係を修復するのは、多喜子の方である。彼女は黒い蝶を指につまんで三郎に示し、窓外に逃がしてみせ、一時の「心神喪失」に終わりを告げる。そのあと、三郎は、真冬の蝶が幻想だったのではと訝《いぶか》るが、現実はもう穏やかで退屈な日常へ戻っている。

石坂は、一方で「純愛」を標榜しつつ、他方でそれを脅かす性的衝動を描くことに熱心な作家だった。しかし、このくだりには、男女の性的妄想だけでなく、都市民が新たな流入者に対して抱いた、ある種の「怖れ」の感情が混入しているように見える。石坂は、それが侵入者に対する恐怖であり、彼らがまき散らすであろう、粗暴で野卑なエネルギーへの不安であることに気づいていた可能性がある。

集団就職に代表される、都市への大量の人口流入は、戦後社会に物質的インパクトだけでなく、巨大な心理的インパクトを与えているはずだが、その実態について、私たちはほとんど何も知らないままである。石坂は、ほんのわずかながら、作中人物の心の動きから、この未知の事態を垣間見たのではないか。私は、原作を読んでそんなことを感じた。

映画の方は、この部分をすべて捨て、代わりに、多喜子に想いを寄せる手塚新二郎（浜田光夫）の帰郷を終盤に置いた。新二郎は、臨時工の解雇や同僚の事故に憤りを覚え、上司を殴ってしまい、恋情を諦めて、上野駅から故郷へ帰っていく。この、とってつけたような結末によって、映画は原作にあった、都市へ流入する住民に対する怖れという重大なテーマを回避してしまったのである。[★6]吉永小百合は、いつものように、階層差に無頓着で闊達なだけの明るい田舎娘を演じさせられてしまった。『キューポラのある街』で彼女が見せた、貧困や運命への想像力は蘇らなかった。

8　最後の集団就職列車が走った頃

七〇年代半ばには、地方出身者の流入がピークを越えた。首都圏の人口増加は、七〇年代前半の五年間で八十九万人もあったのが、後半では十九万人にまで減った。戦後都市が、人々を呑み込む時代は終わりを告げた。

ミクロな背景には、産業構造の変容があった。オイルショックの後、企業は生産方式の変更に取り組んだ。エネルギーが高騰する一方、かんたんにモノが売れなくなったため、早いサイクルで新製品をつくりだし、常に製品を差異化し続ける、多品種少量生産への転換が進められた。組織と技術の革新に資源をさけない中小・零細企業は、淘汰を余儀なくされた。結果的に、若くて労賃の安い不熟練工への需要が減った。

ゆえに雇用環境も変わった。高度経済成長期は圧倒的な人手不足の時代だった。特に新卒者採用の逼迫感が強かった。有効求人倍率は、六〇年代を通して一貫して伸長した。それが、オイルショックを境に急落する。不景気による生産の縮小が、雇用を圧縮しただけではない。操業度を下げても利益を生み出すために、生産設備の自動化がさらに進められたからだ。

社会編成から見ると、団塊世代を境に階層の流動性が低下したことも影響しているだろう。階層上昇の機会が減り、都市には低学歴者の成功機会が乏しくなっていった。事実、この時期には、県外就職率・進学率が低下し、首都圏に移転して来た地方出身者のUターンも増加していった。

都市の生存競争に勝ち残り、定住した人々が、千葉・埼玉・神奈川県に住宅を購入し始めたのも、この時期である。六〇年代に終身雇用と年功制を手に入れた地方出身者たちが、その安定的なライフコースの見通しによって、サラリーマンと専業主婦と二人程度の子どもから成る戦後家族の拠点をつくり始めたのである。

移動と流転の時代が終わりかけた七〇年代の初頭、この動向とどこか符丁を合わせるように、もう一度、集団就職の風景や歴史を描いた歌が歌われた。それは、井沢の「ああ上野駅」とも、森の〝流転艶歌〟とも異質なフォークソングだった。

小室等の「賞状」(一九七三)は、集団就職で外食店に勤めた若者が永年勤続の賞状をもらって、自身の十年に思いを馳せる歌である。禿頭の会長から賞状を受け取ると、苦節の日々が蘇って涙が溢れるが、そんな「俺の背中で」ケラケラ笑う、もう一人の「俺」がいる。

これは奇妙な歌である。下積みを自認し、誇りに思い、しかし、それを後ろから笑ってしまう自意識を扱っている。兄から「男なら志を立てよ　十年辛抱しろ」と言われて、涙をこらえた少年は、「俺の　ふるさとは　俺の心に　はいった」と感じる。そうしてフルサトを呑み込んだあげく、彼はこらえてきた自分自身を背中で笑っているのである。何かがふっきれず、生き腐れている。

吉田拓郎の「制服」（一九七三）も集団就職の歌だ。東京駅地下の雑踏の中に、真新しいスーツケースを提げた制服の少女たちがいる。吉田のまなざしはあまり温かくない。「押し黙ったままのこの人ごみ」が「東京って奴の御挨拶の仕方」なんだと嘯《うそぶ》き、彼女たちがこれから相まみえるはずの都会の非情や虚偽を、あらかじめ伝えようとする。その口調には、醒めた悔恨のようなものが覗いている。

　初めから都会に出ていかなければ
　いつまでも都会でなくてすんだのに
　きれいに暮らしてゆけるところは
　どこか他のところのような気もするよ

ここで発せられているのは、「帰れ」というメッセージである。ここにいても良いことはない。良い相手もいない。なぜなら、「駆け引きのうまい男ばかり出世して　きれいな腹の男はもう拗ねてしまってる」からだ。

しかし、この歌もどこかふっきれず、座りが悪い。歌い手が「ゴーホーム」のメッセージを、決然と言いきれていないからだ。都会の猥雑さに気づきながら、歌手自身が、今を生きるとはそういうことなのかもしれないと思い始めている。

小室や吉田は、おそらく正直に、この時期における都市と田舎、街と村の「ふっきれない関係」を歌にしているのだろう。集団就職列車が都会に向かう鉄路を一目散に走った時代が終わりを告げた頃、集団就職という生き方の輪郭が曖昧になってしまったのである。

結局、六〇年代以後の戦後都市は、集団就職者を含む大量の出郷者を抱えながら、彼らに対する態度を明確にすることはなかった。必要に応じて招きよせ、必要がなくなれば知らん顔をした。そして地方出身者たちもそのうち、ことさらに出自を口にすることなく、「新都市民」の群れに紛れていった。小室や吉田の歌のふっきれなさは、そんな事態を正直に伝えている。

西山留美子は、青森県三戸《さんのへ》郡の階上《はしかみ》中学校を、一九七六年三月に卒業し、東京へやってきた。彼女が三月二十三日に乗った「ゆうづる2号」は、「最後の集団就職列車」のひとつだった。

その年の春、階上中学校を卒業した彼女の同期生は、男子四十七人、女子四十四人の計九十一名だった。そのうち七〇パーセントにあたる六十三人が高校へ進学、各種学校を含めると全体の進学率は約八〇パーセント。青森県の平均値八六パーセントよりはやや低い数値だった。彼女の三人の友人もみな、高校へ進学することになっていた。

父は八戸市にある会社の運転手。長姉は病院務めの看護婦。すでに高校に進学していたすぐ上の姉は、東京へ出る妹を気遣った。家には、義母が生んだ幼い弟と妹もいた。

西山は、同郷の四人とともに、東京文京区のモリヤ洋装へ就職した。彼女を取材した『女性自身』の記事には、白っぽいスーツ姿でまっすぐにこちらを見つめる少女が写っている。

モリヤ洋装はその後、岩手モリヤに改組し、岩手県久慈市に本社と工場を構えている。三陽商会、ワールド、サンエーインターナショナルなど、大手アパレルメーカーの製品の縫製が主な事業である。文京区目白台には今も東京営業所がある。

その後の西山のことを私は知らない。東京へ働きに出てきた多くの「卵」たちと同様、多少の流転（ローリング）を経験したのかもしれない。もし可能なら、彼女が東京で好んで聴いた歌がどんなものだったのか、尋ねてみたい気がする。

註

★1　若年労働者の早期離職は「非行」につながりやすいという意見は、当時の識者からさかんに語られたのであろう。『家の光』の平林の寄稿もこの問題に言及している。平林の指摘によれば、貧しい親たちは「非行少年の群れ」に入った子どもを探しにくる余裕がない。また、もっとまずいのは、受け入れを世話した人物が彼らを故郷に送り帰そうとすることだという。「都会生活のなかで一度挫折した若い人間は、本人が帰りたがっているならともかく、もう農村生活はできない人間になっていることを知らなければならない。いったん、都会に出てきた人間は、都会で生きられるようにはからってやらなければ、農村にまた不必要な波紋を起こすことになって、当人にも農村にも迷惑なことである」(「集団就職」、『家の光』、一九六二年九月号所収)。東京への「片道切符」は、こうして半ば正当化されたのである。

★2　原雪男は、男子の中ではほとんど唯一、転職を経験することなく、同じ会社に勤めた(一九九五年時点)。その新潟鐵工所には社内の学校があった。原は、この「新潟工業専修学校」に二年通い、その後、定時制の新潟市立白山高校の三年に編入し、無事に卒業した。新潟工業専修学校は一九四七年、新潟鐵工所が従業員教育を目的に企業内に開設、県教育委員会から各種学校の認可を得ていた。教室と体育館を備えた校舎が工場のとなりにあり、中卒者は全員、強制的に入学させられた。正午までは職場で実習、午後は五時まで専修学校で勉強したという。この学校は、彼の入学の三年後ぐらいには、中卒者が減って閉校した。ちなみに新潟鐵工所は、二〇〇一年に経営破綻し、東京地方裁判所に会社更生法の適用を申請、受理された。

★3　望郷歌の変容については、前著『「幸せ」の戦後史』で多少述べた。フルサトの歌は、一九六〇年代後半にいったん姿を消し、七〇年代半ばにもう一度現われたときには、物語の形式を踏襲しながら、その「中味」がすっかり変わってしまっていたという論旨である。七〇年代の代表曲、五木ひろしの「ふるさと」で歌われているのは、「日本のどこかにありそうでどこにもない虚構のフルサト」だった。森進一の「艶歌」は、この望郷歌の空白期に、幻のフルサトへの旅を歌ったものであるといってもいい。それは、集団就職者の「流転」が、故郷喪失者たちの当てのない旅であったのと同様である。

★4　森も一時は、自身がこの艶歌思想に連なる者であることを表明していた。一九六八年に発表した最初のアルバム『影を慕いて』の意味は大きい。これは古賀政男の作品を集めたトリビュート・アルバムであり、歌謡曲界における古賀メロディ（その時点で古賀は「艶歌」の一源流とされていた）の正統派争いにエントリーする企てでもあった。森の哀訴するような歌い方は、古賀本来のモダンな持ち味とは異質だが、少なくともこの時期の「艶歌」思想には忠実だった。アルバム中の「人生の並木道」を収録するにあたって、生活の困窮をともに耐え、「故郷を捨てた」妹を思って、森は涙を抑えきれなかった。また、古賀も録り直しを要求しなかった、という「伝説」が残されている。つまり、歌い手もつくり手もともに、この時期、「艶歌思想」を信じることに同意していたのである。ちなみに『影を慕いて』は、この手のアルバムとしては異例のセールスを記録した。

★5　一九五七年一月十三日、浅草国際劇場で、ひばりに塩酸をかけた少女（十九歳）もまた、山形県から出てきた熱狂的なファンだった。彼女は山形の紡績工場で働いていたが、ひばりを見たいがために、東京の会社重役方の住み込みのお手伝いになった。しかし、公演の前日、何度もひばりの家に電話をかけたものの応対してもらえず、その腹いせに塩酸を浴びせることを思いついた。顔にダメージを与えれば、ひばりはまたもとの魚屋の娘に戻り、自分との階層差がなくなるはずだ、と彼女は考えたのである。

★6　吉永小百合は、すでに『若い人』（日活、一九六二）や『青い山脈』（日活、一九六三）で、石坂作品の主役を務めており、石坂は、吉永の当て書きで、多喜子を描いた可能性が高い。佐藤忠男によれば、彼女は「ひたすら同じような役柄に起用されることによって、一九六〇年代に女優としてはもっとも安定した興行成績が保証されているスターになった」（『日本映画史』、一九九五）というが、実は、さまざまな階層や職業の女性を「同じような役柄」として演じた、という方が正確であろう。

また、安川家の聡明な主婦、弓子は、加藤治子によって無難に演じられるが、本文で指摘した「民主思想」の匂いはやや薄い。息子の三郎は、川地民夫によって〝明るく〟演じられるがこれも物足りない。八百屋の御用聞きである「六さん」を演じた荒木一郎が、後年の虚無的な雰囲気（たとえば大島渚『日本春歌考』の荒木）を滲ませて三郎をやれば、「黒い蝶」の場面は面白い「絵」になったかもしれない。

第3章　端境期のセヴンティーン――六〇年安保のさなかで

1　安保と三池――一九六〇年のふたつの軸

一九六〇年は、春から、厳しい対立と衝突が続発した。

一月十五日、新しい日米安保条約調印のために渡米する岸信介首相の一行は、午後二時になって、出発時刻を翌日の午前八時と発表した。全学連主流派は、訪米を阻止すべく羽田空港突入を計画していたが、想定していた翌日の午後十時が大幅に繰り上げられたため、多くの大学では出発が遅れた。ほぼ唯一、泊まり込み態勢を取っていた東大本郷が、ただちに第一陣の四百人を出発させた。彼らを乗せたすし詰めのバスは、この日の午後六時には弁天橋の検問所を難なく通過し、続く二台も空港へ侵入した。

この中に樺美智子《かんばみちこ》もいた。

後続の東大駒場、法政、明治、慶應、日大、金沢、新潟、女子美、お茶の水などの学生は、稲荷橋で警官隊ともみあいながら、そのうちの数百名が警戒線を突破して、先発隊と合流した。

空港ロビー内で集会を開いた学生たちは、その後、バリケードをつくって食堂に籠城した。樺の遺稿集『人しれず微笑まん』の口絵には、座り込んでカメラに視線を向ける彼女が写っている。ニット製のように見える濃い色の帽子を被った彼女の表情からは、強い緊張感が伝わってくる。

日付が変わって十六日午前三時半、警視庁第四機動隊がバリケードを撤去し、中に突入した。すでに〝面の割れていた〟樺は、委員長・唐牛健太郎《かろうじけんたろう》、組織部長・青木昌彦らとともに逮捕された。

岸首相の一行は、裏道から空港に入り、米国へ飛び立った。


一月二十五日、三池鉱山は事業所をロックアウトし、福岡県の三池炭鉱労働組合は無期限ストライキに入った。石炭最大手の企業と、当時最強の組合との激突だった。

両者の闘いは、前年の二度にわたる合理化をめぐるものだった。

五九年一月の第一次合理化では、三鉱連（三池鉱山を構成する全国六鉱業所の労働組合の連合組織）に対する六千名の希望退職募集によって、それなりの「結果」が出た。頑強に抵抗したのは、ひとり三池労組だけだった。この組合は、一九五三年の長期闘争「一一三日の英雄なき闘い」以後、地道な職場闘争を通じてさらに力を蓄え★1、解雇撤回への自信を持っていたからだ。

しかし、八月の第二次合理化では、四千五百八十名の解雇をめぐって、三池労組は三鉱連の中でも孤立し、そのようすを見て取った会社は、同労組の活動家三百人を含む二千二百十名の指名解雇を通告した。労使交渉の決裂、中労委のあっせん不調を経て、十二月二日には、千四百九十二名に退職勧告がなされた。その半数近くが、組合の分会長、代議員、職場委員だった。会社側は、「生産阻害者」に対する排除の意向をまったく譲ろうとしなかった。労使の対立は、そのまま年明けの正面衝突へ至ったのである。

この後、安保と三池をふたつの軸に、六〇年の激動の日々が始まる。

二月五日には、新安保条約批准案が衆議院に提出された。この第三四通常国会は「安保国会」と呼ばれたが、前年十一月二十七日の全学連国会突入事件の責任を取って、議長と副議長が交替し、新たに清瀬一郎と中村高一が正副議長に就任した。

新安保条約をめぐる論戦は、二月十九日からの衆議院安保条約特別委員会を舞台に始まった。社会党は、安保特別委のメンバーに論客を揃えた。左派の黒田寿男をチーフに、岡田春夫、田中稔男、西村力弥、飛鳥田一雄、石橋正嗣、松本七郎、横路節雄らが、綿密な調査をもとに鋭い質問をぶつけ、院外の反安保闘争を爆発させる導火線の役目を果たそうとした。その戦術は、一方は、岸の戦前からの来歴をなぞって〝安保は戦争への道〟を印象づけるもので、他方は、官僚から入手した極秘資料を使って、安保条約の実行上の細部の不備や矛盾を突くものだった。岸首相はこうした「院内闘争」に対し、露骨に不快感をあらわした。

三月二十三日、浅沼稲次郎は、第一七回社会党臨時党大会の委員長選挙で、河上丈太郎を十九票の僅差で破り、鈴木茂三郎に次ぐ第三代委員長に就任した。社会党は、すでにこの年一月、右派・西尾末広の「民主社会党」の結成によって分裂したばかりだった。

その引き金になったのは、前年訪中時の浅沼の演説である。第二次訪中団団長の浅沼は、五九年三月十二日、北京で「米帝国主義は日中の共同の敵」と演説し、自民党だけでなく、西尾をはじめとする社会党右派からも批判を招いていた。他方、演説内容の修正や撤回を頑としてはねつけた浅沼には、しだいに左派の支持が集まった。「万年書記長」と呼ばれていた浅沼は、左派に押されて委員長選挙に出馬し、当選したのである。

新委員長の「先を見る目」を疑う者もおり、愚直な「庶民派書記長」を過去の遺物と見る向きもあった。しかし、この後押し寄せた反安保の大波の中で、浅沼は水を得た魚のように闘いの前線へ出ていった。

四月初旬、全学連主流派を指導する共産主義者同盟（ブント）は、第四回大会を開いた。書記長の島成郎《しましげお》は、用意した議案を脇においたまま、口頭で報告を行なった。胸のうちにあった「独断的見解」を、そのままぶつけようとしたのである。

島はブントを、「権力を奪取することをはっきり目標とする党」と位置づけていた。広範な大衆のエネルギーが爆発したとき、「あらゆる意味で鍛えられた真のプロフェッショナルな革命家が三千名存在するならば権力獲得は不可能ではない」。彼は、安保闘争を「生半可な「反対闘争」」に終わらせず、権力奪取の予行演習にしたいと考えていた（島成郎『ブント私史』一九九九）。

樺美智子はこの時、ブント本郷学生細胞の文学部班キャップであり、文学部学友会の副委員長だった。羽田闘争の大量検挙と内部分裂でガタガタになった組織の立て直しに、必死に取り組んでいたせいか、仲間の目に映る彼女の姿もがらりと変わる。発言が扇動的になり、演技的になった。彼らは、「樺さんが神がかってきた」と噂し合った。

三池では、組合側が困難な局面を迎えていた。

三月十五日、三池労組の臨時中央委員会で、二百五十四名の中央委員のうち六十九名が組合の方針を批判し、その方針について、組合員全員の無記名投票を要求した。中央委員会はその提案を拒否、同委員会の採決で十分とした。反対派は二日後、三千六十五名をもって第二組合を結成した。

上部団体の三鉱連にも動揺が走った。もともと三池労組に批判的だった三鉱連は、第二組合の結成を見て、四月初旬に予定していた三鉱連−炭労の統一スト指令を返上したのである。「三池も分裂した。これ以上は組織がもたない。しかも（三池以外の）われわれはすでに合理化を消化した」とスト返上の理由を挙げた。三鉱連がストを中止する以上、ゼネスト指令を出した炭労も手が出せない。

三月二十四日、会社は第二組合を団体交渉の相手方と認め、同組合員に対するロックアウトを解除すると通告した。現地はにわかに緊迫した。第二組合は強行就労を行ない、両労組員の衝突が各所で起きた。二十九日には暴力団員が四山《よつやま》鉱を襲い、正門でピケを張っていた三池労組員、久保清を刺殺した。

久保刺殺事件によって、総評をはじめとする全国規模の支援が巻き起こったが、時すでに遅かった。四月六日に出た中労委のあっせん案は、指名解雇を事実上認めるものだった。炭労臨時大会は苦悩のすえ、あっせん案を拒否するが、三鉱連は大会から退場し、会社と妥結した。

2 戦後と民主主義の曲がり角

四月に入ると、国会の中も外も慌ただしくなってきた。

第三四通常国会は、五月二十六日が会期切れである。参議院での安保条約の自然承認のゆとりを残すためには、四月二十六日までに衆議院で可決する必要があった。自民党の川島正次郎幹事長は、四月二十日から二十五日までに可決をめざすと発言した。

「安保批判の会」の清水幾太郎《いくたろう》（社会学者）は、月刊誌『世界』（一九六〇年五月号）で「今こそ国会へ」と題するアピールを発し、「国民請願権の行使」を熱心に訴えた。社会党はさっそく四月十五日から、請願の受け付けを始めた。人々が続々とつめかけ、二十四日までに一六〇万人の署名が集まった。二十五日は一日だけで請願が一万二千通、署名者は三〇万人にのぼった。

四月二十六日までに、請願書は一七万通、署名は三三〇万人を超えたが、この日の安保条約改定阻止国民会議第一五次統一行動は、いつも通り平穏に終わった。穏便な行動（「お焼香デモ」と揶揄された）に対する不満は、参加者の中からも聞こえてきた。他方、全学連主流派は議事堂前のチャペルセンター周辺に集まり、国会構内への突入を何度か試みた。羽田で逮捕され、保釈されたばかりの唐牛健太郎委員長は、装甲車の上から警官隊の中へ飛び込んで逮捕された。

樺は同日夕方、次兄の転任を見送るために東京駅に姿を現わした。母親の光子は、彼女のレインコートの背中に大きな手の跡がつき、白い靴が泥に汚れているのに目を奪われた。

この時期の日本経済は、実は、未曽有の好景気のさなかにあった。五五年から五六年にかけての「神武景気」を上回るものであったため、「岩戸景気」と名づけられた。五七年に実施された金融引き締めを契機に、「なべ底不況」が起こり、翌年の半ばまで続いたが、秋以後は上昇に反転した。設備投資、個人消費、輸出などすべてが順調に伸び、かつてない好況が出現し、六一年後半に再び金融引き締めが行なわれるまで持続した。実質国民総生産（GNP）に基づき、実質成長率を計算すると、五六～五八年度に六～八パーセントの一桁台に落ちていたのに対し、五九年度一一・一パーセント、六〇年度一二・五パーセント、六一年度一三・五パーセントと二桁台に乗り、かつ年を追って上向いていく。

つまり、高度成長のエンジンはすでに回り始め、経済を中心に見れば、日本社会は安定的な上昇期に入っていたのである。実際、六〇年は雇用の伸びがもっとも著しい年だった。失業率はこの年から急激に低下し、ついに二パーセントを割った。有効求人倍率も急激に高まった。消費者物価の上昇率は二パーセント程度にすぎず、実質賃金は四パーセント余の上昇を示した。

経済学者の小池和男によれば、「それはまことに穏やかな日々」（「三池」、『現代日本経済史』、一九七六）だった。しかし、「穏やかな日々」は、実際には、安保闘争や三池闘争のような激しい軋轢や対立を生み出した。

それはなぜだったのか？

大きくつかんでいえば、一九六〇年がちょうど「端境《はざかい》の年」だったからだ。

経済はすでに高度成長の兆候を示していたが、その恩恵に与かる者と、そうでない者の選別が起きていた。三池はその象徴でもある。石炭から石油への「エネルギー革命」の中で、三池の解雇反対闘争は本質的な厳しさを抱えていた。「総労働対総資本の対決」といわれたこの闘争は、五〇年代半ば以後、春闘方式による賃上げ闘争へ雪崩《なだれ》を打った組合運動に抗した者たちの、最後の決戦でもあった。★2
人々が直観した通り、「戦後民主主義」は曲がり角に差しかかっていたが、それは岸首相が議会制民主主義を踏みにじったことだけを意味しているのではない。戦後の反体制運動にかかわった諸勢力が掲げる「民主主義」もまた、終わりを告げていたのである。

たしかに、五月十九日の強行採決以後、国会周辺に現われた大衆の多くは「戦後民主主義」に共感を持つ（あるいはかつて共感した）人々だった。しかし、彼らはすでに「革命の幻想」から遠く離れ、日々の生活を通して豊かさを実感し始めた市民たちだった。彼らは、「復興期の戦後社会」が「成長期の戦後社会」へ切り替わり、その成長がもたらす果実に期待を抱いていたのであって、旧態依然の「民主主義」イデオロギーを掲げる政治参加には、もはや魅力を感じなくなっていた。

一九六〇年には旧いものと新しいものの交替があった。人々は、「穏やかな日々」の手触りを確かめながら、時代に遅れたものと時代を先取りするものを鋭敏に峻別した。岸のあまりにも強引なやり方は論外だったが、「戦後民主主義」の教条ももはやうっとうしいものに映っていた。人々は戦争に反対し、民主主義を擁護するべく立ち上がったが、それを囲い込みの道具にしようとする諸勢力には距離をおいた。むしろ、非政治的にさえ見える全学連の突進の方にシンパシーを感じた。この反権力と反教条の大衆意識が、若者たちの半ば自然発生的な暴力と結びつき、巨大なエネルギーが生まれたと考えるべきである。

吉本隆明は、この年十月に発表した「擬制の終焉」で三池はアナーキーであり、安保はニヒルだったと述べた。「三池闘争がとにもかくにも熱っぽい否定のエネルギーをもって擬似市民共同体の塁をひとたびのりこえたのに対して、安保闘争は冷やかな否定のエネルギーによってその城壁を破壊することがついにできなかった」（「擬制の終焉」、『民主主義の神話』、一九六〇）と両者のちがいを語ったのである。

なぜなら、と吉本は書く。安保闘争の盛り上がりを促したものは、丸山眞男の言うような「市民民主主義」の内発性・自立性ではなく、「戦後一五年の間に拡大膨張した独占秩序からの疎外感に他ならなかった」からだ。人々は「物質的な生活が膨張し、生活の水準は相対的には上向しはしたけれど絶対的には窮乏化がすすんで、たえず感覚的に増大してくる負担を感じながら」「安保過程で、はじめて自己の疎外感を流出させる機会をつかんだ」（前掲書）のである、と。

ここには、吉本流の大衆解釈がある。大衆は「平和を愛好するはずだ、大衆は戦争に反対しているはずだ、大衆は未来の担い手であるはずだ、大衆は権力に抗するはずだ」という、知識人の思いこみから自由にならない限り、「大衆が存在しているあるがままの原像」は見えないと吉本は後に書いた（『自立の思想的拠点』、一九六六）。

人々は、「市民民主主義」などというきれいごとの理念ではなく、成長や繁栄がもたらす格差や鬱屈に身体的な反発を示したのだ、と吉本は分析し、これをニヒリズムと呼んだのである。うがっていえば、人々の全学連（「赤いカミナリ族」と呼ばれた）へのシンパシーは、この国に外国からもたらされ、その後、権力者の都合で剝ぎ取られた「民主的秩序」（それは「擬制」の秩序と見えた）に歯向かう若者たちへの共感を含んでいたともいえる。

そして、このねじれた感情は、安保闘争の複雑な相貌に影響を与えている。人々は「反米」の軸ではナショナリストであり、「反岸」の軸ではデモクラットであり、同時に私利にさといエゴイストの相貌も持っていた。吉本が指摘したようなルサンチマンは強くしこっていたものの、それを埋め合わせる「豊かさ」がそこまで来ていることを察知していたからである。

3　十七歳のテロリスト、山口二矢

本章では、一九六〇年という「端境の年」に、若者たちが何に憧れ、何を怖れ、どんなものにつき動かされて、どこへ向かって走ったのかを振り返る。端境期ゆえに、彼らは、「これまで」から「これから」へ向かって踏み出し、さらにその一部は、「此処《こちら》」から「彼処《あちら》」へ向かって突出していった。

「端境の年」の若者たちは、身体の半分を五〇年代までの「復興期の戦後」にあずけながら、残り半分を「成長期の戦後」にもたせかけている。だから、彼らの表情には、復興期の朗らかな熱と、成長期の暗い熱の両方がある。

私が彼らに惹かれるのは、おそらくこの二面性に理由がある。彼らは陽と陰の両方を抱え込んで、かつその矛盾に意識を研ぎ澄ませた世代であるように思える。

そうした若者の一人が、この年十七歳になった一人の少年だった。彼は、一九六〇年の一番有名なセヴンティーン、山口二矢《おとや》である。

山口は、五九年五月、赤尾敏が率いる日本愛国党に入党し、家を出た。以来、街頭行動では凶暴とも見える振る舞いを繰り返した。安保反対のデモ隊に殴りかかり、ビラ張りを制止する警察官と本気で揉み合った。十回以上の検挙と釈放を繰り返し、年末には東京家庭裁判所で保護観察に処せられる。

しかし、過激な行動はやまず、逆に六〇年に入って急速に拡大する安保反対運動に危機感を抱き、愛国党のやり方に物足りなさを覚えるようになる。五月下旬には、年長の二人と一緒に愛国党を脱した。この脱党はカムフラージュで、山口は左翼陣営の指導者に対するテロをひとりで計画し、実行する機会をうかがっていた。

十月十二日、読売新聞朝刊で当日行なわれる三党首の立会演説会を知る。会場は日比谷公会堂だった。警備の隙をついて中に入った山口が、壇上に駆け上がったのは午後三時四分三十秒。刃渡り一尺一寸の短刀を腰に構えて、相手に体当たりし、その左脇腹を突き刺した。

社会党委員長・浅沼稲次郎は、その一撃で致命傷を負い、絶息した。

逮捕された山口は、二つの供述調書、二首の短歌などを残して首を吊った。逮捕から三週間後、十一月二日午後八時のことである。練馬鑑別所東寮第一号室の壁には、練り歯磨きで「七生報告天皇陛下万才」と書き付けられていた。

私が山口二矢を身近に感じたのは、だいぶ後になって、彼をモデルにした大江健三郎の小説「セヴンティーン」と、その続編「政治少年死す」（ともに一九六一）を読んだからだ。

私もまた、十七歳になったばかりだった。

「セヴンティーン」の主人公は、マスターベーションに耽って自己嫌悪にかられ、自身の不細工な身体を呪ってやまない自意識過剰な高校生である。私立高校に勤める教師の父親は、「アメリカ流の自由主義」を標榜しているが、それは息子たちを放任する言い訳にすぎない。自衛隊の病院に勤める姉は、主人公の左翼的な言辞を、保守の正論で叩き潰しにかかる。かつて一家にとって希望の星だった兄は、サラリーマン生活に疲れ、今や模型飛行機づくりに没頭する腑抜けに成り下がっている……。

そんな家族に囲まれた「おれ」が、十七歳の誕生日を迎え、こう呟く。


……おれはいつも他人の眼のまえで赤裸の自瀆常習者なのだ、あれをやってばかりいるセヴンティーンなのだ。結局こんなにみじめな気持の誕生日は生まれてはじめてだ、とおれは気がついた。そしておれの一生の残りの誕生日はみな、このとおりのみじめさか、もっと悪いかだと思った、これはきっと正しい予感なのだ。（大江健三郎「セヴンティーン」、『性的人間』、一九六三、所収）

しかし、「おれ」は級友に誘われ、新橋駅頭で「皇道派」のリーダーの演説を聞くうちに覚醒する。「右」であるという自覚が、「他人どもに見つめられながらどぎまぎもせず赤面もしない新しい自分」をつくりだしていることに気づき、その「堅固な鎧のなかに弱くて卑小な自分をつつみこみ永久に他人どもの眼から遮断したのを感じた」（前掲書）のである。

大江は、事件直後の新聞や雑誌の記事にひと通り目を通した上で、山口二矢という少年をカリカチュアライズする方法を選んだ。主人公やその家族たちは、戯画化されているものの、メディアで伝えられた情報をもとに造形されている。それは、大江が、右翼による山口の神話化に対抗し、その異様な行動を、平凡で浅薄な十七歳の少年の暴発として解釈したかったからだと思われる。

もっとも、おくての高校生にそんな「読み」ができるはずもない。私は、不格好だがふてぶてしいオナニストの主人公に、「おまえだってそうだろう?」と問いかけられ、心魂を摑まれたように感じた。そして、「右」ではないが、政治少年であることを選ぼうとしていたから、自分の正体が、すでに世間には露見しているかもしれないと怖れた。

ただし、そのとき、わずかな違和感はあった。

ヤマグチオトヤとは、本当にこんな奴なのかという疑問でもある。

そして「セヴンティーン」を読んだ十年後、沢木耕太郎の『テロルの決算』（一九七八）で、私は、ほぼ正確な山口の像を入手したと感じた。そこに描き出された少年は、熱狂的な反共思想の持ち主であるものの、ふだんは礼儀正しく、自制心を具え、論理的に自己の行動を説明できる頭脳を持つ少年だった。沢木は、彼を「自立したテロリスト」と認め、その激烈な生き方に少なからぬ敬意を表した。

この作品以後、彼の像は大きく訂正されていない。

しかしこのたび、自分で当時の資料にあたってみると、かつて頭をよぎった違和感が、再び蘇ってきた。

頭の中にあった山口の像が微妙にブレ始めたのである。

たとえば、残された二つの供述調書では、語られた事実のみならず、文面に表われた大人びた冷静さや論理的な語り口も、山口本人のものと見なされている。でも、それはいったいどこまで本当のことなのか。調書を作成した人間は、何をどこまで加工したのか……。

今、私は、それを知るすべがない。

調書作成の実態を洗い出し、生前の山口を知る人々からもう一度、彼の生きた姿を聞き出すのが、本来の手法かもしれない。しかし、私はそちらを採らず、彼の同時代人（六〇年のセヴンティーン）へ目を転じ、彼らの思考と行動を見つめ直すことにした。むしろ、迂回路のようなこちらの方法によって、山口が「敵」とみなしたもの、格闘した「相手」が透けて見えるかもしれないと考えたのである。

突出した個性は、はみ出しながら、実は時代に深く影響されている。その刻印があまりにも明瞭なので、人は徴《しるし》に気づかず、見過ごしてしまう。山口の場合も、たぶんそれがある。彼はまちがいなく破格のセヴンティーンであったが、その感受性の基底は、彼の同期の若者に通じているにちがいない――私は、ヤマグチオトヤ的なるものを探るために、この年に十七歳を迎えた人物たちに当たり、次第にひとつの仮説を持つようになった。

4 「偽モノ」への嫌悪

この時期に、あちこちで出現したのは、「偽モノ」への嫌悪である。

全学連主流派に強い影響力を持った共産主義者同盟（ブント）は、日本共産党が日本の革命を導きえない「偽モノ」の前衛である、と公言した新参の党派だった。すでにトロツキズム・第四インターの旗を掲げる革命的共産主義者同盟は存在していたが、大衆運動の前面へ憚ることなく躍り出たのは、ブントの方だった。

安保ブントは短命だった。一九五八年十二月十日に四十五名で創立大会を開き、安保闘争を十八カ月にわたって走りぬけ、六〇年夏、四分五裂して消滅した。当時書記長を務めた島成郎が、後に「「大衆運動」の中で育てられ鍛えられる開かれた組織」（『ブント私史』）と述べたように、運動の昂揚によって膨れ上がり、運動の終焉とともに役割を見失ったともいえる。

また、その爆発的パワーは、五〇年代の左翼運動とは異なる参加者の意識を反映していた。島は、五〇年代後半の全学連運動の中で、新しいタイプの学生たちが登場したことに気づいたと述べている。「戦後の平和・民主教育の氾濫のなかで育った彼らは、逆にその言葉の虚偽性を見るのにも敏感であった。安定しやがて急速に成長しようとしている高度資本主義社会の未知の人間関係への本能的反発もあった」（前掲書）という。

「安保全学連」に参加した学生は、一九五〇年代半ばから六〇年にかけて入学している。スターリン批判、ハンガリー事件、キューバ革命、中ソ対立など、冷戦下の世界史的事件を背景に、安保闘争の前哨戦として、勤評・警職法など戦後秩序の再編に対する闘争が巻き起こった時期である。そして、ちょうどこの頃、石原裕次郎が『太陽の季節』（一九五六）でデビューし、日活アクション映画が全盛期を迎え、日本映画界のピークに重なる。裕次郎は、「誰にも譲り渡せぬ〝自己〟」という日活アクションの命題を体現するヒーローだった。★3 組織のためではなく、恋人のためでもなく、「自己」のために闘うことが彼の存在理由だったのだ。

当時の若者たちが、裕次郎のキャラクターを通して、戦後民主主義的な個人主義（全体主義・封建主義へのアンチテーゼ）とは微妙に異なる自己像をつかみ取った可能性はある。それは、貶められ、傷つけられた「自己」のイメージであり、当然にも戦後日本の国家と民衆に重なっていた。若者たちは、その回復に取り組まねばならないと強く感じたのである。

もちろん、本来の「自己」を守り、取り戻すには、虚偽や欺瞞を排し、本当のことに肉迫しなくてはならない。誰にどのように騙されていたかは、自分で開示しなくてはならないのである。そのために必要なのは、平和的で民主的な言葉のやりとりではなく、少し暴力的で強引でも、身体ごとぶつかっていくアクションである。

当時の全学連委員長、北海道大学の唐牛健太郎は、このようなイメージを喚起させる格好のアイコンだったらしい。同志社大学の学生だった保阪正康（歴史家）は、「痩せてスマートで、そして憂いをふくんだ表情をしていて、黒のタートルネックにブレザーを軽くはおり、壇上ではいつもトーンの高い声でアジ演説をぶつ」唐牛を回想して、「この時代の空気を身体中に凝縮させていた」と書いた★4（『六〇年安保闘争の真実』、二〇〇七）。

山口二矢にも、「偽モノ」を警戒する同じような傾向がある。

彼は、父親の転職や転勤のせいで、たびかさなる転校を経験した。それはおそらく、彼の孤独感や疎隔感を促進しただろう。山口は学校では、級友や教師とあまりうまくつきあえなかった。小学生の頃から、「特に強いもの、流行するものに対し、ことの善悪を自分なりに考えて反撥する気持ちが強く」（『山口二矢供述調書』、二〇一〇）なり、中学では、ソ連をほめる教師やデモに出かける教師に食ってかかるようになった。

山口の基本的な発想には、時流への迎合に対する嫌悪がある。「社会党、共産党、労働組合、新聞などは戦争中は軍隊が悪いとか、天皇が悪いなどと一言も触れないでいて、戦争が終わって左翼的な社会になると、その頃のことを頬かむりして後になって自分の国を卑下する」（前掲書）けしからぬ連中と思えてしかたない。しかし、教師たちはそんな山口の思いには無頓着で、一方的に押さえつけるか、問答自体をシャットアウトした。

折しも五〇年代は、日本の教育界が、日教組と文部省の激しいつばぜり合いで大きく揺れた時期である。一九五一年、日教組は第一回の全国教育研究大会（教研集会）を開催した。学校職場を最小単位とする教育研究活動を全国規模で交流させようという狙いは、賃上げなどの労働条件の改善に傾注してきた組合が、教育内容に踏み込む画期的な取り組みだった。

一方、経済界と政府は、占領の終結を待っていたように、矢継ぎ早に教育制度の手直しを進めた。中教審設置（一九五二）、教育二法（「教育公務員特例法の一部を改正する法律」および「義務教育諸学校における教育の政治的中立の確保に関する臨時措置法」、一九五四）、教育三法（地方教育行政の組織及び運営に関する法律、臨時教育制度審議会法案［廃案］、教科書法案［廃案］、一九五六）、勤務評定実施（一九五七）、小中学校の道徳教育実施（一九五八）など一連の改変は、戦後教育の現場とその担い手である教師たちに、経済界と政府が考える「秩序」をもたらすための政策だった。それゆえ、これらの政策に対する日教組の激しい反対行動は必至だった。

そうした状況の中で、山口は、生徒を置き去りにしてストや集会にうつつをぬかす教師を敵視した。左翼的な言辞を口にする教師を「偽モノ」と見なす確信は、ますます深まっていった。

5　リングの上の十七歳——ファイティング原田の本気

相手を倒せば、自分が「本モノ」になる。このシンプルで容赦ない行動を、公認された暴力で実現する「場」がある。格闘技と呼ばれるスポーツだ。

戦後日本の格闘技といえば、プロレスとボクシングである。

プロレスを代表するのは力道山である。

ボクシングでは、五〇年代ならまちがいなく白井義男である。

すでにプロボクサーだった白井は、応召され、三沢航空基地で敗戦を迎えた。硫黄島へ向かうはずだった白井は、すんでのところでその運命を免れたのである。彼は復員してボクシングを再開した。しかしふるわず、引退を考えていたところを、GHQの将校、カーン博士（アルビン・ロバート・カーン）に見出された。彼の指導でめきめき強くなった白井は、フライ級とバンタム級の日本チャンピオンを破って二階級を制覇した。

カーン博士は、さらに世界王座を狙った。白井は、世界フライ級チャンピオンのダド・マリノとノンタイトル十回戦を戦い、一勝一敗とした後、三回目で世界タイトルマッチにたどり着いた。一九五二年五月十九日、会場の後楽園球場には、四万人の観客が集まった。白井は、多くのラウンドでマリノを圧倒し、判定勝ちで勝利をおさめた。日本人初の世界チャンピオンは、その後四度の防衛に成功した。

白井の後、日本人の世界チャンピオンはしばらく現われなかった。米倉健志、矢尾板貞雄、高山一夫、関光徳、野口恭が挑戦したものの、いずれも敗れた。

この当時の世界チャンピオンは、フライ級からヘビー級までの八階級で各一人、つまり世界で八人しかいない。一九五二年の世界チャンピオンは、現在のインフレ状態の世界チャンピオン（四団体、十七階級、約七十人）とは、比べものにならないほどの重みと価値があった。

後にその世界の頂点を八年ぶりに戦い取った男は、山口二矢と同じ「一九六〇年のセヴンティーン」である。十六歳と十カ月でプロテストに合格した彼は、六〇年二月、デビュー戦で増井伊佐己にTKOで勝ち、以後連戦連勝を重ねて、この年の東日本新人王決定戦で優勝した。

決勝戦の相手は、三歳年上の海老原博幸。十七歳の少年は、海老原から二度のダウンを奪った。海老原は、長身のサウスポーで、鋭い右ジャブとカミソリといわれた左ストレートが武器の天才肌のボクサーだった。生涯に六回の世界戦を含む七十二戦を戦ったが、KO負けは一度もない。ダウンしたのも、この少年から奪われた二つだけである。

彼の名前は原田政彦。翌六一年正月、ファイティング原田というリングネームをもらった。

原田は世田谷の深沢町で育った。深沢中学では名門の野球部に入り、センターを守る一番打者だった。地元の駒沢球場は東映フライヤーズの本拠地だったから、人気のないカードでは、深沢中学の生徒が無料招待されることもあった。むろん、原田も観客席にいた。

中学二年生の時、植木職人をやっていた父が木から落ち、ケガをして働けなくなった。原田は家計を助けるため、近所の精米店に働きにいった。高校進学はあきらめざるをえなくなった。おそらく同時に、野球に対する情熱も冷めたのだろう。

鬱屈した思いにとらわれた原田は、翌年、近所にあった笹崎ボクシングジムに入門した。千円の入会金は、自分の貯金をはたいた。日本に世界チャンピオンはいなかったが、若者たちの間ではボクシングがブームになっていたのである。また小柄な原田は、ボクシングの階級制は、自分の身体を生かしやすいスポーツだと考えていた。百五十八センチ（公式には一六〇センチ）という身長は、たしかに野球を含むその他のスポーツには不向きである。

一九五九年春、中学校を卒業した原田は、大森の電気器具メーカーに就職した。五人兄弟の次男坊としての責任を果たすのは、当然のことだったからだ。野球部顧問の小谷野博によれば、当時の深沢中学では、卒業生の九〇パーセントが高校に進学した。中卒の「金の卵」は、東京都内ではもう少数派になっていたのである。

しかし、大森の工場勤めは続かなかった。手先は器用だったが、工場の仕事にはさっぱり興味が持てなかったのである。

半年後、深沢に戻った原田は精米店に住み込み、ジム通いを本格的に始める。小谷野は、同窓生と顔を合わせることの多い米屋奉公は辛かったはずだが、原田はみじんもそんな表情を見せなかったと語っている。彼は、ボクシングに打ち込む自分が「本モノ」であり、ベルトコンベアの前で部品を組み立てる自分は「偽モノ」だと確信したのである。

二百人の練習生に混じって、縄飛び、シャドー・ボクシング、サンドバッグ打ちを繰り返す日々が続く。そんなある日、基本練習に飽き足らない原田が、スパーリングをやらせてくれと懇願したことがあったらしい。生意気な小僧を懲らしめてやれとばかりに、プロの四回戦ボーイをあてたところ、逆に十五歳の原田にいいように打ち負かされてしまった——。

いささか伝説めいたエピソードだが、ジムの会長・笹崎僙《たけし》が、少年の才能を認め、合宿生としたのは事実である。原田は精米店を辞め、すべての時間をボクシングにささげた。笹崎ジムの猛練習は、この世界では鳴り響いていた。現役時代は、強烈な右のストレートで「槍の笹崎」といわれた会長は、ジムを運営するようになってからは、「鬼の笹崎」になった。

しかし、原田は音を上げなかった。迷うことなく、原田は誰よりも多くの時間を練習に費やした。

6　勝った男・転じた男・負けた男——原田・斎藤・青木

笹崎ジムに、原田より少し遅れて入門した斎藤清作は、映画のフィルム運びをやっていた。自転車にフィルムを山積みして、中目黒銀映、大森金星、祐天寺名画座などを走り回っていた。五九年の晩秋、木枯らしに吹かれながら自転車を押して帰る途中、笹崎ジムの看板に目を止めて中を覗きこむと、数十人の若者たちが練習に精を出していた。パンチをくりだす息づかい、パンチングボールの震動音、揺れるサンドバッグ……。

斎藤はその場に立ちすくんだ。高校時代、モスキート級（最軽量の四四キロクラス）で宮城県高校チャンピオンの座を二度勝ち取った斎藤の胸に、ボクシングへの熱が蘇った。

翌日、彼は入門の手続きをした。

斎藤は、二つ下の原田と仲良くなった。時に原田の実家の食卓にも招かれた。米屋の丁稚とフィルム配達夫は、自転車でよくすれちがい、挨拶を交わしたらしい。

その二人が、六〇年、同じ年にプロデビューし、東日本新人王決定戦の準決勝で当たることになった。笹崎会長は、斎藤に棄権を薦めた。同門対決を避けるのがこの世界のルールであり、笹崎ジムにとって原田は、傷つけてはならない「宝」だったからだ。同じジムの斎藤が「傷」をつけるのは、どうしても避けねばならなかった。

斎藤は会長に逆らわなかった。ボクシングもやめなかった。原田との交友も続けた。一九六二年には野口恭を破り、日本フライ級のチャンピオンにもなった。

ただし、その戦いぶりはかなり変則的だった。極端に低いダッキングの姿勢（上体を前に屈めて攻撃をかわす姿勢）から、なんの前触れもなくパンチをくりだす。防御はまったく無視の玉砕戦法だが、打たせて相手の体力を奪い、突如反撃に転じてＫＯ勝ちを奪った。

あだ名は「河童の清作」。一九六四年に飯田健一に敗れて、タイトルを失い、引退した。戦績は、四十一戦三十二勝（一〇ＫＯ・ＴＫＯ）八敗一分。引退した斎藤は、コメディアン、由利徹の弟子になり、「たこ八郎」の芸名を名のった。[★5]

ファイティング原田は輝かしい戦績を残した。

一九六二年には、ポーン・キングピッチ（タイ）を倒して、世界フライ級王座を獲得。十九歳の世界チャンピオンになった。翌年、ポーンとの再戦に敗れ、バンタム級に転向。一九六五年には、「黄金のバンタム」と呼ばれたエデル・ジョフレ（ブラジル）を破って世界バンタム級王座に就く。以後、四度の防衛に成功した。

さらにフェザー級に転向し、一九六九年、ＷＢＣフェザー級王座に敵地シドニーで挑戦。ジョニー・ファメション（オーストラリア）から三度ダウンを奪ったにもかかわらず、露骨な地元判定で敗れた。翌年、ファメションとの再戦でも敗れ、リングを降りた。

原田の闘いの十年間は、まさに日本の高度経済成長期にそのまま重なっている。速いフットワークで前後左右へ飛び回り、チャンスと見るや猛然とラッシュするボクシングスタイルは，明朗で清冽で、しかもひたむきだった。観客はもちろん熱狂した。

その原田と同い年のボクサーで、もう一人、「一九六〇年のセヴンティーン」がいたことをつけ加えておきたい。「フライ級三羽烏」に原田、海老原とともに列せられた青木勝利である。

青木は、天性のボクシングセンスと「メガトン・パンチ」と呼ばれた強烈なパンチ力を持っていた。六一年に六回戦で海老原に負け、これを機会にバンタム級に移った。

一九六二年には米倉健志を破り、十九歳で東洋バンタム級のチャンピオンとなり、翌年、世界バンタム級王座に挑戦する。受けて立ったのはエデル・ジョフレ。三回、青木はジョフレにボディ・ブローを打たれて倒れこみ、立てなかった。その後、カーリー・アグイリー（フィリピン）に東洋王座を奪われる。それでも、一九六四年には東洋王座に再挑戦し、アグイリーとのリターンマッチを一〇回TKOで制し、王座を奪還した。

その青木が、世界バンタム級の挑戦権をかけて戦った相手が原田だった。一九六四年十月二十九日のことである。

両者は戦いの前に舌戦を交わした。原田は「青木を三ラウンドでKOする」と語り、青木は「原田を二ラウンドまでに倒す」と宣言した。また、青木は「原田など、練習しなくても勝てる」と言った。二人の仲は、それまでもあまりよくなかった。原田には、練習嫌いといわれながらセンスとパンチで一世を風靡した青木への対抗心もあったらしい。当時のインタビューで原田は、「青木にだけは絶対に負けるわけにはいかない」と語ったという。「俺が青木に負けたら、努力するということが意味を失う。一所懸命に練習しているボクサーが、ろくに練習しないボクサーに負けるなんてことがあったら、おかしいじゃないですか」（百田尚樹『「黄金のバンタム」を破った男』、二〇一二）。

試合は、原田が初回から一方的に攻めまくり、予告通り三回で、青木をノックアウトした。

この敗戦のあと、青木は世界チャンピオンへの戦列から離脱した。連敗し、二十五歳で引退し、引退後は酒に溺れ、自殺未遂を起こし、無銭飲食や暴力事件などを繰り返した。原田が「偽モノ」と見なした男は、長く厳しい後半生を歩んだ。

7　加賀まりこのスタイル

一九六〇年四月十日、麻布飯倉片町八番地（現在は麻布台三丁目）にイタリアンレストラン、キャンティが開店した。六本木の交差点から飯倉方面に歩いていくと、その二年前にできた東京タワーが、ずいぶん間近に見えたはずである。店のオーナーは、川添浩史と妻・梶子。地下だけの二十坪ほどの小さな店だった。この夜、最初にやってきた客は、歌手のジェリー伊藤と、彼が連れてきたペギー葉山だった。

ジェリーの父、ダンサーで振付師の伊藤道郎、叔父の千田《せんだ》是也《これや》（演出家）は川添と仕事をした仲だし、ジェリーの妻・花柳若菜は、川添といっしょに「アヅマカブキ」で欧米を巡った出演者の一人だった。梶子も「アヅマカブキ」のナレーターをやっていたから、花柳とは周知の間柄だった。そもそも、麻布の川添家によく招かれていたジェリーにしてみれば、キャンティはその別邸のようなものだった。

たしかに、川添夫婦もそんなつもりで開いた店だった。自分たちが設えたダイニングに、友人や知人たちがやってきて、いっしょに食事をしながらおしゃべりを楽しめればいい。店で儲けようという気持ちはほとんどなかった。

ところが、そこに足繁く通ってきた彼らの客人は、作家の三島由紀夫、音楽家の黛敏郎、画家の今井俊満、ニッポン放送の鹿内信隆、読売新聞の海藤日出男、ヴァンヂャケットの石津謙介、映画監督の勅使河原宏など、戦後の文化を背負って立つ人々だった。キャンティはたちまち知る人ぞ知る店になった。

すると、この働き盛りの四十代の人々に惹かれるように、もっと若い世代もやってきた。歌手のミッキー・カーチス、後にザ・スパイダースを結成するかまやつひろしや田辺昭知、モデルの松田和子、俳優の岡田真澄や伊丹十三……。

そしてそこには、まだ何者でもない「一九六〇年のセヴンティーン」も混じっていた。大映のプロデューサー加賀四郎の娘、雅子は、川添の二人の息子、象郎《しょうろう》や光郎《みつろう》と遊び友だちだったから、この店にもやってきた。川添兄弟は、慶應幼稚舎から中等部へ進み、高等部の途中から鹿児島ラ・サールへ転校し、父と実母（ピアニスト・原智恵子）の離婚を機に東京へ戻ってきたところだった。光郎と慶應中等部で同級だった福澤幸雄（後のレーシングドライバー）もキャンティへ通う十七歳だった。★6

加賀雅子は、十五歳の頃、青山のボウリング場で象郎・光郎と出会って親しくなり、川添家に出入りするようになった。彼女によれば、川添兄弟が鹿児島へ行かされたのは素行不良によるものだったという。

寄宿舎にいた兄弟は、新聞で両親の離婚を知った。象郎が先に東京へ帰ると、麻布笄《こうがい》町の実家には梶子という見知らぬ女性がいた。彼女は、義理の息子に新しいボタンダウンのシャツを渡してこう言った。

「お母さんと呼ぶことないのよ。私、あなたのお母さんじゃないから。そうね、何と呼んでもらえばいいかしら、そう、じゃあ、タンタンと呼んで」。

「タンタン」とはイタリア語で〝おばさん〟という意味の言葉だ。

十代の加賀は、この〝おばさん〟がすっかり好きになった。加賀が後にキャンティに連れて行った安井かずみ（作詞家）は、梶子の熱烈な信奉者になった。★7

明星学園高等学校へ通う十七歳の加賀雅子は、自宅近くの神楽坂で、二人の男に呼び止められた。二人は、映画の脚本を書いている寺山修司と、その映画の監督を務める篠田正浩と名乗り、「あのですね、今度僕らが撮る映画にあなたに出てほしいんです」と言った。

寺山と篠田は、神楽坂の旅館「和可奈」に籠って脚本を仕上げていたときに、登下校する加賀を見つけた。この娘ならイケると、どちらかが言ったのだろう。

だとしても……と、彼女は尋ねた。なんで私みたいなド素人を使おうと思ったんですか？

たしかに、それは〝訳あり〟のスカウトだった。

彼らがつくろうとしていた映画の主役は、歌手の藤木孝だった。藤木は渡辺プロダクションのタレントで、「二四〇〇〇のキッス」のヒットで一躍人気者になったものの、金銭面の待遇に不満を持って引退した。ところが、すぐに若槻繁が代表を務める「にんじんくらぶ」へ移籍して芸能界に舞い戻ったために、藤木を育てた渡辺美佐が猛烈に怒った。美佐は、テレビ局と映画会社に藤木締め出しの回状を回した。これが篠田たちの映画にも波及して、藤木の相手役の出演交渉がことごとく潰されてしまったのである。その結果、困り果てた篠田と寺山は、新人起用しかないと心を決め、神楽坂の美少女に声をかけたのだ。

加賀に言わせれば、〝義を見てせざるは勇なきなり〟と江戸っ子の血が騒いだらしい。彼女は、「彼らが抱える悔しさと〝屈しないぞ！〟という熱情に共振し、少女なりにも意気に感じて、「そんなに困ってるんなら、私、やってみます」」と言った（加賀まりこ『とんがって本気』、二〇〇四）。一九六二年に公開されたその作品は、『涙を、獅子のたて髪に』である。篠田にとっては六作目、寺山との共同作業は四回目だった。

加賀は、雅子に代えて「まりこ」を芸名とし、横浜山下公園近くのレストラン「ＴＨＥ ＨＯＦＢＲＡＵ」で働くユキを演じた。ユキは、犬にじゃれつかれて困っているところを、藤木が演じるサブに助けてもらったことから、彼とつきあうようになる。戦災孤児のサブは、松平海運の支配人、木谷（南原宏治）の手先になって、日雇い港湾労働者のピンはねをやっている。

その頃、港湾労働者が組合をつくろうとする動きを見せ、察知した木谷はサブに対し、労働者側のリーダー・中島に「ヤキを入れろ」と指示を出す。ところが、暴行が行き過ぎて相手を殺害してしまう。その葬儀に出たサブは、中島がユキの父親であると知る。

打ちのめされたサブを、木谷はパーティに連れ出す。松平海運の社長が開く内輪の豪華な集いの只中で、木谷がサブを弄ぶように歌えと命じる。躊躇しながら酔いにまかせて彼が歌う曲は「地獄の恋人」。寺山修司が作詞、八木正生が作曲したロカビリーである。恋の相手を「地獄めぐりに出かけよう」と誘いながら、その十三丁目で捨ててしまうというグロテスクな詞と、サブの鬼気迫る歌が、客たちの度肝を抜く。この映画の最大の見せ場である。

松平海運の社長夫人、玲子（岸田今日子）がサブにからむ後半はつまらない。この失速感は、恐らく松竹から「新しい波」（ヌーヴェル・ヴァーグ）が去った喪失感と重なっている。

8　「反惰性」と「非日常」の美学

日本のヌーヴェル・ヴァーグの先駆けは、大方が認めるように、中平康の『狂った果実』（一九五六）であり、五〇年代の新しい若者像を具現化した石原裕次郎である。ただし、「新しい波」は中平だけのものではなかった。その起点は、今村昌平、岡本喜八、増村保造、沢島忠ら、会社も分野も異なる戦後の映画監督たちが生み出した共通の雰囲気の中にあった。

映画評論家の佐藤忠男は、彼ら戦後派の共通点を「第一はセンチメンタリズムの否定であり、第二は登場人物たちの旺盛な行動力を賛美すること」とした（『日本映画史』、一九九五）。日活の今村は『盗まれた欲情』（一九五八）で、演劇青年が旅回り一座に圧倒される姿を描き、東宝の岡本喜八は『独立愚連隊』（一九五九）で、中国戦線を舞台にアメリカ西部劇のパロディをつくり、大映の増村は、『巨人と玩具』（一九五八）で、企業人の猛烈な働きぶりを嘲笑するように突き放して描いた。

また、日活アクションとヌーヴェル・ヴァーグは、その出生時からつながっていた。フランソワ・トリュフォーは、中平の『狂った果実』に衝撃を受け、映画批評誌『カイエ・デュ・シネマ』に紹介文を寄せた。トリュフォーは、中平がショットのつなぎの法則を無視したことによって、「すべてのショットが満ちかつ豊か」であると驚嘆した。「なぜならばそれらは〈等価〉であり、そのどれもがつぎのショットに奉仕しないからである」（『カイエ・デュ・シネマ』八三号、『日本映画史』より）。トリュフォーが語っているのは、映像から「因果」を取り除き、映像自体の豊かさを復権すべきだという、映画文法の革新である。その主張は、突っ走る人間を乾いた調子で描く日本の映像作家に共通していた。

トリュフォーの『大人は判ってくれない』や、ジャン・リュック・ゴダールの『勝手にしやがれ』（ともに一九五九）が日本で公開された一九六〇年は、大島渚の『青春残酷物語』、『太陽の墓場』、『日本の夜と霧』が公開された年でもある。

『青春残酷物語』（六月三日封切り）のセンセーショナルなヒットは、松竹経営陣にヌーヴェル・ヴァーグ路線への舵を切らせた。大島と同期の篠田と吉田喜重も会社に働きかけ、それぞれこの年にデビュー作を発表した。さらに松竹は助監督を多数起用して、にわか仕立てのヌーヴェル・ヴァーグを盛り上げたが、作品も興行もともに低レベルで終わった。

さらに松竹は、大島の『日本の夜と霧』（十月九日封切り）を四日後に打ち切った。十月十二日の山口二矢のテロを機に、政治批判を含む本作の上映に、与党筋からクレームがついたためだといわれる。日本共産党と、ブントに代表される新しい左翼との対立を描いた「集団的ディスカッションドラマ」（『日本映画史』）は、無謬の「党」に対するノスタルジーをわずかに残しつつ、「偽モノ」への憤怒で貫かれている。

大島は翌六一年、松竹を去る。松竹もヌーヴェル・ヴァーグを撤収し、元の女性メロドラマと庶民的喜劇の路線に戻っていく。『涙を、獅子のたて髪に』は、ちょうどこの頃につくられた映画である。

加賀は、ヌーヴェル・ヴァーグの引き潮に乗るように篠田と出会い、芸能界にデビューした。ひいき目に見ても、初期の演技は格別のものではないが、驚くべきは、彼女が最初から、あの「加賀まりこ」であることだ。最初の主演映画で、この女優はひと通り〝できあがって〟いた。

加賀は、思ったことをそのまま口にする性格が注目を集め、奔放な行動から「小悪魔」と呼ばれた。芸能界の規範や慣習に対するやや生理的な反撥は、彼女の育ちから来たものかもしれないが、それを貫くことで、彼女は自我を防衛した。

芸能界の大立者を父に持った娘は、入れ替わり立ち代わりやってくる斯界の客人から、実のない美辞賛辞を浴びて育った。持ち前の勘の良さで、その虚飾と裏で作動する馴致のシステムを見破ると、彼女は他者の期待に添って安全な人間になることをやめた。世の中の役割演技を「惰性のくり返し」（『週刊漫画サンデー』一九六四年四月二十九日号）と呼び、そこからの脱出こそ、自分の生き方だと思い定めた。「惰性的な古いシキタリの中に自分の城を固く築き、そこから一歩も出ようとしない」邦画界の女優を批判し、返す刀で「妻の座を安楽椅子と考える」(前掲書)日本の主婦たちをこきおろした。

こうして彼女は最初から、ほぼ完成した「加賀まりこ」として立ち現われた。この時期の彼女が目立つのは、他の女優の誰にも似ていなかったからだ。乱暴な言い方をすれば、山口二矢やファイティング原田が、デビューした瞬間から山口二矢であり、ファイティング原田であったのと同様に、加賀まりこはほぼ完全な加賀まりことして登場したのである。

そして、端《はな》から完成形で出現した彼女は、山口や原田と精神の傾きを分有している。言うまでもなく、「偽モノ」への嫌悪である。本人の言葉なら「本気」への欲望である。

篠田監督の『乾いた花』と中平監督の『月曜日のユカ』(ともに一九六四)で主役を張った加賀は、自身の〝反惰性の美学〟をぶちあげることに成功した。前者では、賭博にしか昂揚感を見いだせない謎めいた女性・冴子、後者では、年長の愛人に尽くす売れっ子娼婦・ユカの役を演じた。舞台はともに横浜。何かに縛られながら、それをふりほどこうとする悲壮な脱出劇のヒロインである。

作品の方が加賀の生き方に同調し、加賀も作品に合わせて自身を演出したのだろう。女優と映画は、一種の照応関係をつくりだしている。中心にあるのは「反惰性」または「非日常」という観念だ。惰性や日常の中には「偽モノ」が潜んでいる。それらを脱することなくして、自分の本質に迫ることは叶わない——そのような強い思いの周りを監督と女優は巡っている。この映画は、まだ日本のヌーヴェル・ヴァーグの残影の中にあった。

もっとも、加賀の演技は、抽象的な「反惰性」や「非日常」といった観念をカタチにすることに精いっぱいで、深いレベルでそれらに肉迫しているようには見えない。『乾いた花』で、刑務所帰りの村木を演じる池部良が、そのようにしか生きえない男を的確に造形しているのと比べると、冴子を演じる加賀はそのように見せようとして、逆に非力を露わにしてしまっている。たぶん、演技力の差だけではない。村木も冴子も、自身の業《ごう》である「反惰性」や「非日常」にとらわれているはずなのに、加賀の方は、〝旗印〟としての「反惰性」や「非日常」をつい覗かせてしまい、底を浅く見せてしまうのだ。★8

ただし——と私は思う——加賀に見られる、この精いっぱいの観念劇こそ、一九六〇年のセヴンティーンに始まって、その後の六〇年代の若者たちを魅了し続けたふるまいの様式だったのではないだろうか。

山口二矢に続く自己完結的なテロリストは多く現われなかったし、ファイティング原田のような猛然と明るくラッシュするボクサーもその後、現われなかった。それにひきかえ、「反惰性」や「非日常」を振りかざす青年男女とその風俗は大量に発生した。また、六〇年代のメディアも、そうした行動を「成熟の拒否」と読み替え、若者の特権として支持し続けた。

加賀の「平凡なオトナにだけはなりたくない」（前掲書）という願望は、何者かでありたい青年たちが交わす合言葉として、遠く七〇年代後半まで持続した。では、どんなオトナをめざすのかと問われれば、答えはすぐに出せなかったので、その空虚には、さまざまな欲望が入り込んで、〝非凡なコドモ〟の幻影を提示してみせた。彼女が典型を示した、差異を追求する「生き方」は、六〇年代のカウンターカルチャーから七〇年代のファッション・カルチャーへ、消費社会の主軸をつくりだしたともいえる。それはおそらく、女優・加賀まりこの存在感を遥かに越える巨大な影響力だったのである。

9　六月の記憶——干刈あがたと奥浩平の安保

安保闘争は「強行採決」によって新しい局面を迎えた。

五月十九日、政府・自民党と清瀬一郎衆院議長は、警官隊五百人を衆議院に入れ、社会党議員らを排除して、五十日間の会期延長を議決した。また批准承認についても、安保特別委の審議打ち切り、採決、さらに本会議での採決を二十日未明までに強行し、すべて可決した。

翌二十日の一〇万人デモを皮切りに、デモの波が国会や首相官邸を取り囲んだ。マスコミの論調も含めて「岸退陣」に運動の矛先が向けられた。学生・労働者に加え、市民がさまざまなかたちで参加した。戦後最大の国民運動は、異様な熱気をはらんで加速していった。

六月四日には、全国で五六〇万人が参加して「ゼネスト」が打ち抜かれた。

十日には、アイゼンハワー米大統領訪日の打ち合わせに来日したハガチー秘書が、羽田で、全学連反主流派（日共系）のデモ隊に取り囲まれた。

安保闘争には、セヴンティーンも多数参加した。

各高校の学校新聞を見ると、横断幕やプラカードを掲げてクラス討論をした大阪・高津《こうづ》高校、新聞局内に「安保問題研究会」を設置し、安保問題の小冊子を出した京都・洛北高校、四月二十六日の統一行動に百人近くが参加した東京・新宿高校などの記事が載っている。

五月十九日以後は、国会デモの隊列にも高校生の姿が目立つようになる。五月二十六日の東京の統一行動では、数百人の高校生が校旗をなびかせて登場したという。

またこの頃、全学連主流派系の高校生組織、「安保改定阻止高校生会議」も結成されている。初代議長は私立城北高校の鈴木迪夫である。東京都立青山高校、同駒場高校、私立の早稲田学院などが拠点校だったという。

都立富士高校二年生の柳和枝は、自分の所属する新聞部や社研の仲間と連れ立ってデモに出かけ、高校新聞連盟の隊列に加わった。その時のようすを、彼女は二十年後、こんなふうに書いている。彼女の分身のような主人公が語りかけている相手は、新宿で知り合った二十歳の予備校生である。

一九六〇年、あなたが生まれた年。私は十七歳の高校生だった。六〇年安保闘争というのがあって、私は都立高校新聞部連盟、略称コーシンレンの人達と、六月に入ってからデモに参加するようになったの。

初めての日は四谷駅の一時預けに学生鞄を預けて、清水谷公園に集合して、日比谷、銀座へとデモ行進した。その日は霧雨が降っていて、都道府県会館あたりのイチョウ並木の道を行進する間に、若葉の匂いを含んだ雨がセーラー服の肩にしみた。それが体温でむれて、体の匂いと一緒に立ち昇るの。私はその時はじめて男の子と腕を組んだから、自分の匂いが気になって仕方なかった。銀座のネオンを見たのもその時がはじめてだった。スクラム組んだ日比谷高校の男の子が、シュプレヒコールの合い間に、〈あれが日劇です〉とか〈右側が資生堂です〉とか教えてくれたの。あんな美しい夜景をあれ以来見たことがない。……（干刈あがた「樹下の家族」、一九八三）

高校を出て、一年の浪人の後に早稲田大学第一政経学部新聞学科へ進んだ彼女は、しかし経済的な困難ゆえに翌年中退する。雑誌のライターなどの仕事をしながら、結婚し、二児を出産。作家・島尾敏雄の導きもあって、奄美・沖永良部の島唄を採集し始めた。

一九八二年、「樹下の家族」で第一回『海燕』新人文学賞を受賞。この作品から、干刈あがたのペンネームを使うようになった。

小説の中で、彼女の追想は続く。

高校生のデモも、大学生と同じように直接、国会に集合するようになっていった。主人公は、林立する赤旗の中で東大のスクールカラーの青旗（ブルーフラッグ）に目をとめる。

六月半ば、デモの中に右翼が突っ込んできた。怒号や悲鳴の中、彼女は「高校生はさがれーっ、高校生を守れーっ」と誰かが叫んでいるのを聞く。

翌日は雨だった。コーシンレンの幹事校から、もう危険だからデモ参加はとりやめるという連絡が入った。テレビでは、国会議事堂の門を突破しようとするデモ隊と機動隊が激しくもみ合っている映像が何度も放送された。

……夜に入ってから、死者が出たらしいというニュースが流れた。それが東大の樺美智子さんという女子学生だったの。

窓の外には激しい雨が降りつづいていた。私はね、自分が生理的な感覚だけで、おまつり気分のように参加していたデモで、一人の女子学生が死んだことにショックを受けていた。それとね、私の父は警察官だったの。（前掲書）

10　時の中の時、六月十五日

樺の死は大きな衝撃を与えた。

十六日、政府はアイゼンハワー大統領の訪日延期を発表した。東大の茅誠司総長は、政府に民主主義の回復を求める声明を発表した。在京七新聞は、「暴力を排し民主主義を守れ」という共同声明を出した。

十九日零時の自然承認に向けて、決死の覚悟の学生が全国から東京へ駆けつけ、騒然とした雰囲気は続いていた。高校生の動きもさらに活発になった。諏訪清陵高校、松本深志高校、京都の鴨沂《おうき》高校、洛北高校などの生徒は街頭デモへ出た。

青山高校の奥浩平も、仲間たちと国会へ向かった十七歳のひとりだった。

奥の同級生で、「安保改定阻止高校生会議」の活動家だった安倍邦夫は、六月十八日、三宅坂の国立劇場予定地で催された国民会議の集会で、集まった高校生たちに、国会正門前に座り込もうと呼びかけた。そこにいた奥はただちに応じた。彼も樺の死にふれて、五月から参加していた国民会議のデモにがまんできなくなっていたからだ。

しかし、全学連もブントも、すでになす術を失っていた。十八日、五〇万人という史上空前の大デモ隊が国会を取り巻く中、何事も起きず、新安保条約は自然承認された。[★9]

十九日の朝、青山高校のメンバーは、社研の部屋で前日の座り込みについて話し合った。安倍によれば、奥は「陶酔のうちにあった。激しい行動意欲と知的な好奇心を支えているものは、異常な熱気であった」（奥浩平『青春の墓標』、一九六五）。以来、奥は音楽部やキリスト教研究会を離れ、新聞部や社研に急接近する。夏には原水禁運動に、高校生会議の活動家として参加、十月には生徒会選挙に立候補、落選したが、副会長に就いた。

しかし、彼の「異常な熱気」は支持を得られず、失望に変わる。三年生になる頃には、仲間から離れ、樺の『人知れず微笑まん』を携えて、「深刻な自己形成」に入っていった。[★10]

奥は、一九六五年三月六日、自室でブロバリンを大量に摂取して自殺した。一年の浪人の後、横浜市立大学へ入学、マルクス主義学生同盟中核派に加盟し、原潜帰港反対や日韓交渉反対など、六〇年代前半の政治闘争に取り組んでいた。

干刈の「樹下の家族」は、主人公である一人称のミチコが、同名の「美智子さん」に語りかけながらエンディングへ向かっていく。ミチコは自身の非力と不甲斐なさをひとつずつ挙げてみせる。個人的事情や生理的感覚に引きずられて生きてきたこと。あらゆることに「ねじれ過敏症《アレルギー》」を起こしていること。夫に寄り添いたい一方、違いが気になって仕方ないこと。もう一度、〈世の中〉や〈人間〉などの言葉を使ってものを考えたいこと――それらのことどもにどうやって相対すればいいのか、ミチコは「美智子さん」に問いかけて、次のように語りを結ぶ。

美智子さん、その朝〈今が大事なとき。今日は行かなければならない〉と言って出かけて行ったという美智子さん。私はどこへ行けばいいのでしょうか。
いいえ、私にはわかっているのです。女は、私は、全身女になって、〈おねがい、あなた、私を見て。私が欲しいのは、あなたなの〉と叫べばいいのです。美智子さん、私の前にもう一度、そう叫ぶ知恵と勇気のブルー・フラッグをはためかせてください。（前掲書）

干刈は、三十九歳で文学賞を受賞した後、離婚した。それから十年、「ウホッホ探検隊」や「ゆっくり東京女子マラソン」などを書いて、一九九二年五月、四十九歳で亡くなった。九〇年に発表された「ウォークinチャコールグレイ」は、早大時代の自身をモデルにした作品だが、安保闘争に参加したセヴンティーンを想起する箇所がいくつかある。彼女にとって、六〇年六月はまちがいなく「時の中の時」であった。

樺の実像は、江刺昭子の労作『樺美智子　聖少女伝説』（二〇一〇）によってかなり明らかになった。彼女は「民主主義の危機」に感じて立ち上がった「ふつうの女子学生」ではなく、草創期からのブント同盟員であり、それゆえの策略と苦闘と失望と挫折にまみれた政治的人間だった。我々は、奥や干刈の知らなかった樺の姿を多少は知るようになったのだ。

ただし、「一九六〇年六月十五日」が、そこに関わった者にとって「時の中の時」であることは変わらない。それをただ一点で支えているのは樺の死である。十七歳でそれに遭遇した者たちは、生涯にわたるトラウマとして引き受けざるをえなかった。もし、世界に「本モノ」が存在するならば、このことのほかにはないと彼らは思いなした。そして、そのことが「本モノ」であるならば、ほかのことはすべて「偽モノ」であるにちがいないと思い切ったのである。

山口二矢について考えるために、私は何人かのセヴンティーンの横顔を描いてきた。その作業を通して、彼らが戦った「敵」を知りたいと思ったからである。

強い印象が残ったのは、彼らが混じりけのない観念に憧れ、常にそのような観念を地上にもたらす行動を選ぼうとしたことである。政治闘争であれ、格闘技であれ、演技であれ、彼らは多くの場合、不純なものを嫌い、通俗や常識を疎んじた。たとえ安全で安定したものが手に入りそうになっても、それが妥協や折衷の結果ならば、躊躇なく破棄した。

しかし、一九六〇年は、敗戦でいったん更地になった日本社会が、さまざまな思惑や利権の網の目にからめとられていく、そのスピードが加速した時期にあたっている。

本章の前半で触れた「端境期」の意識とは、「復興期の戦後社会」が「成長期の戦後社会」へ転換する中で、その両側の斜面が見渡せる分水嶺の視野からきている。おそらく大多数の大人たちは、この時期に特有の――復興と成長の――両義的な〈社会意識〉を、掌の上で比較しながら転がすことができたはずである。結果、春闘の恩恵を受けるようになった夫も、食卓に多少の彩りを工夫できるようになった妻も、ともに「豊かさ」という不透明な観念に親しみ、それを取り込んでいった。

その豊かさとの同一化に違和を感じるには、おそらく十七歳の成熟と未熟の両方が必要だったのである。彼らが嫌った「偽モノ」とは、まさに復興期の社会意識（民主主義）と成長期の社会意識〈消費主義〉の節操なき混交のうちにあった。それは、相手に応じてナショナリズム（反米）にもデモクラシー（反岸）にも化け、いつの間にか「所得倍増」のキャンペーンに同調していった。このキマイラのような〈社会意識〉が醸し出す臭気に、彼らは反撥した。この一点において、山口二矢とファイティング原田と加賀まりこと干刈あがたを同列に論じることができると私は思った。そして、たぶん、そうした乱暴な世代論が成立する年は、この前にも後にもないような気がしている。

註

★1　経済学者の平井陽一によれば、三池炭鉱の職場で、組合の主導によって行なわれていた「輪番制」と「生産コントロール」は、現場の経営権を著しく蚕食するものであり、三池闘争が妥協の余地のない、非和解的な対立となった原因はここにある。
「輪番制」は、作業配役（作業割当）の権限を組合が掌握することによって、日々順番に作業箇所を変更し、差別配役がもたらす労働条件の不平等を平準化した。「生産コントロール」は保安を確保し、かつ平均収入を取得できる程度の作業量を鉱員自らが決定することによって、労働強化を規制した。三池労組は、こうした粘り強い職場闘争を通じて、少なからぬ現場で、労働者側からの職場秩序を確立していったのである。

★2　一九五五年に始まる春闘で、総評が提唱した生活保障的な賃金要求は、終身雇用とセットになった年功賃金体系へ組み込まれていった。これは、五〇年代前半の激しい労働争議の中から、労使双方が選びとった画期的な合意だった。レギュラシオン学派の経済学者、山田鋭夫《としお》によれば、米国の労働者は、テイラー主義的労働管理（F・テイラーが開発した厳密な業務管理法）を受け入れる代わりに生産性インデックス賃金（実質賃金を生産性上昇にスライドさせて上昇させる仕組み）を獲得したが、日本の労働者は、職務の無限定性（職務範囲を限定しない雇用のあり方）と引き換えに、雇用の安定（いわゆる「終身雇用」）を手に入れたのである。以後、高度成長期に突入した日本経済の中で、労使はこの合意に基づいて、生産の拡大と効率の追求を共通のテーマとして掲げるに至った。三池闘争はこうした「労使の五五年体制」に乗ることを良しとしなかった者たちの、英雄的かつ悲劇的な闘いだった。

★3　映画評論家の渡辺武信は、卓抜な日活アクション映画論の中でつぎのように述べた。「54年から71年までの一七年の間に日活が送り出した無数のアクション映画のカバーする領域は当然広範囲にわたり、さまざまのバリエーションを含んでいるが、その中に北極星のように決して動かなかった核心がある。それを具体的に論じるのは、後にくるべき、個々の作品に即した叙述を待たねばならないが、今、仮に論証ぬきで述べておけば、それは、「我々には誰にも譲りわたせぬ〝自己〟というものがある」という信念である」(『日活アクションの華麗な世界』、一九八一)。くわしくは、拙著『「幸せ」の戦後史』(二〇一三)を参照されたい。

★4　唐牛健太郎については、ブントの活動家であった西部邁(評論家)が、表向きの明るさに隠された孤独を指摘している。西部の引く、中垣行博の証言によれば、四月二十六日、アジ演説をぶって装甲車から機動隊に飛び込んだ唐牛は、私服警官の列の方へ足をひきずって歩いていき、逮捕された。その後ろ姿は寂しそうだったという。北大の唐牛は東京に基盤がなく、かつ理論家ではなかったために、書記局の一員でありながら、東大・早大のブント・メンバーから軽侮のまなざしで見られていた。安保闘争後、唐牛は、ブントに活動資金を渡していた田中清玄(戦前の共産党活動家、戦後は実業家にしてフィクサー)の会社に勤めたこともあるが、ヨットクラブや居酒屋の経営、漁船の乗組員、工事現場の監督などを転々とし、徳田虎雄の要請で札幌徳洲会病院設立に協力したこともある。西部は、唐牛の生涯にわたる流浪の理由に、彼が庶子であったことを挙げている。

★5　斎藤にとって、コメディアンは少年時代からの夢だったから、由利徹門下生としての再出発は晴れがましいものだった。しかし、由利の自宅に住み込んで半年後、膀胱障害を起こし、寝小便や失禁が頻発、さらに直腸障害や言語障害も発症した。いずれもパンチドランカーの後遺症（硬膜下出血腫）だったらしい。いったん由利のもとを去り、消息を絶ったが、六年ほどで障害が消えたこともあり、七〇年代に芸能界に復帰した。赤塚不二夫、友川かずき、山本晋也などの知遇を得て活動の場も広がった。山田洋次監督の『幸福の黄色いハンカチ』（一九七七）では、高倉健に喧嘩を売る帯広のヤクザを演じた。一九八五年、真鶴・岩海岸で遊泳中に心臓発作で亡くなった。

★6　福澤幸雄は一九四三年、ナチスドイツ占領下のパリで、父・福澤進太郎と、彼が留学中に知り合った母・アグリヴィとの間に生まれた。進太郎は、福澤諭吉の孫で、フランス文学者であり、後に慶應義塾大学の教授になった。アグリヴィは声楽を学んでいて、川添浩史の最初の妻・原智恵子の演奏仲間だった。敗戦後、東京へ帰った福澤家は、川添家との交流を深め、幸雄は年の近い象郎・光郎と同じ慶應に進んだこともあり、いっそう親しくつきあうようになった。当然ながら、キャンティにも出入りする。

十七歳の幸雄は、キャンティで七歳年上の松田和子に接近する。松田はピーターと呼ばれた、当時の一流モデルである。その後、幸雄は、トヨタのレーシングドライバーの道を歩みながら、アパレル会社「エドワーズ」の企画担当重役として洋服をデザインし、東レやマックスファクターの宣伝モデルもやってのけた。松田とは中断の時期はあったが、死ぬまでの八年間、交際を続けた。一九六九年二月十二日、静岡県袋井市のヤマハテストコースの事故の前夜、幸雄が最後の時間を過ごした相手も松田だった。

★7　安井かずみは梶子について、「とにかく正真正銘の女、女のなかの最も美しい女。彼女は温かく、優しい女であると同時に、何かの時には他をひれ伏させるような高慢さを持ち……」（野地秩嘉『キャンティ物語』、一九九四）と最大級のほめ言葉を用いた。安井と同じ横浜出身で文化学院の同期生でもあった稲葉賀恵（デザイナー）は、梶子のことをこう語ってい[redacted]「私、最初に会った時、この人、何者かと思ったもの。長い黒髪、お能の小面のような顔をして[redacted]ターコイズ色のサブリナパンツに金色のハイヒールをはいて、ポンチョみたいなものを着て[redacted]た。かと思うと、別の日は下品すれすれのゾロッとした着物を着ていたり、ビシッとしたス[redacted]を着ていたり、もう素敵で素敵で。お話してみるとざあます言葉の中に、「ぶっとんだ」とい[redacted]言葉が混じるの。私もＺＵＺＵ（安井かずみの愛称――引用者）も、まだ「よろしゅうござい[redacted]すか」なんて口をきいていた頃だから、意味が分からなかった」（島﨑今日子『安井かずみがい[redacted]時代』、二〇一三）。

★8　この二本の映画のあと、加賀は、半[redacted]の休業を宣言してフランスへ向かう。カンヌ映画祭に出向く川添浩史についてフェスティバルや[redacted]ーティに参加した後、パリへ赴き、フランス語を学ぶ。かたわら川添人脈を使って著名人たち[redacted]交友関係を結び、買い物にも精を出した。本人が語るところによれば、「二十歳そこそこで思いも[redacted]らず摑んでしまった大金を、すべて使い果たそうと思っていた」（『とんがって本気』、二〇〇四[redacted]そして、スッカラカンになった頃、浅利慶太から国際電話がかかってくる。浅利のオファーは[redacted]ャン・ジロドゥの『オンディーヌ』だった。この作品で、加賀は初めて役者根性のようなものに[redacted]覚める。彼女の演技に「何か」が加わるのはこれ以後である。

★9　自然承認前日の六月[redacted]八日、島成郎と生田浩二（ブント事務局長）は、国会を取り巻くデモの大群衆の中にいた。島は[redacted]う書いている。「ジグザク行進で官邸の周囲を走るデモ隊を前に、そして又動かずにただ座って[redacted]る学生の間で、私は、どうすることも出来ずに空っぽの胃からしぼり出すようにヘドを吐いて[redacted]ていた。その時、その横で、「共産主義者同盟」の旗の近くにいた生田が、怒ったような顔つき[redacted]腕をふりまわしながら「畜生、畜生、このエネルギーが！　このエネルギーが、どうにもできない！　ブントも駄目だ！」と誰にいうでもなく、吐きだすように叫んでいた」（島成郎『ブント私史』、一九九九)。

★10　安倍邦夫はこのように書いている。「樺さんの遺稿集は彼の全体を捉えた。そのことは、当時書かれた彼の詩に発想の傾向、用語の模倣となって具象する。彼の変化は彼における樺美智子像の変化であった。定着せぬ樺像に時にはいらだち、時には耽溺しながら、彼は成長した」(『青春の墓標』、一九六五)。

第4章　舞い降りたバリケード——高校闘争一九六九

1　次はウチだ！

一九六九年十一月四日、私たち都立井草高校の二年生は早朝、東京駅に集合し、南紀班と瀬戸内班に分かれて、修学旅行に出発した。

南紀班と瀬戸内班というのは、クラスごとの希望で旅先を選び、全行程三泊四日のうち、前二泊を二コースに分かれて巡った後、京都で合流するというプランである。

私のクラスは南紀班で、鬼ヶ城や瀞峡《どろきょう》といった観光名所で撮影した記念写真には、学生服で短髪の私が写っている。まだ中学生のような表情だ。自分の身の置き所が定まらないまま、十七歳になったばかりの、一九六九年のセヴンティーン。

この前半の旅行中に何があったのか、さっぱり覚えていない。強い印象が残っているのは、三泊目の京都の宿でのことだ。たしか、四条烏丸の京都旅行会館という団体専用旅館だったはずだ。夕食の後、部屋に戻り、級友たちと雑談していたときに、Tという大柄の男子生徒がこんなふうに言った。

「おい、菊地、あれがもうすぐ来るぞ」

Tの仄めかすような言葉がなにを指しているのか、私には見当がついた。それは、世間で「高校紛争」と呼ばれていたものである。でも、にわかには信じられなかった。六九年後半、都内の多くの高校で「紛争」は勃発していたものの、私の通う大根畑の中の高校にそうした事態が出現するとは、とうてい思えなかったからだ。

Tは、格別政治的な男ではなかったが、クラスの「一般生徒」とは少し別のアンテナを張っているようなところがあったから、私は彼の言葉を胸に刻みつけた。

「そうか。いよいよ、来るのか」

本章では、六九年の春から翌年の春まで各地で起こった高校の闘争について述べる。私もわずかに、この出来事にかかわった当事者である。自分の生き方は、この中で大きく変わったし、社会や他者に対する「視点」のようなものを初めて持った。

大学の全共闘運動（及び世界の反体制運動）のピークが一九六八年だったことは、ほぼ定説になっている。高校闘争はそれからちょうど一年遅れて起こった。小林哲夫の労作『高校紛争 1969－1970』（二〇一二）によれば、バリケード封鎖、校内集会やデモ、座り込み、教師と生徒の衝突、ストライキやハンスト、授業や試験のボイコット、卒業式・始業式の妨害などの「事件」は、全国で二百八件にのぼった。学校数では、三十五都道府県と琉球政府で百七十六校である。特に都内では、六九年の九月以後は、毎週のように封鎖や衝突が起きた。その兆しのある高校では、生徒も教師も〝次はウチか？〟と固唾を飲んで情勢を見つめていたのである。

この年、春の嵐は西から始まった。

六九年二月二十五日には、大阪府立茨木高校の体育館を同校の「反戦会議」などが封鎖し、籠城した。当日の卒業式を「粉砕」するためだった。また、同日、阪南高校でも生徒らが校舎を封鎖し、校長室や事務室を占拠した。関西では、前年九月に府立市岡高校で、赤いヘルメットをかぶった「府高連」などによる校長室占拠が起きていた（赤ヘルは共産同・社学同系組織が着用）。「校務分掌任命制度による校長権限強化」に反対するもので、学校占拠もヘルメット部隊も高校初の出来事だった。

高校闘争は、まず関西から始まり[★1]、次に東京へ中心が移り、急速に全国へ波及していった。六九年春の「卒業式闘争」（卒闘）は、その露払いだった。

都内では、三月に入ると、足立高校、武蔵丘高校、九段高校、都立大付属高校で、各校の活動家と党派の組織が、卒業式を妨害し、中止に追い込んだ。中でも武蔵丘高校は、私の高校と同じ第三学区に属し、親近感もあったから、三月十三日の「卒闘」には強い衝撃を受けた。「ＭＯ反戦」と「反戦高協」の白ヘルメット（白ヘルは革共同・マル学同中核派系組織）をかぶった二十数名が式場に乱入し、椅子を壊し、窓ガラスを割り、消火剤を撒き、そのまま事務室と校長室を占拠した。

学校側は警官隊を導入し、現場で三人を逮捕、後にさらに三人を逮捕した。

もっともこうした闘争は、この年突然始まったわけではない。実は「卒闘」の歴史はかなり古い。ヤジによる進行妨害や送辞・答辞による学校批判は、一九五〇年代からあった。六〇年代半ば以後はベトナム戦争批判も加わり、より政治的になった。★2

ただ、高校生の活動家たちに決定的な転換をもたらしたのは、やはり、六七年の「10・8羽田闘争」である。「10・8」（ジッパチ）は、「首相訪米阻止」という六〇年安保闘争の形式を踏襲した「カンパニア闘争」（大衆動員型の行動）だが、学生たちの意図的な暴力行動はその枠組みを内側から破壊し、従来の学生運動の様相を変えてしまった。

六九年春に新宿高校を卒業した竹川義男は、「10・8」にふれて、「それは現代の闘いは妥協のないかたちで推し進められなければならないことを、闘いによって明らかにし、同時に、攻撃型の闘いの中に、現代のマス化された状況を打倒する可能性を発見していった」と書いた（「高校生運動の論理と展開」、しいら書房編著『世界は業火につつまれねばならない』、一九六九、所収）。彼はさらに言い換えて、組織の拡大を第一義とする「サークル運動主義的」な高校生運動は、「10・8」を契機に「自らが闘うことによって状況を変革するという、大衆的決起を内にふくんだ運動」へ転換を遂げたと見た。

少々横道へ逸れるが、この「転換」について補足しておきたい。

六八年の、佐世保・王子・三里塚などの現地闘争、「4・28」や「10・21」などの政治闘争、日大・東大などの大学闘争を経て、反体制運動の暴力化は急速に普及していった。背景には新左翼系党派の競い合いもあったが、もうひとつ決定的な要素は、人々の暴力に対する容認もしくは支持である。

活動家たちは、六〇年安保闘争以来、表舞台に姿を現わすことのなかった「大衆」が、街頭や学園に躍り出てきた、と感じていた。その「大衆」は、十年前に「民主主義を守れ」と叫んだ人々よりずっと不定形で捉えどころがなく、政治的信条も明確ではなかったが、その分だけ、情緒的で刹那的で破壊的だった。つまり、暴力的だった。ことに六〇年代、急激に膨れ上がった大学生は、こうした新しい都市大衆の先頭に立った。彼らは現状に不満であり、その現状の再生産のために社会へ呑み込まれることに強い抵抗感を持っていた。暴力は（唯一ではないが）、その怒りを端的にぶつける方法だった。

政治の本質は、高度な組織化のプロセスである。同じ思想を持つ同志の量的拡大こそ、その指標である。各セクトの派手な街頭闘争も、自派の宣伝の一環ではある。しかし、暴力の行使は、そのような組織拡大一辺倒の政治主義からはみ出す、〝今ここの〟意志の表明として、かつ、抑え込まれてきた自身の解放として感受された節がある。

六九年の高校の「卒闘」にも、暴力の行使は不可欠だった。それは、「高校三年間という、資本主義における「人生」のベルトに乗っていた生活の欺瞞性を暴露」し、文部省と学校が結託して進める教育政策を弾劾し、政治活動の自由を奪い返すとともに、「高校における日常性、そしてそれ自体が持つ暴力、体制補完の本質を明らかにし、その構成員としてあるすべての高校生を告発する」ものだった（前掲書）。

竹川の言葉の中に、六九年高校闘争の「意味」はほぼすべてつめ込まれている。前年来の全共闘運動で語られた「自己否定」や「大学解体」は、高校生たちによって、こうしたせっぱつまった言葉に翻訳されたのである。

東京の高校闘争のピークは六九年十月だった。

上旬から中旬には、九段・日比谷・玉川・駒場・文京各校でバリケード封鎖、竹早高校で全校集会、葛西工業高校でハンストが起きた。二十一日の「国際反戦デー」の前日には、桜町・南・世田谷工業各校が封鎖され（世田谷工業は未遂）、都教育委員会は「高等学校における生徒指導ならびに校舎の管理について」を通達した。

「10・21」当日は、九月末からバリケード封鎖中の青山高校に機動隊が導入され、同高の生徒と反戦高協のメンバーが火炎瓶で応酬した。高校闘争と「青高」は、マスメディアを通して全国に知れ渡った。また同日、立川高校が封鎖された。

二十四日、都教委は「高等学校授業の早期正常化についての基本方針」などを通達したが、勢いは収まらず、月末までに、志村・国立（未遂）・上野・江戸川・北園・城北各校で封鎖、深沢・小石川各校で全校集会が起きた。

十一月は収束への動きが強まった。

竹早は五日にスト解除、青山も六日から十一日にかけて、志村も十二日に授業を再開した。立川では十四日以後、授業再開に抗する動きが激化、警察官が導入された。十月末の青山の大量処分の発表に次いで、十一月二十二日は日比谷、二十八日は志村の処分が発表された。

運動の退潮は、新左翼各党派が「佐藤訪米阻止」羽田闘争へ集中し、大量検挙によって勢力を大きく削がれたことにも起因している。また先陣を切った高校の生徒たちが、闘争疲れを起こし、煮え切らないまま幕引きに回ったこともある。

しかし一方には、一連の闘争に刺激され、高校の教育と政治の問題に目覚めながら、指をくわえて待機している高校生もいた。地表下の熱はまだ持続していた。

あれが到来すると伝えてくれた私の級友も、その熱を感じていた一人だった。

2　「期待される人間像」

一九六〇年代後半、高校生はいったいどのような環境の中にいたのか。

ひとまず、戦後の中等教育の歴史を概観してみよう。

一九五〇年代は、敗戦後の「教育民主化」に逆行する政策が、やつぎばやに打ち出された。第3章でも見たように、日教組と文部省が全面対決した時代でもある。「戦後民主教育」に代わる「産業人材教育」へ、新たな軌道の図面が引かれた時期と言ってもいい。

注目すべきは、一九五一年に出された中等教育に関する「政令改正諮問委員会の答申」である。中学校からの普通コースと職業コースの分離、総合制高校の分解と学区制の廃止、「職業教育の尊重」による普通課程と職業過程の差異拡大、六年生高校・高専の設置、教育委員会の任命制、教科書検定制度の改定など、その後の教育政策の原型がほとんど盛り込まれていた。

学習指導要領の改訂も重要である。五六年の改訂では、普通科に五類型（コース）を設け、実質的には進学・就職の区別を明確化した。六〇年の改訂では、各教科にA・Bの内容差がつけられ、普通科・職業科、全日制・定時制などの格差を広げた。

教科書検定も五〇年代から急速に強化された。五三年には、学校教育法改正で検定権者を文部大臣とする旨を明示し、五六年には教科書調査官が設置された。六三年には、「教科書無償措置法」によって、義務教育教科書の無償配布とともに、「広域採択制」や教科書出版企業指定制などの統制策が導入されている。

六〇年代は、政府が、産業界の要請を受けて、高度経済成長期にふさわしい人材育成を、教育政策の中軸に据えた時代である。

「所得倍増」を唱えた池田勇人首相は、就任以来、ことあるごとに「人づくり」の重要性を語っていた。それに同調するように、文部省は、『日本の成長と教育』（一九六二）で、「教育投資論」を軸に新たな国民教育の考え方を示した。さらに一九六三年には、経済審議会の答申「経済発展における人的能力開発の課題と対策」が出ている。同答申は、能力主義の徹底を標榜し、「ハイタレント・マンパワー」の養成と尊重の必要を唱えるとともに、各自が自らの「能力・適性」に応じた教育を受け、それによって得た職業能力を活用することを求めた。これが高度経済成長下の中等教育の基調となったのである。

一方、高校進学率は、一九六一年には六〇パーセントを、六五年には七〇パーセントを超え（いずれも全国男女平均）、急激に上昇した。並行して、高知県から始まった「高校全入運動」は全国へ広がり、高校増設を求めたが、文部省はこれを「素朴なそして機械的な教育の機会均等観」（『高等学校生徒急増対策と〝高校全入運動〟の可否』、一九六二）と批判し、高校以外の教育機関の必要性を説いた。

一九六六年には、中教審答申「後期中等教育の拡充整備について」が出た。教育評論家の田《た》代三《しろさぶ》良《ろう》によれば、それは「戦後の教育改革の総決算ともいうべき」（『高校生』、一九七〇）内容を含んでいた。また、同答申は、「期待される人間像」が付記されたことでも知られている。

答申本体の骨子は、中等教育の改革が先進国の共通の課題であるという認識から始まっている。教育の機会均等がある程度進んだ戦後日本にとって、「国家社会の形成者として、またその経済的、社会的発展のにない手」である青少年の教育こそ喫緊の課題であるという考え方だ。その観点から見ると、現行の高校教育は、生徒の適性・能力の「多様化」にも、社会の要請の「多様化」にも対応しておらず、あまりにも「画一的」である。

答申が危機感を持って槍玉に上げたのは、「学歴という形式的な資格を偏重」し、「知的能力ばかりを重視して、技能的な職業を低く見たり、そのための教育訓練を軽視したりする傾向」である。[★3]一見正論に見えるが、普通科への進学比率を下げ、職業科への進路を誘導するのは、当時の産業界が大量の中級技術者を求めていたからだ。

「期待される人間像」の方は、読みかえしてみると、「戦後民主主義」をうまく逆手に取り、高度成長期の保守思想へ再編成すべく、周到な構成がなされていることが分かる。

中教審第十九特別委員会の主査を務め、執筆にあたった高坂正顕《こうさかまさあき》（哲学者）が、その考え方を説明している。高坂によれば、「教育基本法そのものに否定すべき点は何ものもない」が、その精神がどの程度「日本の精神風土に定着したかということについては問題がある」以上、それを「生かすための方策」が求められるというのである。

高坂たちが採ったのは、憲法と教育基本法に含まれる四つの理想（民主国家、福祉国家、平和国家、文化国家）を実現する「人間のあり方」を描くことで、中等教育の目的を明らかにするという方法だった。しかし、そこには巧みな「要請」が仕込まれている。

いわく、福祉国家・文化国家となるためには、「人間性の向上と人間能力の開発」が必要であり、平和国家になるためには、知恵と勇気ばかりでなく、「たくましさ」が必要である。そして、民主国家の実現のためには、「自我の自覚」と「社会知性の開発」が求められる。

日本と日本人のあるべき姿を実現するには、多くの不足があり、それらを充足させるために、我々はもっと自身を鍛えなくてはならない――憲法と教育基本法に起点を求めながら、国家が要請する人材の「仕様」へ論理を旋回させていくところに、「期待される人間像」の特徴がある。そのような総論（第一部「当面する日本人の課題」）の次に、「日本人に特に期待されるもの」（第二部）が各論として述べられる。第二部は、第一章から四章まで、「個人として」「家庭人として」「社会人として」「国民として」と章題が付され、「個」が順を追って上位の〝共同幻想〟に編み込まれていく過程が、簡潔だが隙なく描かれている。

当時この文章を読んだ私は、半知半解ながら生理的な嫌悪感を覚えた。高坂が一員であった京都学派が、戦前、海軍に接近したことは知らなかったが、一見隙のない論理の中に、「個」を執拗にからめとるやり方を、狡猾と感じた記憶がある。

たとえば第二部第一章「個人として」では、「個性を伸ばすこと」「自己をたいせつにすること」「強い意志をもつこと」といった、自律的な個人を認めるような言葉を振りまきながら、もう一言、「畏敬の念を持つこと」と加え、その個を全体へ吸い込んでいく。

その「畏敬」とは、生命の根源への畏れであり、生命とは「精神的な生命」を含むものとされる。いわく、「人間の尊厳と愛」も「深い感謝の念」も「真の幸福」もすべて「このような生命の根源すなわち聖なるものに対する畏敬の念」に基づき、「しかもそのことは、われわれに天地を通じて一貫する道があることを自覚させる」という。

さらに、こうした言説は、以下の章へ伏流として流れ込み、「家庭人」を「愛の場」「憩いの場」「教育の場」で絡めとり、同じく「社会人」を「仕事」「福祉」「創造」「規範」で括りつけた。

当時の「民主勢力」は、「日本国を愛するものが、日本国の象徴を愛するということは、論理上当然である」といった文言に注目し、最終章「国民として」に批判を集中したが、私は、個を「家庭人」や「社会人」として、もっともらしい規範のうちに再編成していく論法の方に、気色の悪さを感じたように思う。

3　学校群に対する憤懣

もうひとつ、東京の高校生が巻き込まれたのは「学校群」である。

学校群とは、いくつかの高校で「群」を作り、その中で学力が平準化するように合格者を機械的に振り分ける制度である。受験生の志望はまったく無視された。公立高校全日制普通科を対象に、東京都の他にも、千葉県・愛知県・岐阜県・三重県・福井県で実施された。

東京都の場合は、東《あずま》龍太郎都知事時代、小尾《おび》乕雄《とらお》教育長の主導で始まった。一九六六年四月に構想を公表、七月に導入を正式決定、一九六七年二月に同制度による第一回入試を実施と、異例のスピードでことが運んだ。学力試験の科目数が九科目から三科目へ減り、九科目の内申と学力試験とを同等に評価することとなった。同時に、第二志望を認める仕組みをなくした。

結果は数年後に現われた。日比谷をはじめ西・戸山・新宿・小石川・両国・上野などの名門都立高校では、東京大学をはじめとする難関大学への進学実績が低下し、特に日比谷では急降下した。代わりに、従来は中低位にあった高校には、いわゆる「出来のいい生徒」が供給され、全体の平準化が進んだ。

ただし当然ながら、学校群は不本意な入学者を大量につくりだした。進学実績の高い有名校が、あまりぱっとしない高校と組まされるケースがあったからだ。有名進学校に行きたい生徒は、他の学校に回されれば落胆する。

旧制中学系の「名門校」は、旧制高女系の「名門校」と同一の「群」に編成されるケースが多かったが、それでも不満は残った。たとえば日比谷志望の生徒は、旧高女の三田に回されれば不運を嘆いたし（第十一群）、西に憧れている生徒は、やはり旧高女の富士へ行かされると聞いて愕然とした（三十二群）。

そして、わが校の属する第三十四群でも同様の不満が発生した。大泉・石神井・井草の中で、井草高校（旧高女）はワンランク下と見なされていたからだ。側聞だが、井草に回された学校群第一期生の憤懣は激しく、学校や教師に対する反感を露わにして、一時は「スクールウォーズ」状態にあったという。[★4]

さらに校風の断絶も折り重なっている。

たとえば日比谷高校では、庄司薫の『赤頭巾ちゃん気をつけて』（一九六九）で語られたように、生徒がクラス担任を選ぶ「旗立て方式」、リベラルな生徒自治、東大進学トップ高でありながら競争を嫌う教養主義などが、学校群以後、崩壊した。同じように（と書くと畏れ多いが）井草でも、旧高女系のおっとりした保守的自由主義が色褪せていった。

たしかに、わが校の旧制度期の先輩たちの物腰は、大人びてスマートだった。これに対して、学校群以後の新世代は、いかにも子どもっぽく雑然として、旧世代の予定調和的な感受性を共有できなかった。学校群によって人工的に攪拌されたために、既存の学校文化（校風）をすなおに飲み込めなかったのである。

学校側もこの点について策を講じたとは思えない。我々新世代は、旧来文化から都合のいい部分

（たとえば責任なき自由主義）だけを取り出した上で、折からの「異議申し立て」のムーブメントに結合させたから、そこには少しばかりアナーキーなラディカリズムが生まれた。この現象は、闘争の有無にかかわらず、学校群以後の都立高校に広く見られた。

4　私自身への闘争

後期中等教育の政策がどうあろうと、文部省がなんと言おうと、高校生の最大の関心事は大学受験だった。私たちは、最高学府の学歴が、豊かで安定した人生へのパスポートと信じた最後の世代に属している。ゆえに実業高校への進学は忌避されたし、だからこそ、都立葛西工業高校に代表される実業高校の闘争は重く受け止められた。★5

受験のプレッシャーが、長い影を高校生活に落としていたのは確かである。ただし、当時の高校生が抱えていた無力感は、受験の向こう側に垣間見える社会の閉塞感からも来ていた。学歴の「効能」はまだ信じられていたが、色褪せてきていた。前著『「幸せ」の戦後史』（二〇一三）で述べたように、団塊世代は、世代間階層上昇（子が高等教育の学歴によって親の階層を越えること）の終了を目の当たりにした最初の世代である。★6「大学の大衆化」と裏腹に、難関大学に進む上位階層の子弟が、高確率で階層相続に成功することが明らかになった。戦後の「大きな物語」であった階層上昇は一時の夢だった――その衝撃は全共闘運動を裏から衝き動かし、ひいては高校闘争に及んでいたように思う。

もっとも、こうしたことは、すべて後知恵である。

当時の私には、何も見えていなかった。

入学して最初に聞かされたのは、「勉強の大泉、スポーツの石神井、恋愛の井草」という、各校の性格を言い当てたキャッチフレーズである。井草は女子生徒比率が高く、男女交際に都合のよい「軟派校」であることを意味していた。

このような世間的評価を耳にして、悄然とした生徒は少なくなかった。練馬区・江古田の中学校から進学した私も、中学時代こそ、計画遂行型のガリ勉で学年の上位につけていたが、高校に入学した瞬間、学業に対する関心をほとんど失った。てっきり、進学校の大泉に入れるものと思っていたから、井草に回されたショックもあった。でも、原因はそればかりではない。遅ればせながら、「自我」のようなものが目覚めたのだ。

「自我」の覚醒とは、私の場合、とりあえず学業以外のことへ熱中だった。

教科書や参考書を開く代わりに、まずクラブ活動の卓球に打ちこんだ。精妙な技術が求められ、メンタル面の弱さがすぐゲームに出る難しいスポーツだけに、少々の練習では腕が上がらない。じきに頭の中は卓球でいっぱいになり、少年期に夢中だった魚釣りにも関心を失って、家族が心配したほどだった。

白いセルロイドのボールを追いかけ回していると、それだけで世界は完結すると思える瞬間もあったが、さして技量の向上しない私は、二年生になる頃、卓球にも「限界」を感じ始めていた。あれはいつのことだったか、第三学区の大会で、実に無残な負け方をした時、いまふうにいえば、心が折れる小さな音を聞いた。

この頃の感情は、正直に言って、うまく言葉にできない。

学業の方は、もともと弱かった理数系が完全についていけなくなった。それ以上に、教科書に向かうと虚脱感に襲われて、手もアタマも動かなくなった。深夜放送をぼんやり聴きながら、気になる女子生徒のことなどを考えていると、じきに夜が明けた。定期考査の初日だというのに、何も準備できていなかったりした。

かなりつらい時期だった。自分も学校も世の中も何も見えず、語れず、酸欠状態の観賞魚のように口をぱくぱくさせて喘いでいた。

しかし、こうした症候は、私だけのものではなかったらしい。

たとえば村上龍は、小説『69 Sixty nine』（一九八七）で次のように書いた。[★7] 主人公は長崎県立佐世保北高校に通う、村上の（戯画化された）自画像である。

1969年の、春だった。

その日、三年になって最初の一斉テストが終わった。僕の、テストの出来は最悪だった。一年、二年、三年と、僕の成績は圧倒的に下降しつつあった。理由はいろいろある。両親の離婚、弟の不意の自殺、僕自身がニーチェに傾倒したこと、祖母が不治の病にかかっていたこと、というのは全部嘘で、単純に勉強が嫌いになっただけだ。

だが、その頃は、受験勉強をする奴は資本家の手先だ、という便利な風潮があったのも事実である。全共闘はすでに力を失いつつあったが、とにかく東京大学の入試を中止させてしまったのだ。

何かが変わるかもしれない、という安易な期待があった。その変化に対応するためには、大学などを目指してはだめで、マリファナを吸う方がいい、というようなムードがあった。

もっとも、全共闘もマリファナも、こちらの近くには到来していなかった。私は「受験勉強をする奴」の得意げなようすに対抗するものを、何も持っていなかった。

夏が過ぎて秋風が立ち、十七歳になった頃、はじめて日記を書くようになった。現実と向き合うのがつらいので、心中のくしゃくしゃしたこだわりを書きつけていた。

これが、「自我」の目覚めの、第二段階である。

たとえば、一九六九年十月二十一日付けの文章が残っている。

この日、新左翼各党派は、前年の「新宿騒乱」の再発を狙って、新宿・高田馬場でゲリラ戦を展開、千五百人以上が逮捕された。先に書いたように、青山高校には機動隊が導入された。私もこうしたニュースをテレビで見ていたはずだが、記された詩のような呻きのような文章は、完全に内側を向いている。

夜が来た

厚ぼったい夜
これと一晩戦うのはたいへんさ
ほんとうに心底疲れ果てちまう
そしてやがてやってくる夜明けのうす明りはせつない
このせつなさは何かで埋められない
だから、それを抱きかかえて寝床に潜り込む
つまさきは冷え切っていて
あたまは微熱にうかされている
この熱は青春とかいうものか？

苦笑を誘われる文章だが、実は、今でも明るく笑えない。これが十七歳になったばかりの私が吐き出せる精一杯の言葉だったからだ。自分の頼りなさに直面し、その頼りない自分を持ちこたえる方法はこれぐらいしか思いつかなかった。

そして（自分で言うのもおかしいが）興味深いことに、本章冒頭に書いた修学旅行の後、日記には、自身の人間観や世界観を革新すべき時が来たと記されている。

変化は確実に始まっていた。

書きなぐった文章から要旨をかいつまんでみると、こうなる。

・自分はこれまで当たり障りない表面的な関係を良しとしてきた
・その結果、そんな関係に都合のいい人間としかつきあえなかった
・これはたぶん自分の幼稚な心に起因する問題であるにちがいない
・現状を変え、自分を変え、関係を変えなければ、青春はこない
・変化が非日常によってしか起きないなら、それこそを求めよう

自分が奥手であることは薄々気づいていたものの、その現実に向き合うには思ったより長い時間が必要だった。中学時代の「ガリ勉モデル」のまま高校へ入学し、ガリ勉の実体を喪失してからはまったくの腑抜けになって、十八カ月を過ごした。ようやく、十七歳の誕生日を通過したところで、いくつかの契機が絡み合って化学反応を起こし、モデルの変更が始まったのである。

一つの契機は、いうまでもなく、燎原の火のような闘争の勢いである。闘いは、高校生のもう一つの正しいあり方を示しているように見えた。気の小さい私にすれば、モデルの変更は、別口の正しいあり方の探索行として行なわれなくてはならなかった。

もう一方の契機は、ロールモデル（学習対象となる人物像）の発見である。

高校二年になっても、私は同級生に対して中学生のような態度で振る舞うことしかできなかった。男友だちとはじゃれてふざけるしかなく、関心が向いた女性には夢物語のようなシナリオを描くばかりで、ろくに口もきけなかった。当時の男友だちには申しわけないが、私は彼らとつきあってもさっぱり面白くなかった。また、そんな半熟青年に目をかけてくれる女生徒などいないから、恋愛

の名門校にいても、ロマンチックストーリーのかけらさえ転がってこなかった。

背景には、優等生のセルフイメージに依存した、幼い自己中心的世界観があったのだろう。

要するに、まだ、ただのコドモだったのだ。

そんな情けない自分への内省が、六九年秋の修学旅行をきっかけに始まったのである。たぶん私は、この時期にはじめて、倣うべきロールモデルを見出した。闘争の到来を予言してくれたTもその一人だった。また見回せば、同級には他にも一風変わった男や女がいた。

彼らには、共通の特徴があった。

一言でいうと、孤独に強いタイプだった。本質をつかんでいるから孤独に強いのだと私は勝手に解釈した。彼らのようになろう。それには、本質に遭遇しなければならない……。

このあたりが、「自我」をめぐる劇の第三段階である。

読書の範囲が広がったのもこの頃だ。

それまで、イアン・フレミングの「００７」と北杜夫の「どくとるマンボウ」シリーズと『小説ジュニア』くらいしか知らなかった私が、太宰治を読み始めた。文芸部が主催する読書会の告知がきっかけだった。大江健三郎の小説も読んだ。池袋の大きな書店まで出かけて、哲学史の入門書を買ったりもした。卓球部の仲間から、彼の姉が、武蔵丘高校の闘争に加わっていたことを聞いたのもこの時期だ。

いろいろなものが、少しずつ見えてくる。身の回りのことと世の中の動きが、しだいにつながっていく。私は、自身の内部の温度が、ゆっくりと上昇していくのを感じていた。

5　バリケードは舞い降りた

しかし、「闘争」は、まだマスメディアのニュースの中にしかなかった。

政治意識の高い生徒の多い都心の高校はともかく、私の学校では六九年の秋まで、その手の言説や行動に触れる機会はなかった。日共系の教師がやたらと多く、日教組の有数の拠点校だったから、民青の生徒もたくさんいたはずだが、生徒会の活動は低調だった。六八年九月の「井草祭」に仮装行列の（！）デモ隊が登場したことを思えば、生徒も教師も、自校に本当のデモ隊が出現するとは予想していなかったにちがいない。

様相が変わったのは、私の一学年上、学校群の第一期生が前面に出てきてからだ。[★8]「10・21」には、屋上で反戦集会が開かれ、十一月になると、教育のあり方や諸規則の是非などをめぐる討論集会が開催されるようになる。私も覗きに行って、参加者が意外に多いのに驚いた。もっとも主催者も参加者も、お互いに何をどのように語ればいいのか分からず、議論は中空でねずみ花火のようにくるくる回るばかりだった。それでもこの動きに同調して、私も級友とクラス討論を呼びかけた記憶がある。

十一月後半には、討論会の議題を生徒総会へ「六項目要求」として提議しようという動きが出てきた（検印制度・集会届出制度・制服の廃止、定期考査見直し、評価撤廃、文部省通達に対する統一見解）。実はタイムリミットはすぐそこまで迫っていたのである。この機を逃したら、闘争は永久に起こせない。一九六九年という稀なる時期は過ぎ去って二度と戻らない——そう考える数人の実行者たちが走り出した。

十二月九日、登校した私は、正門の前で立ちすくんだ。

校舎の前面に据えられた大きな看板には、「封鎖宣言」と大書されており、多くの生徒が、その回りに群がっていた。闘争は、本当に、今ここにやってきたのだった。

校舎の入り口は、机と椅子でバリケードが組まれ、中のようすは見えない。立て看板と同文のビラによれば、封鎖は、生徒総会の開催要求を学校側が踏みにじったことに対する抗議の意志を示すもののようだった。

その日から数日間、自分がいったいどんなことをしていたのか覚えていない。

残された資料を見ると、週末にかけて数次の生徒総会が開かれ、学年をまたぐ縦割集会やクラス討論会が行なわれている。十二日には期末考査の延期などを求めて総会が開かれたものの、数十名の不足で定足数に足りず、流会した。週明けからは考査が実施され、これに抗議する四名がハンストに突入した[★9]。

冬空の下、校庭で開かれた生徒総会の情景と気分は、今でも鮮明に蘇る。多くの生徒たちは、学校や教師を含め、自分たちを取り囲むものに対して怒っていた。校長の釈明にヤジが飛び交い、ふだんはおとなしい女生徒が、現状の教育に憤懣を述べた。

私の心は震えた。こういう状態こそ、自分が求めていたものだと確信した。

なぜか、この間、日記には何も書かれていない。おそらく、朝から晩まで学校の中をうろつき回り、わずかな知識を総動員して議論に加わっていたのだろう。結果的に、その数日間で、それまでつき合いのなかった十数人の仲間ができあがった。政治的経験に多少の差はあったものの、みな、私と同様に目を輝かせていた。

闘争そのものは、期末考査によって水をかけられたように沈静化し、十二月二十五日の終業式には、バリケード封鎖に対する処分がなされた。年明けから三月にかけて、何度か再封鎖の試みがあったが、果たされることはなく、運動の昂揚も二度と戻って来なかった。

6　教師だった父との衝突

それでも私は、闘争をもう一度、起こしたいと思った。七一年春の卒業まで、仲間といっしょに生徒会に介入し、街頭デモに出かけ、ビラを刷り、集会を呼びかけ、しかし、型どおりに「一般生徒」から浮き上がって、消耗を重ねていった。

と同時に、父親との衝突が激しくなった。ほとんどの政治的高校生にとって、「家族帝国主義」こそ、もっともやっかいな敵だったが、わが家もその例外ではなかった。それに悪いことに、父は教師だった。しかも、ふつうの教師ではなく、「教育相談」や「生徒理解」といったものの専門家でもあるようだった。父の態度から察するに、私の行動は非行的な「反抗」と映っているようだった。私は、いまや父の鬼っ子になってしまっていた。

最初は父も、私の「目覚め」に寛容だった。教育や社会に対する疑義を言い立てる息子に向かって、「目の見えない人たちの目を開いていくのが一番大事なことだ」と応じていたが、そのうち、受験勉強など忘れたように飛び回っている私を見て堪忍袋の緒が切れた。

ある日、なにかささいなことから、我々は激突し、棄て台詞を吐き合った。生まれて初めてのことだった。

父は、竹を割ったような、シンプルで分かりやすい人間ではなかった。

教師という役割を熱心に演じていたが、本当はその仕事が好きではないと言ったりした。合理的な思考と批評的な眼差しを持っていたが、どこかで、泥臭い情緒の世界に惹かれているようなところもあった。読売巨人軍をかなり嫌っていたが、かといって、ジャイアンツ以外の特定のチームをひいきにしているわけでもなかった。

つまり、分かりにくい人間だった。

その分かりにくさは、両義的であると言い換えてもいい。

○○でありながら、××でもあるという両義性を、子どもはすぐに理解できない。それは実のところ、大多数の大人が身につけているものだが、親と子という距離のない関係では、却って解しにくいところがある。

だから私は、父の、教師と父親の間を行ったり来たりするもの言いをずるいと感じた。

父は教師の口調で、もっと広い視野を持てと説得したが、他方では、世の親たちとまったく同様に、軌道からドロップアウトする危険を強調した。つまり、揺さぶり攻撃である。投げつけ合った言葉は、もうほとんど記憶から消えてしまったが、ひとつだけ、自分の発した言葉が脳裏に貼りついている。

「それは、たんなる処世術じゃないか！」

私は、父からこの世界の原理のようなものを聞きたかったのに、教師と父親の立場を使い分けながら、なだめたり、脅したりする言葉は、いやに常識的な損得話に聞こえた。

「処世術」と息子に言われたとき、父は寂しそうな顔をして黙っていた。あるいは、そうだ、お前の言う通り、俺は今、処世のむつかしさを語ろうとしているんだ、と口に出したのかもしれない。返ってきた言葉は覚えていない。

その一瞬の鼻白んだようなようすは、おそらく五十歳の父の半生に、いくつかの「処世」の分岐点があったことを伝えていたにちがいないが、私には、その表情を読み取る余裕がなかった。言い合いは尻切れトンボに終わり、その後、かなり長い時間、我々の間には重いわだかまりが残った。

父――菊地四郎は、当時、北区立北中学校の教頭だった。はじめて就いた管理職だった。北中の前は、板橋区立志村第一中学校で教えていた。国語と社会の教員免状を持っていたが、教科指導の巧拙は聞いたことがない。父が教育界で多少名前を知られるようになったのは、この志村一中時代に、校長の須田重雄に促されて、学校経営――中でも特別教育活動や教育相談――について、研究や執筆の機会を得るようになってからだ。

ちなみに、「特別教育活動（特活）」とは、生徒会活動、クラブ活動、学級活動、学年集会を含む学習指導の一分野で、教科指導や道徳指導などと同列にある。もうひとつの「教育相談」とは、学習指導・進路指導と並ぶ生活指導の中の、さらに細分化された一分野で、生徒を対象とするカウンセリングである。

これらの学校機能は、一九五八年に全面改訂された学習指導要領によって定式化され、国の基準が定められたが、各教科の指導法に比べて、教育現場における計画や実行のノウハウに乏しかった。須田は、この新しい領域に強い関心を持って取り組み、年下の父にも協力を求めたのだろう。父は親分肌の須田の要請を意気に感じ、その後、密接な協力関係を続ける。二人の共編になる『新しい教育相談の実践』（一九六七）は、その集大成と言っていい著作である。

父たちは、この中で次のように書いている。

〝心の中に相談室を持とう〟

当時、私たち志村一中の教師は、このことばをかかげることによって、教育を見失うことのない教師への道を踏み出した。

私たちは、教師が教科の指導を全うすることだけで教育責任を遂行しうるとは考えなかった。たとえそれが教科担任制であるとしても、教科のエキスパートが教師のすべてではないという現実に直面したのである。教師は、教科についてのエキスパートであると同時に、人格の成長を助け、人格の成長をはばむもろもろの障害を除去し、解消するよき相談者としての働きを遂

行しなければならない「人間」として、子どもたちの前に立たねばならないと判断したのである。（編著者はしがき）

須田は、北区教育研究所、葛飾区教育委員会を経て志村一中の校長に就き、父は江東区立砂町中学校から志村一中へ転任してきた。二人がどのように出会い、意気投合したのかは知らない。この後述べるように、父のそれまでの生き方は須田の生き方とはかなり異質だから、ある種の「化学反応」があったのだろうと推測するのみである。ただし、戦後中等教育の変遷を間近に見てきた壮年の男たちが、新しいことに取りかかったようすは、上の引用からもうかがえる。父は、須田や志村一中の教師たちと語り合う中で、それまでの自分の生き方とは異なる、新しい道を発見したのである。

7　父はどこからやって来たか

父は、一九一九年（大正八年）、菊地安二と芳野の次男として台北市で生まれた。安二は、台湾総督府に務める役人だった。

最初の誕生日を迎える頃、安二の転勤で上京し、牛込区神楽坂上に住んだ。関東大震災に遭遇した一家は、四谷塩町に移り、父は新設の四谷第六小学校に入学したが、四年生の時に再び転勤で台湾へ戻った。赴任地は台南市だった。

台南の南門小学校では、少年野球チームに入ってスポーツの面白さを知った。台北第一中学校の受験に失敗し、一年間の「浪人生活」を経て晴れて入学すると、勇躍、野球部に入った。三年生で主将を務めたが、父・安二に説得されて退部。それでも、台北高校（文乙）へ進学すると野球を再開、インターハイで本土へ遠征した。

高校入学後は、野球の他に美術に関心が向いた。美術大学へ行きたいと望むも、安二の猛反対に遭って断念。しかし、諦めきれず、東京大学文学部美学美術史科へ進んだ。

父の人生が大きく転回したのは、この後だ。

台北高校の先輩に感化されて築地小劇場へ出入りし、演出家の八田《はった》元夫《もとお》に師事するようになったのである。八田は、千田是也や岡倉士朗らとともに、新築地劇団（新協劇団と並ぶ新劇の有力劇団）の幹部だった。ただし、父が入学した一九四〇年の八月には、この両劇団に大規模な弾圧が加えられ、八田も逮捕されているから、その交流はかなり緊迫感に包まれたものだったはずだ。

四〇年以後、新劇の人々の多くは、翼賛運動の一環である日本移動演劇連盟（四一年結成）へ組み込まれていく。父は、この時期、文化学院の堤康彦と八田を通して知り合い、ワルデマン・ボンゼルス『蜜蜂マアヤの冒険』の戯曲化に取り組んだりしている。しかし戦局の悪化は、演劇青年たちも呑み込んだ。四一年には、文系大学生の修業年限が三カ月短縮され、年内に徴兵検査が始まった。父の年次は、さらに三カ月短縮され、四二年九月三十日に卒業式が行なわれた。翌月、仙台第二師団へ入営、幹部候補生として訓練を受け、四四年四月、中国戦線へ出征した。

自動車部隊の小隊長として南京・武漢・岳陽・長沙へ赴き、敗戦を迎えた。四六年九月、復員し、鹿児島から東京へ出た。いったん母・芳野のいる宮城県遠田郡小牛田《こごた》へ帰ったものの、とうてい同居できる状態になく、頼る先もないまま東京へ戻った。安二は、台湾で亡くなっていた。

この数年間で、父とその家族はすべてを失った。中国でのことは、ほとんど語らなかった。戦争で吹き飛んでしまったものは、決して取り戻せないと思っていた節がある。

履歴書によれば、敗戦後、父はGHQ大蔵省建物管理事務所で通訳の業務に就いたことになっている。もちろん事実だが、この時期、父の関心はもっぱら演劇の方にあった。

戦後の新劇は、早くも四五年十二月に再開した。一番目が文芸劇場公演「想い出」、二番目は、新劇合同公演「桜の園」である。後者には、戦前の主だった新劇人が所属組織を越えてほとんど参加した。戦争を潜り抜けた演劇人たちにとって、それは、「祝祭」だったと言っても過言ではない。劇評家の戸板康二は、たった三日間六回の「桜の園」を、「舞台は築地小劇場の夢を再現した」と激賞した（菅孝行『戦後演劇』、一九八一）。

父もまた、空腹を抱えながら、その「夢」の再現に胸をときめかした。学生時代の友人・堤に先導され、和田勝一《かついち》（劇作家・演出家）が一九四六年に設立した「民衆座」に参加し、堤とともに演出部で働くようになる。民衆座は当時、和田作品の「牛飼ひの歌」で地方の移動公演を行なっていた。★10 農村を回り、農民から米をもらって仮設の舞台で演じるスタイルは、プロレタリア演劇運動で培われ、翼賛運動に利用され、戦後は一転、労働者の「自立演劇」へ転生したものである。ちなみに、父はこの劇団で母と知り合い、四七年に結婚した。

民衆座は、吉祥寺の和田家を拠点としていた。近隣の「前進座」と交流があり、歌舞伎座の大部屋俳優が移動演劇を支えていた。また、劇作家の真山青果《まやませいか》の長女・美保も参加し、本業のかたわら、巧みな指人形劇で観客を魅了したという。

しかし、四〇年代後半の「戦後革命」と同様、〝戦後演劇の革命〟も短命に終わった。民衆座も数年で分裂した。父は一時劇団を支えながら、八田の「演出研究所」へ移ったが、食うや食わずの状況が変わるはずもなかった。舞台への思いを残しながら、生計維持に迫られて、中学校の教師になった。私が生まれる前年、一九五一年のことである。

8　教師としての戦後史

最初に赴任したのは、江東区立砂町中学校である。国語と社会を教え、演劇部を指導した。後年、父はよくこの時期の教え子たちの思い出を語っていた。五〇年代の下町の中学生たちとの交流を通じて、教師という仕事の厳しさと面白さを知ったのだろう。

五九年には、板橋区立志村第一中学校へ転任する。ほぼ同じ時期に、わが家は北多摩郡のひばりが丘団地へ引っ越した。祖母と母が戦前から暮らし、戦後の混乱期と復興期を一家で過ごした台東区谷中の古い借家を出て、まるで別天地のような「団地」へ移ったのである。わが家の高度経済成長期は、この団地とともにあった。

父にも、大きな転機が迫っていた。すでに述べたように、須田校長との出会いがあり、父は急速に学校経営に関心を持つようになる。

ちょうどその転換期に書かれた文章がある。練馬区立光和小学校の副島功が、「Ⅰ」で演劇教育の概念や領域を整理した後を受けて、父はこんなふうに書いている。

したがってこの方法（演劇的教育方法――引用者註）は、単に学級づくりのための教師の指導方法にとどまるものでなく、学校経営の観点から集団的に能動的に働きかけていく教師個々の有力な自己革命の武器であるといえるし、教師集団の集団的活動の統一と調和を導き出していく組織づくりの方法としてとらえる必要がある。また、この方法は生徒と教師が劇づくりという一つの創造活動に集中するときに生まれるさまざまな人間的な交流をとおして、互に解放し解放された能動的な雰囲気の中で、素直な実践力と正しく厳しい認識力を高め深めていくところに焦点を合せていくべきものなのである。つまり「演じる」ことと「演出」することの本質的なもの（ドラマティックということ）を教育のあらゆる場や機会に適用して、そこを常に生々としたものにしていくことだと考えたいのである。（「演劇教育の立場から Ⅱ」、宮坂哲文編『学級づくりの理論と方法』、一九六一、所収）

父は、演劇がつくりだす相互作用――演出家と役者が芝居づくりを通して対話を深めていくプロセス――には教育の本質があると考えていたようである。演劇への思いを捨て切れず、それを教育現場で生かせればと思っていたのかもしれない。

同じ文章の中で、父は自分が受け持った演劇クラブの事例を書いている。

部員たちは、区の大会に参加するために、「幕のしまらない劇」という戯曲を選び出し、稽古を始めていた。それは演劇クラブの活動に取材した作品で、部員たちが世間に流布する安易なつくりの劇に不満を持ち、本当にやりたいのは自身の生活実感に根ざした作品であることに気づいていく、という筋書きである。芝居の稽古のようすが劇中劇として仕組まれ、その中で進路問題や配役問題がからみあって進行する。

この複雑な劇の稽古のさなかで、実際に配役問題が起きた。役についた者たちと「冷や飯を食わされた」者たちの間に重いしこりが生まれ、間に挟まった演出役の生徒が耐えきれなくなってしまったのである。公演まであと数日しかなかった。

父は、稽古を中止し、部員たちを輪に座らせて、話し合いをさせた。なかなかメドが立たない。あたりが暗くなりはじめた頃、ようやく一人の男子生徒が、はじめからやり直そうと言いだした。そこにいた全員が賛成し、「ちみつな組み立て式会話」が始まった。別室にいた「冷や飯組」も出てきた。議論は次第に熱をはらみ、少しずつ整理されていった。

ここで予測を越える事態が出現する。

「この作業はドラマの最初の分析作業にそっくりだった」と父は書いている。「彼等は無意識のうちに「劇の稽古」で知った問題解決の手法を自分たち自身の問題解決に使っていたのである。彼らの汽関車は、初め重々しく、しかしやがて猛然とトラブルの根源に向って走り出していた」。

演劇が持つ根源的な自己組織力のようなものに、教師も生徒も驚いた。こんな出来事に触れて、父は生徒たちが――演劇ばかりでなく――学校生活の様々な場面で、問題に取り組み、解決への道を切り開くようすに魅了されていった。少し大げさに言えば、天啓に近いものを感じたのである。

六六年に書いた雑誌の文章では、自分が関わった二人の生徒を次のように紹介し、彼らの「変容力」とでもいうべき力に目を開かれた経験を語っている。

一人は、毎朝手首を母親に縛られ、白目をむいて学校へやってきたアオキ・カズオ。そのアオキ少年が、卒業後、「魚河岸の小僧」を振り出しに力をつけ、数十万円の掛金を回収するために走りまわっているといって学校に現われた。その時、父が記した言葉は「成る程」である。なるほど、彼の内部にはこれだけの内発力や可能性がつまっていたのか！

また、もう一人は、女生徒たちの支援で長欠を脱したアライ・ケイコ。後のある日、真っ白なおくるみの中に眠る赤ん坊を背負ってやってきた彼女は、微笑を浮かべて、かつての担任に「駄菓子」を差し入れて帰っていった。その時、父はやはり「成る程」と独語する。そして、このような無数の「成る程」が「数珠つなぎになって、思いがけないときに、思いがけない新鮮さで脳裏に甦えり、私をゆさぶり、私を導くものとなっている」と書いた（「教育相談活動の中から」、『学級経営』、一九六七年六月号）。

こういう話は確かに聞いたことがある。自慢話ではなかった。それでも、素直に腑に落ちることがなかったのは、父がそういうときにい か に も 教 師 の よ う に語ったからだ。その口調に、残念ながら私はずっと馴染めないままだった。

9　一九六九年の思想

今もなにかの拍子に、一九六九年当時の黙示録的な気分を思い出すことがある。

誰かから吹き込まれたわけではないが、その秋、私はこの年の向こう側には、もう時間も歴史もなく、一切合財が滝壺の中へ落ちてゆくようなイメージを持っていた。そして、同時に十二月の全校集会では、冬の夕空を眺めながら、この喧騒と昂揚が永久に続いてほしいと願っていた。あの白々とした日常に帰っていくのは、どうにも耐えがたかった。

この心象がどこからやってきたのか、よく分からなかった。分からないまま、一方では、「昨日までの世界」がもう終わると感じ、もう一方では、「今ここ」がずっと続いてほしいと願っていた。しかも、この矛盾した心情は心地良かった。もっと正直に言えば、強烈な幸福感を味わっていた。

これが個的な体験ではなく、世界史的な共通体験だったと信じられるようになったのは――換言すれば、私たちの「闘争」にも確かな理由があったと思えるようになるのは――比較的最近のことである。

六〇年代の後期中等教育政策は、先に述べたように、「戦後民主教育」の解体を企図し、産業界の要請に従う二種類の労働力の育成を愚直に追求していた。第一は上級管理職であり、第二は中級技術者である。

背景には、「戦後民主教育」が、「戦時軍国教育」に代わる画一的な国民教育の性格を強く持っていたという事情がある。いきおい戦後の教育も、形式的な知識と理念の注入に傾斜した。その傾向は後期中等教育にも共通している。しかも、現実には、加熱する受験競争が折り重なって、学校格差の拡大を促していった。

六〇年代の国の教育改革は、ここにメスを入れ、国民教育のコンセプト（「期待される人間像」）を明示すると同時に、産業界が当面必要とする人材の育成策を打ち出した。特に当時の産業界が強く求めたのは、比較的安価で比較的知的な若年労働力（中級技術者）である。高度経済成長はいまだ継続中であり、生産規模の拡大、すなわち設備と人材の増強こそ、競争力の源とされたのである。文部省が、職業教育の重要性を喧伝し、高校教育の「多様性」を求めたのは、こうした成長拡大期の産業政策からきている。[★11]

当時の国の教育政策を指して、私たちは「教育の帝国主義的再編」と呼んだ。同世代の仲間たちが、能力や家計の差によって分断され、各々の学歴に応じて都合よく収奪されるのは理不尽だと思った。当方の論理でいけば、定期考査も服装規定も検印制度もすべては、この「帝国主義的再編」を推し進める道具だった。

そして、学校の日常がもたらす倦怠や空虚などの「教育疎外」もまた、この再編過程の中で醸成されたものに違いないと信じた。この実感は、地域や学力の違いを越えて、当時の全国の高校生が確かに共有していたものである。

正直に言えば、私たちの運動は、一方で、「戦後民主教育」のリベラリズムを懐かしんでいたところがある。生徒の人格全体に関わり、人間的な交流を厭わない教師を求めていた。個々人を鋳型にはめ込んで送り出す産業教育への敵意は、こうしたややロマンチックな教育観に裏打ちされていたような気がする。

しかし、もう一方には、「戦後民主主義」に対する深い疑念もあった。私の高校には、日共系のベテラン教師が多数いたが、「民主主義」を党派的立場で振り回す彼らは、明らかに敵対勢力だった。正義はこちらにある以上、彼らは悪であり、暴力的に敵対せざるをえない相手だった。

当時、灘高校の生徒だった作家の高橋源一郎は、こんなふうに書いている。

僕が「民主主義の中の暴力」と呼ぶものは何か。それはすでに民主主義でなくなった〈民主主義〉を破かいし、そして復権させる試みであると僕は断言する。現在僕たちが何かをなそうとすれば、そしてそれが自由を志向するものであれば〈暴力〉の呼び名を受けるであろう。言いたい奴には言わせておけ。暴力は〈暴力〉ではないし《暴力》でもない。民主主義は〈民主主義〉ではないし《民主主義》でもない。(「民主主義の中の暴力」、平栗清司編『高校生は反逆する』、一九六九、所収)

〈一九六八〉を「世界システムの内容と本質に関わる革命」と定義づけたイマニュエル・ウォーラーステインも、アメリカの覇権に対する抵抗に次いで、既成左翼への反抗を重視している。★12 この反抗は、社会運動と民族運動という戦後の二大「反システム運動」への落胆から生まれている。その現実は、理想からはほど遠いものだったのだ。ウォーラーステインを引けば、「アメリカのSDS

〈民主社会のための学生連合〉が「リベラル」に対し、フランスの「六八年世代《スワサントユイタール》」が——社会党は言うに及ばず——ＰＣＦ（フランス共産党）に対し、ドイツのＳＤＳ（社会主義ドイツ学生同盟）がＳＰＤ（ドイツ社会民主党）に対し、とりわけ激しい怒りをいだいた理由は、根源における背信の感覚のためである」（『ポスト・アメリカ』、一九九一）

六九年の高校闘争は、国家から仕掛けられた教育策動に対する抵抗であり、正当防衛だった。なぜなら、国の政策は合意を外れていたし、学校の現場は工夫を欠いていた。生徒の意見を学校へ伝える合法的な手段はあったものの、高橋が書いたように「すでに民主主義でなくなった〈民主主義〉」のシステムは喰えない代物になり果てていた。意義申し立てを貫こうとすると、それが暴力的な色合いを帯びるのは、必定だった。

10　父と子の「戦後民主主義」

父と私の関係にもう一度、立ち戻る。

当時、父はすでに学校経営の側におり、国家の教育管理体制の末端にいた。しかも、当方の論理からすれば、「教育相談」というソフトな管理手法の専門家だった。父と子というどうにもならない関係の中で、彼と我が異なる立場で衝突するのは必至だった。

私は少年時代、父によく遊んでもらった。団地のはずれの草原でエンジン付きの模型飛行機を一緒に飛ばしたし、中学時代までは三浦や房総や伊豆へ足繁く魚釣りに出かけた。息子は父親に同化し、父親は息子との遊びに憩いを求めていた。その友好的な関係――それは嘘でも偽りでもなかったが――は、極東の一地域に及んだ「世界システムの内容と本質に関わる革命」のおかげでいっきょに崩れてしまった。

ただし、当時の父と私の距離は、さほど遠くなかったかもしれないと思うこともある。先に述べたように、父は、青春の最後の時期を「戦後革命」の激動の中で過ごした。新しい演劇の夢が、時代のエートスに色濃く染められていたことは周知の通りである。また、教師の道を選び、生徒と深く交わった時期は、「戦後民主教育」の後退戦の真っただ中だった。理想と現実のギャップを痛感して管理職へ転じた後も、「民主教育」の強い影響を振り棄てることはなかったと感じる。残された著作や記事を読むかぎり、生徒たちが抱える不運と不遇を理解しようとする眼差しには、「民主」のヒューマニズムが生きている。

でも、ひとつの謎が残っている。

父が左翼運動にどこまで近づき、どこから離れたのかがよく分からないのだ。団地の自宅には、手づくりの大きな書棚があった。ある時期までそこには、教育関係や演劇関係の書目に混じって相当数の左翼文献があった。それらが、父の思想遍歴の一部であることを理解したのは、「激突」の少し前である。

その「遍歴」を聞くことはついになかった。しかし、封印したい記憶があったことはほぼまちがいない。先に引用した「教育相談活動の中から」には、「教育相談は絶対的にイデオロギー的見解で左右されるものであってはならない」（『学級経営』、一九六七年七月号）という一文がある。教育相談が個々の生徒 - 教師の関係に閉じられることなく、学校全体の支援の中で行なわれるべきだという文脈の中で、やや唐突に出てくる。

もちろんここには、教育相談が、政治的に利用されることへの強い危惧がある。しかし、それだけでなく、生徒の心理と生理を通りいっぺんの階級的視点で解釈する人々への、怒りのようなものが滲み出ている。そして、その背景には「既成左翼」に対する失望の体験があったように思えてならない。

確かめる術はもう残されていないので、私の推測は推測に留まる。ただ、もしそうだとするなら、「戦後民主主義」に対する愛憎半ばの両義的な態度——貧しき者への共感と「正しき者」への疑義——は、父の中ですでに熟成し、多少頑なな思想に結晶化していた可能性がある。そして、彼の息子もまた、別の道筋をたどって、ほぼ同様の思考へ逢着しようとしていた。一つの流れの対岸で、私たちはにらみ合い、批判の言葉を投げつけあっていたのではないか。

一九七〇年五月、教育雑誌の座談会で、父は司会を務めている。他の出席者は、都立の白鷗高校と三田高校の教師、八王子市立第七中学校と北区立北中学校の教師の四人。この座談会は「高校生パワーと中学生パワー」と題され、「きまりに反抗する青年前期」という副題もついている。

当然ながら、話題は前年の「高校紛争」に及んでいる。三田高の教師は、学校のきまりをいったん全部はずしてしまおうという議論が出たと言い、反対に白鷗高の教師は、きまりは絶対に譲れないと突っぱねたと語る。議論はやや散漫で焦点を形成しないうちに終わってしまう。最後に父が「まとめ」のような発言を行なっている。

これがおかしい。

中学・高校生は、親と子、教師と生徒という縦の関係から、横の関係に自分の関係を移していく自立の時期にあり、きまりとは、そうした変化の中で揺れ動く生徒を御するものだと述べてから、こんなことを言い出す。

「特に、ヤングパワーを否定的にばかりとらえないで、ある面では非常に理想主義的な面を持っているんだし、ある面ではプリミティブな人間性に復帰したい、という願いを持っているんだということを認識する必要があると思います」(『中学教育』、一九七〇年五月号)。

そんなことは、私には一言も言わなかった。

そしてさらに続ける。

「また同時にある面では、虚偽への挑戦といいましょうか、いいかげんさ、あるいはぼかし、あるいは理屈、といったもので、なんとかしていこうとするおとなの側の弱さに、子どもたちがまっ正面からぶつかってきているんだということですから、そこに教育の場を前向きに発見していくことが大事じゃないかな、ということをつくづく感じるわけです」(前掲書)。

父が九十二歳で亡くなるまで、あの頃のことは一度も話し合ったことがない。ときに、昔話に興じることがあっても、それらは必ず、我々が角を突き合わせる前の、屈託のない時代の話題だった。それ以外の振る舞い方があったのかどうか、今となってはよく分からない。

戦後民主主義。この捉えにくい観念の回りを、父は父の信念に従って、私は私の（ちっぽけな）意地をかけて、ぐるぐると旋回していた。ただ、そのどうしようもない関係の中で、両者が無言のうちに共有していた観念があったように思う。

それは、あえていえば、「学校」というものに対する信頼である。「学校とは良きものである」という命題と言ってもいい。もっといえば、現状の学校にはさまざまな問題があるけれど、その不備や歪みを直していけば、学校は良きものになるという希望でもある。父は、そのための地道な作業を自分に課せられた仕事と思っていたし、私は、目の前にある学校がかぼちゃの馬車のように突然変容することを夢見ていた。でも、それは、とうとう語り合われることのないテーマだった。

註

★1　六〇年代後半の高校闘争は、大阪府立大手前高校から始まったと言われる。一九六四年に入学した三田誠広（作家）は、小説『高校時代』（一九八〇）でこの時のようすを書いている。主人公の三田と思しき「真」は、「小山のような」大男の「熊沢」に誘われて、「ツッカケ禁止反対運動」に加わる。安全上の理由から校内履きに「ツッカケ」を禁止した学校の措置を、「管理強化」として批判し、能研テスト反対などをからめて運動を組織したのである。生徒たちは、「ツッカケ禁止反対」を生徒大会で決議し、学校関係者に大きな衝撃を与えた。「熊沢」のモデルは、反戦高協大阪府委員会を設立した岩脇正人。詩人の佐々木幹郎も、一九六七年の「10・8」で亡くなった山崎博昭（京大生）も、この闘争の中にいた。小さな「兆し」を見逃さず、運動の焦点をつくりだすセンスは、関西ならではのものである。

★2　一九六九年二月、大阪府立東淀川高校の卒業式では、学校指名代表による答辞と、生徒の答辞委員会がつくった「自主答辞」の二つが読まれた。この「自主答辞」は、党派的な慣用句の連なりに堕さず、卒業式の礼節に配慮し、高校生活への感傷を残しながら、現下の教育を穏やかな口調で批判したメッセージである。

　まず、来賓や在校生に型通りの挨拶をすませると、生徒主導で企画・運営した体育祭や文化祭で味わった感激を振り返り、クラブ活動で奮闘する友人の顔を思い起こしながら、「しかし、クラブにおいてこのような喜びを持てたのは、本当に活動を自分の生活の一部にしてしまうことのできた人達にだけ許されたことでした。ここでも大学への不安が好奇心ややる気をくじいてしまったのです」と述べる。ついで、能力別編成に話題を転じ、教師だけに責任をかぶせることはできないとことわりながら、このやり方に不満を持つ生徒が多数いることを忘れないでほしいと続ける。なぜならば、能力別授業が、クラス単位の授業を減らし、ホームルームのまとまりをこわし、生徒と教師のふれあいをなくし、「入学当時の期待に胸ふくらませていた」自分たちをどんどん遠ざけていったからである。そして、最後に「私達は知ることへの努力が足りなかったことを深く反省」し、「校門の向うは前途多難であり、ベトナム戦争、物価問題、交通問題など、その数は数えきれない程あり、これからの日本を背おって立つ私達には、それらの問題を解決していく大きな任務が与えられて」いると結んだ（大阪府立東淀川高校一九六九年卒業式「自主答辞」、平栗清司編『高校生は反逆する』、一九六九、所収）。

★3　念のため、中教審答申の前後の文章を引用しておく。

「すなわち、学校中心の教育観にとらわれて、社会の諸領域における一生を通じての教育という観点を見失ったり、学歴という形式的な資格を偏重したりすることをやめなければならない。職業に対して偏見をもち、人間の知的能力ばかりを重視して、技能的な職業を低く見たり、そのための教育訓練を軽視したりする傾向を改めなければならない。また、上級学校への進学をめざす教育を重視するあまり、個人の適性・能力の自由な発現を妨げて教育の画一化をまねくことは、民主主義の理念に反するばかりでなく、個人にとっても社会にとっても大きな不幸であることを、深く反省しなければならない」（中教審答申「後期中等教育の拡充整備について」、一九六六）。

★4　東京の学校群第一期生（一九六七年入学）は、中学三年の夏に新制度の導入を知り、翌年春、同制度下で入試に臨んだ。「寝耳に水」で事態に対処せざるをえなかった彼らが、憤懣を抱えたのは当然であろう。本文で記したように、わが校でも、この期の一部のクラスでは、集団教育機能がマヒし、後に「学級崩壊」と言われたような状況が出現したらしい。当時の校長が、朝礼で、教室の窓から椅子や机を投げ出すなと注意していたという証言がある。

青山高校の闘争が激化した原因は、学校群で戸山高校と組んだことだという解釈がある。戸山志望で青山に振り分けられた生徒たちの不満が、闘争というかたちで爆発したのだという分析である。ただし、小林哲夫の言うとおり、これは一面的な分析である（『高校紛争』、二〇一二）。青高には、五〇年代から、さまざまな政治闘争に積極的に関わってきた歴史と気風があった。本書第3章で述べたように、青高は、六〇年安保闘争で、全学連主流派と行動をともにした、安保改定阻止高校生会議の拠点校のひとつであり、後に『青春の墓標』（一九六五）を遺した奥浩平は、そのメンバーだった。

★5　工業や商業などの実業高校の闘争は、普通高校のそれとは様相を異にしていた。中教審答申では、後期中等教育の「多様性」の実現として持ち上げられたものの、そこへ通う生徒たちの多くは、普通高校との格差感を忘れることができなかった。葛西工業高校の闘争は、そうした「劣等感」をバネにして、高校教育問題の核心部へ迫った事例である。六九年六月二十八日に配布された無届ビラ「我等は訴える」は、「工業高校とは何であろう」と自問し、「三年間に教育されることは、単に低賃金労働者として、一個の商品としての〝人間〟を造り上げるための内容しか含んでいない」と喝破した。彼らは、「職業とは何か」「働くとはどのようなことか」について話し合わず、ひたすら会社を辞めるな、学校に迷惑をかけるなと言いつのる教師を批判し、つぎのように結んだ。

「我々はもっと主体的に生きる必要がある。我々の明日はもっと可能性に満ちているはずだ。教育について、職業とは、働くとは――すでに、みんなはこれらのことに不満、疑問を抱いていたと思うが……ここで、今、みんなで、考え、立ち上がろう――」（高瀬勇編著『工業高校　その闘いと教育の本質』、一九七〇）。

このビラを配布した「腐敗教育粉砕実行委員会」の生徒たちは、九月に入ると、「葛西工高反戦会議」を結成し、学園祭や実習などの問題を採り上げて討論会を開き、十月十五日には校長との大衆団交を求めて百五十名を結集した（校長は拒否）。その後生徒たちは、生徒総会で無期限授業放棄を決議、十一月の学園祭では「ややアナーキーな〈解放区〉の空気を呼吸した」。また、葛西工高闘争の特徴は、学校に批判的な教職員が積極的な役割を演じたところにもある。しかし十一月以後は運動の退潮が進み、反対派教師の処分（懲戒免職）も下された。七〇年二月には、教師の処分反対を掲げたバリケード封鎖も行なわれている。

★6　『「幸せ」の戦後史』では、戦後の「階層上昇」の物語が団塊世代で終わりを告げたことを次のように述べている。「佐藤（俊樹——引用者）によれば、彼ら（団塊世代——引用者）は戦後はじめて上位の階層相続に成功した世代であり、つまり逆の言い方をすれば、自分たちとその後の世代が下からにじり寄るルートをせばめてしまった世代である。高等教育の大衆化に乗った最大のボリュームゾーンが、自らの目の前でゲートが閉まっていくのを目撃したのだから、歴史には一流の皮肉がある」。

★7　『69 Sixty nine』は、一種の自伝風ピカレスクロマン（悪漢小説）である。村上は、滑稽なほどに悪ぶった主人公の口を借りて、かつて自分の内面を駆け回っていた悲壮な英雄主義を痛快な青春小説に転化してみせた。

一方、その作風によって削り取られた抒情的なロマンチシズムは、脇役の「アダマ」（炭鉱の町で生まれ、歌手のアダモに似ているためにそう呼ばれた同級生の山田正）の方へ割り振られている。終盤、主人公の矢崎は、ヴェルヴェット・アンダーグラウンドのコンサートを真似て、自分たちのロック・フェスティバルに、生きたニワトリを出そうとアダマに迫る。フンと鼻で笑ったアダマについて村上は、こう書く。

「しかしアダマは優しい。ボタ山のふもとに知り合いの養鶏場があるけん電話してみよう、と言ってくれた。アダマは忠実だ。僕に忠実なのではない。アダマは信じている。僕を信じているのではない。アダマは、一九六〇年代の終わりに充ちていたある何かを信じていて、その何かに忠実だったのである。その何かを説明するのは難しい」。

高校闘争に触れた小説は、それほど多くないが、いずれも例外なく、「その何か」の回りを巡っている。先に註★1で触れた、三田誠広の『高校時代』（一九八〇）は、有名進学校で落ちこぼれかけた主人公が、友人たちとの議論に揉まれ、社会問題の学習を通して、「その何か」のそばへ近づくようすを描いている。ただ、スタイルは、旧式のビルドゥングスロマンの枠から出ず、主人公の「成長」に関わりすぎてつまらない。

小池真理子（一九五二年生まれ）の『無伴奏』（一九九〇）は、小池が宮城県立第三女子高校（当時）に在学中の経験に基づいて書かれている。中心のテーマは、主人公の響子の恋愛とその破局だが、その背景には、一九六〇年代末の仙台を舞台にしたカウンターカルチャーの風景が描かれている。響子は、学校をサボり、ジャズ喫茶でタバコを吸い、反戦フォーク集会に参加し、親友のジュリーやレイコと「制服廃止闘争委員会」を結成する。「無伴奏」は、そんな響子が「闘争」に疲れ、ふらりと立ち寄った喫茶店だった。「女子高全共闘」の話は珍しいが、物語はここから、別の道へ分岐していく。

盛田隆二（一九五四年生まれ）の『いつの日も泉は湧いている』（二〇一三）は、埼玉県立川越高校の闘争を描いている。メインストーリーは、主人公の「守田」と川越女子高校の「冨士真生子」との、当時及び以後四十年あまりの友情物語である。還暦をもうすぐ迎える彼らの抑制的な感情のやりとりは、どこか今でも、「あの何か」を問い返している。

この小説中には、私たちの経験に重なるエピソードがあって興味深い。たとえば、「守田」が仲間たちといっしょに米軍朝霞基地の反戦活動で「大泉市民の集い」と合流するくだりがある。この会は、和田春樹（東大教授）と妻のあき子が中心になって六八年に結成した組織だが、一学年上の活動家が参加していたこともあって、私たちには近しい存在だった。七〇年二月七日、私が初めて体験したデモの申請者が和田あき子だったことは最近知った。『大泉市民の集いニュース 復刻版』や『週刊アンポ』（第十二号、一九七〇年四月二十日）には、デモ申請のようすを描いたあき子の文章が載っている。

後のために記しておくと、この西武沿線地区共闘会議のデモには、我が校から三十人以上が参加した。武蔵関公園から石神井公園まで、警官隊に押し倒されたりしながらも、密集した隊列をほとんど崩さなかった。士気はきわめて高かったのである。

★8　他の都立高校がそうであるように、我が校でも、学校群第一期生が先頭に立った。彼らは、それまでも生徒会活動を通じて機会をうかがっていたが、生徒の反応はほぼ皆無だった。六八年九月に開催された第十二回「井草祭」のパンフレットでは、校長の前島寿一と生徒会長の中島孝之が揃って、統一テーマ「生まれかわれ井草！」を論じている。前島校長は、動物の「脱皮」になぞらえ、「一大飛躍」への奮起を促している。生徒の短所を「消極性」ととらえ、役員立候補者のいない生徒会を例に挙げている。このアピールを受けて中島会長は、マンネリ化を憂い、これを打破するために「大きな変化が必要だ」と訴えている。校長と生徒会長が揃って、井草生の倦怠をなじっているところが当時の状況をよく伝えている。

その後、生徒会長を務めた田村晴久は、生徒会機関誌に、柔らかく呼びかけるような調子で、行動へ誘うメッセージを記した。「冬の海を泳いだことあるかい？」「真夜中にハダシで走り回ったことてあるかい?」「雑草の上にねっころがって一日中雲を見たことあるかい?」「生徒会のこと考えたことあるかい?」とたたみかけた上で、実際にやって肌で感じて心で考えるには常識を捨てなくてはならない、そうしないと自由になれないと訴えた。

中島も田村も、きわめて政治的意識の高い人物だった。学外では、それぞれ別の活動に参加していたが、学内ではさっぱり盛り上がらない生徒会活動に業を煮やしていた。そんな彼らが、校内の「空気」の変化に気づき、生徒会とは別の場で運動を始めるのは、他の高校と同じく、六九年の夏が終わってからだった。

★9 井草高校の十二月九日の「封鎖」前後の経緯を記しておきたい。本文で書いたように、十一月末から、討論会などで掲げた要求項目を生徒総会で提起しようという動きが始まっていた。「封鎖宣言」によれば、生徒会中央委員会は、九日の生徒総会につき、三次の要求を出していた。一次要求は朝からの開催、二次は昼からの開催、三次は授業の十分短縮による二時からの開催であった。ところが職員会議は、中央委の要求を検討することなく、一方的に二時からの開催を通告してきた。封鎖はこうした「暴挙」への抗議であった。

結果的に、九日は朝から生徒総会が開かれ、中央委の要求が通ったかたちになった(後に校長も、職員会議と中央委のコミュニケーションに齟齬があったと認めている)。封鎖は午後二時に生徒の手で自主解除された。十日の午前中は、学年をまたぐ縦割集会、午後は前日に引き続き総会。十一日の午前中はクラス討論会、午後は職員と生徒の討論会。十二日の午前中は授業のあり方についてクラス討論会、午後は総会。十三日は一部授業が再開され、午後は総会が予定されていたが定足数不足で流会した。翌週月曜日には、本文でも書いたように期末考査が実施された。私は、誰かと一緒に行動を起こすほどの力はなく、いくつかの試験で、白紙や抗議文の答案を出すぐらいのことしかできなかった。

★10　和田勝一の「牛飼ひの歌」（一九四六）は、『野菊の墓』（一九〇六）で知られる伊藤左千夫の生涯に材を取った戯曲である。伊藤自身の「牛飼が歌よむ時に世の中の新しき歌大いに起る」という短歌は、この作家が幻視した革命のイメージであろう。また、「牛飼ひの歌」は、東京大空襲で焼失した築地小劇場（当時は「国民小劇場」）の、最後の公演作品（劇団文化座）でもある。

★11　こうした「差別・選別」的な政策はむろん、「戦後民主教育」に抵触するものだが、産業界と文部省が実際に遭遇した抵抗勢力は、いわゆる民主陣営ではなく、過剰な進学熱のさなかにあった大衆の家族だった。学歴の威力をいやというほど味わってきた人々は、文部官僚の身勝手な要請に耳を貸さなかった。その結果、中教審答申のうたった高校「多様化」策は、七〇年代半ばには事実上破綻し、文部省自身もそれを認めざるをえなかった。悪名高い富山県の「三七体制」（三割は普通科、七割は職業科という強制的振り分け）は猛反対に遭った。教育社会学の苅谷剛彦が言う「学歴主義的メリトクラシー」（一定の学歴を条件とする公平な実力主義）の神話は、六〇年代を通して十分すぎるほど浸透しており、人々は文部官僚に水をさされるのは真っ平御免と感じたのである。

★12　ウォーラーステインの『ポスト・アメリカ』（一九九一）によれば、〈一九六八〉は、まず、アメリカの覇権に対する抵抗として現われた。当時の世界経済は驚くべき拡大期にあったものの、「長期の沈滞に入る最初の見逃せない徴候が現われた」。それは、六七年のアメリカ・ドルの深刻な低迷であり、背後には、第二次大戦後のアメリカの政策イニシアティブのほころびがあった。

戦後のアメリカの覇権を支えたのは、あらゆる分野で築いた生産効率のずば抜けた優位性である。その経済的優位を、アメリカは四つの政策イニシアティブによって、世界規模の政治的・文化的支配に転化した。第一は「自由世界」と呼ばれる同盟体系、第二はソ連との様式化された冷戦関係、第三はアジア・アフリカの穏健派主導による非植民地化、そして第四は国内の階層対立や人種差別の解消による結束力強化である。これらの五〇年代に高い相乗効果を生み出した政策群がガタつき始めるや、人々はアメリカへの抵抗運動を開始したのである。

また、本文で述べたように、〈一九六八〉は、社会運動と民族運動という既存の「反システム運動」に対する幻滅にも発している。日本では、六〇年安保闘争の直前に登場した「共産主義者同盟」（ブント）などが、日本共産党への幻滅を大いに語った。安保ブントは短命だったが、六〇年代半ば以後——表現に多少の差異はあるにしても——反帝国主義と反スターリン主義は、「新左翼」の前提条件であった。

さらにウォーラーステインは、〈一九六八〉が、ブルジョアジーの拘束的な文化に対抗するばかりでなく、（中国共産党に典型的な）革命的禁欲主義にも対抗する部分があったと指摘している。「言うまでもなく、一九六八年の革命の一部には、計画とは無縁の強烈な自発性の要素が含まれており、このために、命題にある通り、反文化運動は革命の陶酔の一部を構成することになった」。もっとも、このカウンターカルチャーが、「利益指向の濃厚な消費重視型ライフスタイルに転じる」ことは難しくない。私の実感も同様である。団塊世代の尻尾に位置する高校全共闘世代は、七〇年代には、兄姉たちよりずっとスマートに消費重視型ライフスタイルに馴染んでいった。

第5章　学園はいかに夢見られたか——学校意識の変容

1　「学園」の出現

小学校の級友たちと最初に歌った歌謡曲は、舟木一夫のヒット曲だったはずだ。同じ団地内の友人の家には、オープンリールのテープレコーダーがあって、男子数人で上がり込み、耳で覚えた「高校三年生」や「学園広場」（いずれも一九六三）を吹き込んでは、再生音を聴いて笑い転げた記憶がある。

一九四四年生まれの舟木は、すでに高校を卒業していたが、作曲家、遠藤実の指示で異例の学生服姿のデビューを果たした。「高校三年生」は、年末には百万枚のセールスを達成し、この年のレコード大賞新人賞を獲得する。

「学園ソング」というジャンルがあるとするなら、それはまちがいなく舟木によって確立されたものである。「青い山脈」（一九四七）のように、若さを謳歌する歌はあったけれど、学園生活のディテールに及んだ例はそれまでなかった。遠藤実の曲に載せた丘灯至夫《おかとしお》の詞は、そこに新境地を見出した。高校生たちが実際に遭遇し、経験しそうな場面や情感を詞の中に織り込むことによって、新しい青春の姿を描き出してみせたのである。

たとえばこの歌の二番は、学友たちとの陰影を含んだ関係（「泣いた日もある怨んだことも」）を振り返りながら、フォークダンスで手をとった女生徒の髪の匂いに言及している。丘のこの絶妙な詞は、戦後生まれの若者たちに、青年期を迎えた男女が出会う格好の場として「学園」の魅力を訴えた。★1

もっとも、舟木の歌の大ヒットには、高校進学率の急激な伸長という背景があった。彼がデビューした一九六三年に、高校進学率は六五パーセントを上回り、二年後には七〇パーセントを超えている。つまり、高校進学が大半の家庭に手の届くものになり、実際に多くの少年少女たちが、十代後半の学園生活を体験するようになったからこそ、舟木の歌に滲む感傷的な情感が共有されるようになったのである。

「学園」の魅力は、しかし、男女交際の場につきるものではない。そこにはもっと功利的な理由があったことは、何度か記した通りである。すなわち、高度経済成長期以後、日本人は教育による階層上昇効果を改めて認識し、「より豊かな暮らし」の獲得には、高校や大学への進学こそ最短の道であると信じたのである。親たちは、果たせなかった自身の夢を子どもに託し、子どもたちは、親の期待に応じて狭き門を潜り抜けようと努めた。受験競争が過剰な熱をはらんで繰り広げられる一方、「高校全入」は中等教育の理想像とされた。

私は、「学園」とは、そうした熱気の中で生まれ直した言葉であると考えている。「生まれ直した」というのは、戦後の「学園」概念が、この言葉がもともと含んでいた選良のための教育施設というイメージを引きずりながら、その民主教育的解釈を介して、大衆化していった経緯があったと思われるからだ。

「学園」が親しい言葉になったのは、成城小学校（後の成城学園）、成蹊学園、自由学園、文化学院、明星学園、玉川学園など、一九一〇年代から二〇年代後半にかけて設立された、大正自由主義教育に由来する学校（「新学校」と呼ばれた）が広く知られるようになってからだろう。それは、大衆の教育施設とは明らかに異なる、選ばれた者たちの集う場所であると同時に、明治期以来の国家主義教育と一線を画すリベラリズムのイメージを発していた。

「新学校」に子弟を入学させられるのは、一部の富裕層に限られていたものの、大正自由主義教育のムーブメントは、当時登場しつつあった都市の新中間層に支えられた、もう少し裾野の広いものだった。彼ら役人や企業の中・下級管理者、専門職従事者、事務・販売員は、恒産を持たず、その代わりに教育への投資に熱心だった。子どもの数を減らし、高学歴の獲得によって階層上昇を図る教育戦略は、この時期に生まれていたのである。彼らこそ、「学園」の価値を認識した最初の世代である。

そうしたエリート教育のイメージは、「学園」の原義に隠されていたともいえる。「園」について、漢字学者の白川静は、廟《びょう》に植えた樹木を原義とし、「囗」は一定の区画された土地を指すと述べている。もとは、園陵・園廟など陵廟に冠する語が多いというから、ウチとソトを限り、内部の安寧を保つという含みがあると思われる。

つまり「学園」とは、隔離された空間であり、選ばれた青少年が俗世と一定期間、関係を断って知や技の習得に打ち込む場である。それゆえに、当の隔離空間は、現実がもたらすさまざまな制約から身を引き離す「自由」を与えてくれる場合もある。

この「自由」の観念に、戦後の民主教育の理念が加わり、戦後の「学園」の思想のようなものが生み出されたのである。

一九四八年に発足した新制高校は、「総合制」「小学区制」「男女共学制」の「高校三原則」に則って発足した。「総合制」とは、将来の進路や男女の区別なく共通必修の課程を学び、その上に個人の適性・進路に応じた選択教科を自由に選ぶという仕組みである。これを地域社会の中で、男女平等のものとして運営するために「小学区制」「男女共学制」が求められる——。

ここに、戦後の「学園」の起点がある。戦前の私学的「学園」を大衆化しつつ、根幹に「学びの自由」を持ちこみ、しかも地域を共にする男女が集う「開かれた学校」として、後期中等教育は再定義されたのである。

しかし、「高校三原則」は短命に終わる。アメリカの第一次教育使節団報告書（一九四六）で勧告され、文部省によって公式に認められた方針であったにもかかわらず、新制高校発足時（一九四八）に始まった、アメリカの対日政策の変更（「逆コース」）とともに、しごくかんたんにうち捨てられた（この後の教育政策の経緯については、第4章を参照されたい）。

石坂洋次郎が、一九四七年の六月から十月にかけて『朝日新聞』に連載した小説『青い山脈』はつまり、この短い〝転換期〟の「学園」を写している。作品に登場するのは、旧制の高等学校と高等女学校であるのに、そこに萌《きざ》している民主と自由の気分は明らかに、「高校三原則」に基づく新制高校のそれである。

映画『青い山脈』（監督：今井正、一九四九）にも、その気分は引き継がれている。生徒も教師も街の人々も、戦前の守旧的な思考と戦後の革新的な主張の間で揺れ動いているが、その動揺自体が活気を生みだし、やや生硬な「民主」の観念も、若い俳優たちの軽快な身体を介して現実感を持っていた。

たとえば物語の前半には、クラスメートの偽手紙で窮地に陥った寺沢新子（杉葉子）を、教師の島崎雪子（原節子）が校庭の奥にある小さな丘に導くシーンがある。新子をかばった雪子は、自分の発言が保守的な生徒たちにはねかえされたと嘆く。丘に腰を下ろし、上着のフックを外し、靴を脱ぎ棄て、八つ当たりするように、新子に向かってこう言う。

「それにしても、この子いったい不良なの？　善良なの？　やい、正体をぬかせ！」

雪子を演じる原のセリフは、この作品の頂点にあると、私は感じる。反封建、民主主義という観念をめぐって、教師は教え子に本心を尋ねる。その〝尋問〟はしかし、原と杉の伸びやかな身体に似て、軽快で自由で華やかですらある。二人は同盟を結び、雪子は「戦いに敗れたら」いっしょに東京へ出て働こうと新子に語る。立ち上がって戯れにワルツを踊る二人を、石坂洋次郎はこう描いた。

二つのスカートが風をはらんでハタハタと鳴った。

いまはもう、教師でもなく、生徒でもなかった。若い二人の娘たちにすぎなかった。(『青い山脈』、一九四七)

教師と生徒がそれぞれの立場を超え、ごく自然に同じ思想を語りあい、手を取り合ってワルツを踊る場こそ、「学園」だった。「高校三原則」は、五〇年代の教育政策によってなし崩しにされていったが、「学園」の理念型は、こうした自由と平等の感覚とともに、小説や映画の中に保存され、人々の記憶に残ったのである。

『青い山脈』は、その後、四回映画化された。一九五七年版では、新子役と雪子役を雪村いづみと司葉子、一九六三年版では、吉永小百合と芦川いづみ、七五年版では、片平なぎさと中野良子、八八年版では、工藤夕貴と柏原芳恵が演じた。映画人と観客は、なぜかそれぞれの時代に、「戦後の学園」を想起するようにリメイクを重ねていったのである。

本章では、「学園もの」というジャンルに注目し、現実の教育状況と照らし合わせながら、その変貌を辿っていく。描かれ、演じられた「学園」の中には、若者たちの実像だけではなく、意外な虚像も見出せるような気がしてならないからだ。

2　学園ドラマの原型と変貌

舟木一夫が「学園ソング」から脱却し、もう少し大人っぽい青春歌謡を歌い始めた頃、石原慎太郎原作のテレビドラマ『青春とはなんだ』の放映が始まった。山並みを望む「森山高校」を舞台に、夏木陽介演じる英語教師が、ラグビー部を指導しながら、生徒たちのさまざまな問題に取り組む「学園ドラマ」の先駆けである。

一九六五年十月からスタートし、二クール二十六話の予定だったのが、好評につき延長され、翌年の十月まで放映された。

教師の野々村健介（夏木）は、アメリカ帰りで、着任早々地元のヤクザと立ち回りを演じる「熱血教師」である。その後もことあるごとに、田舎町の旧弊と闘い、次第に生徒や町の人々の信頼を得ていく。

生徒は、矢野間啓治・木村豊幸が演じるラグビー部凸凹コンビと、岡田可愛・豊浦美子・土田早苗の〝お喋り三人娘〟が、核を形成し、そこに、酒井和歌子などのゲストが、家庭問題や恋愛問題を抱えて登場するという物語構成が多かったと記憶している。

放映当時、中学生だった私は、毎週、このドラマを楽しみにしていた。特に印象に残っているのは、高橋紀子が出演した十五話「みんな恋人」だ。東京から転校してきた洋子（高橋）は、母親がアメリカ人と再婚したことに傷つき、半分グレかかっている。修学旅行で東京へ向かう一行の中で、唯一東京を知っている洋子が、男子生徒を誘ってボウリング場へ赴くシーンがあった。そこの喫茶室で彼女が注文するのがコークハイ(!)。いかにも都会風の高橋のルックスと不良ぶったしぐさは、なかなかチャーミングだった。

洋子は、その後も教師の野々村に迫ったり、男子とゴーゴーを踊ったりという素行不良のせいで、岡田可愛演じる勝子と大激突するが、これを機に態度を改め、米国の母の許へ向かう決心をする。教師も熱いが、それに負けないいくらい熱い生徒がいる「学園」は、こうして、逸脱しかかった者を連れ戻し、介抱し、勇気づける装置だったのである。

「熱血教師」の系譜も、このドラマから始まっている。遠く夏目漱石の『坊っちゃん』(一九〇七)にも、『青い山脈』の島崎雪子にもこの性向は萌しているが、スポーツや英語が得意で、正義感の強い男性教師というキャラクターは、夏木陽介に発するものだろう。

本作に続く学園ドラマシリーズ、『これが青春だ』(一九六六~六七)、『でっかい青春』(一九六七~六八)で竜雷太が演じた大岩雷太や巌雷太、『進め!青春』(一九六八)で浜畑賢吉が演じた高木進、『飛び出せ!青春』(一九七二~七三)で村野武範が演じた河野武、『われら青春!』(一九七四)で中村雅俊が演じた沖田俊……。彼らは、時代の変化に応じて少しずつ風体を変えたものの、熱血教師という本質については、特段の変更を加えることはなかった。

それは一言でいえば、「学園」は他の権威や権力に依存しない自立的な空間であり、ルールやマナーを知らない闖入者が現われた場合は、熱意を持つ教育者はその自立性を実力で守護するべきだ、という確信である。つまり、熱血教師とは、「学園」の守護者であり、その使命のためには、学内外の有力者や権力者とも闘うことを辞さない存在なのである。

しかし、このような暗黙のルールは、同じ学園ドラマの中で、いともかんたんに破られていった。

一九七〇年に放送が開始された『おくさまは18歳』は、教師と生徒が実は夫婦であるという設定の学園ドラマだった。岡崎友紀が演じる高校三年生の高木飛鳥は、石立鉄男が演じる高木哲也と、病床にある祖母に花嫁姿を見せるために父親同士の申し合わせで結婚し、哲也の勤める北辰学園に生徒としてやってくる。

学園長は事情を知りつつも、教育上の配慮や学校の方針を持ちだして、婚姻の事実を伏せるよう強く求める。二人は、秘密を隠そうとするが、それぞれ相応の異性から誘惑され、おおいにとまどう。飛鳥は、男子生徒や教師の海沼（寺尾聰）から慕われ、他方、哲也も同僚の女性教師に迫られたり、隣家の達子（横山道代）から縁談を持ち込まれたりするので、心休まる暇がない。学校と家庭の両方で毎回起きるドタバタが、岡崎・石立の軽妙でスピード感のある演技とも相まって人気を呼んだ。

原作は、本村三四子《もとむらみよこ》が『週刊マーガレット』に一九六九年から七〇年まで連載していたマンガで、アメリカのカレッジを舞台としていたが、テレビドラマ化にあたって、日本の高校が舞台になった。脚本家・佐々木守によるこの翻案は、高校生が教師と性的関係を持つことを大っぴらに、しかも少年少女向けの番組で見せるという大胆な企画だった。つまり、哲也は、わずかに「熱血教師」の片鱗を見せながら、性的関係という「学園」のご法度を自ら犯す〝破戒者〟として立ち現われるのである。

宮台真司・石原英樹・大塚明子は、このテレビドラマを採り上げ、「「子どものまま性的になること」を宣言する〈若者〉サブカルチャー」の登場と捉えた。そのような特性を、若者たち（特に少女たち）は「かわいい」と表現した。宮台らによれば、かつて少女文化のキーワードであった「美しい」に代わって「かわいい」が前面化し、「純愛」に代わって「性愛」への関心が浮上してくるのである（宮台・石原・大塚『増補　サブカルチャー神話解体』、二〇〇七）。

3　恋する少女たちの行方――ラブコメへ向かって

本村の原作が属する「ラブコメ」（ラブコメディ）というジャンルは、もうひとつの有力ジャンル「ロマコメ」（ロマンチックコメディ）と双璧をなす。

ロマコメは、「外国を舞台にしたイキでおしゃれなロマンス」（米沢嘉博『戦後少女マンガ史』、一九八〇）であり、水野英子《ひでこ》を筆頭とする作家たちは、ハリウッド映画などに題材を採って華麗な恋物語を描き出した。しかし、登場人物との距離を埋めきれない読み手の少女たちは、もっと身近で等身大の主人公を求めるようになる。その主人公は、大人の恋に憧れるだけでなく、自分が当事者として「ラブ」に遭遇することを目指している。そのお手本がアメリカ製ホームドラマであり、ロマンチックに理想化されたハイスクールの少女たちだった。これが「ラブコメ」の起点である。

水野英子のアシスタントを務めていた西谷祥子《よしこ》は、一九六五年、『週刊マーガレット』で「マリイ♥ルウ」を発表し、好評を得た。ハイスクールに通う少女を主人公とする青春ロマコメは、初の「学園マンガ」であり、少女マンガ史に画期を成す作品でもあった。

西谷は、続いて、日本の高校を舞台に「レモンとサクランボ」を発表する。この作品こそ、後に大量に生み出される「学園ラブコメ」の先駆けであり、新たなジャンルをつくり出した歴史的な作品といっていい。

主人公の加茂礼子は、優等生の姉（ゆき江）がいる富士高校へ入学し、峰達彦という秘密を抱えた男子生徒や、浅野さくらという美少女とクラスメイトになる。庶民的な家族の中で育った礼子は、さくらの裕福な生活環境に軽い違和感を持つが、彼女の美貌の兄（圭一）に一目惚れする。一方、学校では、峰をめぐる中傷が原因で喧嘩騒動があったり、姉・ゆき江の生徒会長立候補があったりで目まぐるしい。

そうこうするうちに夏休みが来て、礼子のクラスは箱根へキャンプに出かける。女優志望で高慢な片見陽子が、映画の撮影現場で男優に襲われ、それをきっかけにキャンプに合流するといったエピソードが挿入された後、物語は一転、キャンプの終了後に礼子が訪れた、さくらの別荘の悲劇へ向かう。不治の病に冒された圭一に思いを寄せる訳ありの幼なじみ、由里子の死、その後を追ったような圭一の死。残されたさくらを慰める礼子。

しかし、悲劇の夏が終わり、新学期が始まると、生徒たちは活気をとりもどす。牧師になるためにアメリカへ渡るクラスメイトの新田次郎を送る港で、礼子は胸のなかでこう叫ぶ。

すきだ！　先生も　クラスの人も　学校も！
みんな　みんな　すきだ！
生きてるってなんてすばらしいことなんだろう!!
いってらっしゃい　新田くん！
わたしたちも船出するわ（『レモンとサクランボ』、一九六六）

学園賛歌が、このようにストレートに表出されることは、この前にも後にもなかった。西谷の学園マンガの画期的特徴の第一は、一九六〇年代半ばまで存在した「学園」の魅力を、正面から肯定したところにある。その結果、「先生もクラスの人」も「みんな」が、ともに「生きる」ことがすばらしい、と表明する少女が学園のヒロインになり、熱血教師と並ぶ新しい主人公になったのである。

第二の特徴は、その少女が帯びた性的熱気である。西谷の学園マンガについて、米澤嘉博は、その絵は「かわいらしさを抜けだしてエロティックですらあった」と書いた。少女の「なまめかしい唇と瞳、恋の予感に震える少女の媚態等も含めた生々しさ」は、それ以前の少女マンガにはなかったものである（『戦後少女マンガ史』）。年長の女性たちの「ラブ」に憧れた少女は、「ラブコメ」の中でいよいよ、自らを恋の主役に任じる段階に達したのである。

そして第三の特徴は、恋に近づく少女像が〝大衆化〟したことである。かわいいけれど絶世の美少女ではなく、抜群に優秀でもない主人公は、失敗したり、落ち込んだり、余計な心配をしたりしながら、目指す相手にたどり着く。つまり、ごくふつうの女の子（それは多くの読者自身の姿である）でも恋にアクセスできる、という可能性を示したのである。

『レモンとサクランボ』は、従来の学園群像劇のスタイルと価値観を継承しながら、性（ラブ）にも惹かれる少女の「自意識」を前面へ押し出すことによって、〝学園空間を生きる意味〟を再定義した物語なのである。一言でいえば、それは、どこにでもいるふつうの少女が、「ラブ」をめぐるすったもんだ（コメディ）を通して、本来の自己を発見するドラマである。「学園」はそうした〝大衆少女〟が思いを遂げ、幸せをつかむ場と見なされるようになったのだ。

こうして、虚構の学園には、「熱血教師」がヒーローを演じる物語と、「恋する少女」がヒロインを務める物語が同居することになった。この二つのドラマは、同じような舞台の上で繰り広げられるが、まったく別系統の物語である。

前者は、「学園」の防衛行動のために教師と生徒が一体感を深め、そこにカタルシスが求められたが、後者には、そうした共同性の感触はない。「恋する少女」は、友人に助けられることもあるが、物語の終着点は、恋の成就（愛される自己の発見）という個の体験のうちにある。前者は多くの場合、リーダーに率いられる群像劇のスタイルを採り、後者は、出会うべきヒロインとヒーローを中心に、個の内面描写が物語を形成している。

以後九〇年代まで、学園物語は、この二つの趣向のどちらかを選んでつくられた。「熱血教師」の伝統は、「金八先生」に受け継がれ、「恋する少女」の系譜は、実写ドラマではなく、「乙女チックラブコメ」と総称される、膨大な数の少女マンガへ流れ込んでいった。

テレビドラマ『おくさまは18歳』は、ちょうどこの二つの流れの分岐点に位置する作品のように見える。「熱血教師」的ヒーロー（哲也）と「恋する少女」的ヒロイン（飛鳥）が、一つのドラマに共存しているのもおかしな事態だが、彼らは、まるで分岐点にいることを意識しているかのように、どこか中途半端で所在ない。「学園」の危機はやってこないから、「熱血教師」の出る幕はないし、少女の恋は（もう好きな相手と結婚しているのだから）成就する見込みがない。ドラマの観客たちは、この閉塞的な学園ドラマが発する奇妙なおかしさを楽しみながら、そのマンネリズムにあくびをもらした。

私は、「恋する少女」が、「学園」を「ラブ」の楽園に変質させてしまったことには、それなりの理由があると考えている。おそらく彼女たちは、「学園」の幻想が綻びかけていることを誰よりも敏感に感じ、そのリアリスティックな観察を通して、「学園」が次の時代に果たす役割を見抜いたのにちがいない。「ボーイ・ミーツ・ガール」ならぬ「ガール・ミーツ・ボーイ」の可能性においてのみ、「学園」は存在意義を持つ――彼女たちがそう割り切ったのは、次に述べるように、「学園」の戦後的幻想がまさにこの時期、崩れ始めていたからである。

4 「自由」と「民主」の幻想

『おくさまは18歳』の放映は、「学園」が大きく揺れた時代に重なっている。一九六〇年代末には、第4章で述べた通り、世界規模の反体制運動があった。異議申し立てを行なった若者たちは、「学園」を運動の拠点としながら、「学園」自体の偽装性を暴露し始めた。

前述のように、戦後の「学園」は「自由」と「民主」の二つの観念の上に成立した。一方の「自由」は、そこに学ぶ者が、知識層の予備軍として、予断や通念を離れて思考・行動する自由であり、外部社会を批判する自由も含んでいた。学生（特に大学生）は、観念の自由によって社会的存在意義を持つと見なされていたし、戦後の学生運動に対するやや寛容なまなざしがあったのは、そうした理由によるところが大きい。

もう一方の「民主」は、合意形成の手続きだけではなく、戦後左翼に特有の価値観（「平和と民主主義」）も意味しており、それが学生の「自由」に大義名分を与えていた。つまり、「民主」の立場を選ぶ学生こそ、「自由」を主張するにふさわしいとされたのである。それが戦後「民主」思想であり、「民主」的な知識人の常識だった。

「自由と民主の学園」という観念は（往時の輝きを次第に失いつつ）、六〇年代後半まで生きのびたが、その表出は少々屈折したものになった。たとえば、その方面の思想をことごとく排除していた日本大学では、これらの観念が、強い説得力を発揮した。

次の文章は、日大闘争の渦中で書かれたものである。

日大闘争は、その規模と形態において、日本の教育制度に対する巨大な問題提起である。九月四日古田理事会が、国家権力機動隊に学園を売りわたし、学生が涙して築いたバリケードを破壊させた行為は、日大生がバリケード内で初めて知った〝自由な学舎〟〝実のある講座〟の暴力的否定であった。だからこそすべてを暴圧する古田理事会と国家権力に対し、一〇万学生は総反撃を展開するのである。（日本大学文理学部闘争委員会書記局編『増補　反逆のバリケード』、一九六九、傍点引用者）

「学園」とは、日大当局のものでも学生のものでもないと、この文章の書き手は考えている。だから彼は、理事会が「民主」的な手続きを無視し、「自由」を踏みにじって「学園」を権力に売りわたしたことが許せない。古田重二良《じゅうじろう》会頭を筆頭とする当局の、ずさんな大学経営に対する異議申し立てだけでなく、学生たちは、「学園」そのものの価値を守るために立ち上がったのだと述べている。

日大の場合、学生たちはバリケードの中で自ら開いた自主講座によって、はじめて「学園」を実感したといってもいい。定員を大幅に超える学生をすし詰めにして行なわれるマスプロ教育を破壊し、知への好奇心を改めて掻き立てようとした彼らにとって、バリケードは、自身の「学園」を守る、手づくりの「囗」（区画）だったのである。

一方、同時期に巻き起こった東大闘争では、「学園」の価値に対する懐疑的な思考が急速に深化した。それは、国家と産業のエリートを産出しながら、「自由」と「民主」を標榜する大学知識人の知的退廃への批判であり、返す刀で、反体制を声高に唱えながら、体制加担者の予備軍としての存在に無自覚な自身への厳しい眼差しとなった。

現場に居合わせた小阪修平（評論家）によれば、東大闘争の「深化」は、一九六八年の晩秋に始まった。最保守派の法学部がストに突入し、全学ストが打ち抜かれる中で、多くの学生たちが討論に参加し、「『では君はどうするんだ！』という問いかけが深まっていったからだ」（『思想としての全共闘世代』、二〇〇六）。

しかし今ふりかえると、この「自己否定」の論理は、学歴社会の頂点に位置する者たちの、あまりにも素朴な「自分探し」のように見える。[★2] しかもそれは、学生という社会階層の利害（「自由」と「民主」）をめぐる思想から、一人ひとりの価値観を尋ねる思想へと転じた結果、焦点を失い、共有しにくくなった。指導部が明確でないこともあって、東大をはじめとする多くの全共闘が「妥協できない組織」（前掲書）になってしまったのは、その運動が共通の獲得目標を捨ててしまったからでもある。

しかし、「自己否定」が、「学園」を痛打したのはまちがいない。それは、東大のように、「自由と民主の学園」がかつてのオーラを喪失するような事態だけではなかった。もっと深刻だったのは、「自己否定」に刺激され、自身の社会的価値へ思いを及ぼした学生が、「大卒」に付加価値を見出しにくくなり、自身の「労働力のジャンク化」（絓秀実『１９６８年』、二〇〇六）に愕然としたことである。皮肉なことに、六〇年代を通して大衆化・巨大化を進めた大学は、その大衆が期待する効能（労働力価値の増大）を与えられなくなっていたのである。もはや「大卒」とは、それだけではなんの価値もない符号と化していた。

日大闘争と東大闘争は、実はこのようにして、幻滅の回路でつながっている。もっとも大衆的な大学で夢見られた「学園」の理想は、もっとも非大衆的な大学で、その時、まさに打ち壊されようとしていた。

「学園」の幻影は、この時、終わりの始まりを告げていたのである。

庄司薫の『赤頭巾ちゃん気をつけて』（一九六九）は、このような「学園」幻想の終焉をめぐる心象を描いた作品でもある。実際、主人公の「薫」は、二つの「学園」の消失に直面した。一方は、この作品が刊行された年に受験が行なわれなかった東大であり、もうひとつは彼が卒業しようとしている都立日比谷高校である。

東大は、「学園闘争」の中で、「学園」の実体をさらけ出した。東大法学部に学府の理想を見ていた主人公は、（そのように口に出しては言わないが）深く落胆している。

一方、日比谷高校については、超リベラルな超進学校という虚飾の「学園」であったことを白状し、「あんなにもいやったらしい学校」（前掲書）が、学校群制度によって潰えたことを半ば当然のこととしている。東大受験競争の総本山にもかかわらず、そんなようすをおくびにも出さない。しかも、「馬鹿でかいオーケストラがしょっ中演奏会をやってたり、おかしな雑誌がボコボコ出たり、とにかくクラブ活動が滅多やたらとさかんで、生徒会活動の方もいつも超満員の生徒総会を中心に猛烈に活潑で、といったありさまで、これを要するに、なんてことだ、学校中が受験競争なんて全く忘れたような顔をして、まるで絵にかいたような戦後民主教育の理想みたいなものを演じていた」（前掲書）のである。

5 「学園」の終わりの始まり——学校ぎらいの出現

「学園」幻想が崩れ始めると、軌を一にするように、階層上昇の手段としての「学園」もまた色褪せ始めた。

それは、どういうことか。

背景には、七〇年代の、進学率のさらなる上昇があった。

一九七〇年代の半ばで、進学率は高校で九五パーセント、大学で三五パーセントを超え、高原状態に入る。高校はもはや、準義務教育とみなされるようになった。学歴の経済的効果という視点から見れば、大学は「大衆化」によってあらかたの稀少性を失い、高校は「全入化」によってたんなる通過点にすぎなくなった。

つまりこの時期に、戦後の学校体系はあまねく浸透したが、重要にして皮肉な事実は、この進学率の高原期に、従来にない現象が立ち現われたことである。

学校に行かない子どもが増え始めたのである。

中学校の長期的傾向を見ると、不就学（長期欠席者）は戦後一貫して解消の方向に動いてきたにもかかわらず、七〇年代の半ばを画期として増加に転じる。それまでの減少傾向は、奨学金制度の整備など、不就学状況の改善がもたらした効果であったが、増加へ転じた主な要因は「学校嫌い」によるものだった。九〇年代には、一学級に一人、不登校者が存在するようになる（片桐芳雄・木村元編著『教育から見る日本の社会と歴史』、二〇〇八)。

「学校嫌い」は、不登校以外にもさまざまなかたちで発現した。校内暴力、対教師暴力、高校中退、そしていじめなどの学校問題(教育病理)が、七〇年代半ばから八〇年代にかけて大きな波をかたちづくっていく。

教育社会学者の藤田英典は、五〇年代、六〇年代の青少年問題(非行・犯行)が、多く学校外で起きたのに対して、「七〇年代半ば以降に浮上してきた問題は、「学校病理」とか「学校荒廃」という表現にもあらわれているように、学校教育の歪み、学校のなかでの問題、学校を基盤にした問題だという点に特徴がある」(『教育改革』、一九九七)と述べている。

藤田も、七〇年代半ばに、進学率がピークに達したことを重く見ている。九割以上のティーンエイジャーが、生活の主要な部分を学校で過ごすようになったために、青少年問題の多くが学校の中で起きるようになったとはいえるが、なぜ問題が校内暴力、対教師暴力、いじめなどのかたちで展開したのかは、この数量的な説明だけでは理解できない。問われるべきは、「高校進学率が九〇パーセントを越えたことの実質的な意味である」(前掲書)。

高校進学の学歴上の意味が失われると、その分、序列上の位置を競い合うことの重要性が高まる。中等教育段階にあるすべての子どもたちが、学校間の格差・序列に従って、一元的な序列の中に位置づけられる。藤田は、こうした「構造的に序列付けられてしまうという状況への潜在的な嫌悪、それを拒否するすべを与えられていないことへの憤り」(前掲書)が、学校の「病理」や「荒廃」の背景にあると述べる。

また、ティーンエイジャーが急速に身につけた消費社会の価値観が、学校教育の価値観と大きくずれ、衝突したことが問題を先鋭化させた。受験競争の勝利をめざす持続的な禁欲や勤勉は、継続的な動機づけがない限り、いまここで「快」を提供してくれる消費社会の誘惑に打ち勝てない。消費社会の思考・行動原理からすれば、学校は退屈なだけでなく、消費社会の「自由」を束縛する不快な装置に見えてくる。

ただし、この消費社会の誘惑は一律に働くものではなく、階層による行動性向の差を生み出す。七〇年代は、「総中流化」が進み、経済格差は縮小したといわれるが、階層間の流動性は低下し、富裕層の子弟が富裕層になる階層相続が成功しやすくなった。

受験競争でも、豊富な文化的資源を持つ階層の優位が高まっていた可能性がある。なぜなら、競争に勝つための持続的な禁欲や勤勉は、明確な見通しと手厚い支援策を持つ階層にふさわしいものだからだ。消費社会の誘惑に足を取られるのは、この下の階層である。

七〇年代に学校問題が頻発したのは、中間層の分化が進行し、格差が次第に開く中で、児童・生徒たちが敏感にその変化を感じ取っていたからではないだろうか。

さらに、情報社会の発達が「学園」を相対化してしまったことも大きい。メディアなど学校以外の情報チャネルが、「学園」の知的優位にとどめをさしてしまったのである。進学塾はその典型的なあらわれだろう。受験に特化した情報の収集と技術の伝達は、「学園」の知的特権をもぎ取ってしまった。

高度化した消費社会は、記号の操作によって微細な差異をつくりだすため、情報社会ときわめて緊密に連携する。体系化された記号が市場を埋め尽くし、「学園」もその中に取り込まれる。すべての「学園」は、偏差値によって、情報社会の中に序列化され、その「学園」が発揮するコストパフォーマンス（当面の経済的負担と将来の経済的効果の比率）によって、消費社会のカタログの中に位置付けられる。

児童や生徒と同様、「学園」にも逃げ場がなくなった。逃げる先のない者たちが暴力の行使に向かうのは、自然な成り行きだった。少年少女たちが、素手の直接的な暴力をふるって、構造的に序列化された空間を穿とうとした時、その攻撃に怖れをなした学校は、もっと周到で体系的なシステムで彼らを抑えつけようとした。それは、管理教育と呼ばれた。

6　暴力におおわれた時代

七〇年代の「学校嫌い」は、まず「校内暴力」として現われた。旋風のように全国の中学や高校で吹き荒れ、八〇年前後にピークに達した。特に激しかったのは中学校で、窓ガラスをたたき割ったりする器物破損に始まり、生徒や教師に対する暴力行使へ発展し、無法地帯のようになった中学校もあった。

一九八〇年秋、新聞には、神奈川県南足柄市立岡本中、横須賀市立武山中、尾鷲市立尾鷲中、京都市立向島中、仙台市立西多賀中、四日市市立常盤中、川崎市立桜本中など、連日のように校内暴力の記事が載った。

中でも九月二十七日、尾鷲市立尾鷲中で、制服三十六人、私服十五人の計五十一人の警官が学校の要請で校内に入り、中学生二十四人を検挙したという記事は人々の目を引いた。

授業をさぼっていた生徒十六人に教師が注意したことに端を発し、二十余人の生徒が五人の教師に暴行を加え、授業中の二教室にも乱入した。ついで、校長を交え、六人の教師と二十余人の生徒が話し合っている最中に、灰皿が落ちて割れ、「脅かす気か」と激昂した十人の生徒が椅子を投げ、殴りかかり、校長室に難を避けた教師が引き出され、止めに入った教師七人も暴行を加えられた。この時来校していた教育長が、警察に出動を要請したとされている。負傷した教師は三人、後に書類送検された生徒は二十四人に達した。

一九八一年、校内暴力はさらに広がった。件数は、四二・八パーセント増の千七百二十八件に上り、被害を受けた者三千八百人、補導された者九千二十三人で、その九割は中学校で起きていた。目立ったのは教師に対する暴力で、二・一倍の六百四十九件に達し、被害を受けた教師もほぼ二倍増の八百十六人に達した（山住正己『「教育」の同時代史』、一九八四）。

八一年をピークに、八二年以後、校内暴力は減少に転じる。危機感を持った学校側が、軽微な非行を早期に摘発し、厳しい処分を行なうようになったからだ。学校と警察の連携も今まで以上に緊密になり、暴発しそうな生徒をあらかじめ抑え込んだ。

警察庁の発表によれば、一九八三年三月に卒業式を行なった全国一万七百五十八校の中学校のうち、生徒の暴力を警戒するために警官が立ち入った学校は千二百二十五校に上り、周辺のパトロールを実施した学校が五百八十七校あった。警察庁は、立ち入りのあった学校の七割は、学校側からの要請だったと報告している(前掲書)。

つまり、暴力を行使したのは、生徒たちだけではなかった。

七〇年代の後半から、一部の学校では、強圧的な管理主義をもって生徒を押さえつけ、まるで全体主義を思わせるようなやり方で、行動と思考の統制を図るようになった。

「西の愛知、東の千葉」といわれたように、両県ではことに過激な管理教育が行なわれた。

ルポルタージュ作家の鎌田慧は、当時、その現地へ赴いて、学校関係者に取材し、『教育工場の子どもたち』(一九八四)を書いた。そこに描写された学校はたしかに、後に鎌田が書いたとおり、「悪夢としかいえない状況」(前掲書)を呈していた。しかも、その「悪夢」を紡ぎ出す学校は、急速に全国へ広がっていったのである。

そこに共通する特徴は、ランダムに挙げると次のようなものだ。

・細部まで標準化された教科指導プロセス
・日常的な体罰、問題生徒への暴力的制裁
・校内外の行動の細部におよぶ厳格な校則
・校則違反を取り締まる日常的なチェック
・封建主義的・家族主義的な価値観の強要
・行進など集団行動による服従意識の形成

・戦前の皇国教育を受け継ぐ熱狂的な指導者
・生徒会・クラブ活動を通じた自主管理
・地元教育大学閥による教師の囲い込み
・戦後民主教育批判と日教組系教師への攻撃
・長時間残業を伴う教師の労働強化
・校長の抜き打ち授業視察などの教師管理
・非行行動の早期摘発と退学処分の乱発
・企業経営を範とする組織の運営管理法
・整理・整頓された歓声も笑いもない教室
・背筋を伸ばし、廊下を走らない生徒たち

鎌田は後に、こうした学校が生まれた背景を、七〇年代後半の受験競争に見ている。すなわち、受験競争の激化が「落ちこぼれ」を生み出し、校内暴力や家庭内暴力が頻発するようになって、「それへの対抗策が、「非行防止」と「学力向上」運動だった」（前掲書）というのである。そして、この二つのスローガンを掲げた運動は、「ナンバーワン」と称賛された七〇年代の日本企業をまねて、教師には教科指導プロセスの標準化を求め、生徒には「５Ｓ」（整理・整頓・清掃・清潔・躾）を説いた。トヨタ自動車のお膝元である岡崎市で、管理教育が盛んになったのは当然のことだったのである。

鎌田の分析は明快だが、私は、管理教育の強烈さの原因に、もうひとつ踏み込んでいないように感じる。おそらくそこには、生徒たちの鬱積した「学校嫌い」に対する、教育界の恐怖があったと思う。生徒側の暴力として顕現したのは、氷山の一角にすぎない。その水面下には、分厚い氷のような不信と不満が堆積していた。その巨大な憤懣を察知して、教育界は心底から怯え、管理強化という反撃に打って出たのである。

その背景には、繰り返していえば、進学率の伸長と停滞がある。一九八〇年には、東京都内公立中学校卒業者の、全日制高校・高専への進学率は、九二・六七パーセントで十年ぶりの低率となった。以後は、七三年の九五・三七パーセントをピークに、九四パーセント前後がつづく（『「教育」の同時代史』）。

高校進学は義務教育の退屈な延長にすぎず、学歴の果実を手に入れられるのは、その中のごく一部にすぎない――。誰もが暗に知っていたこの事実が、ちゃちな手品の種明かしのように見せつけられた時、ローティーンたちは深い失望感に襲われた。戦後教育がやや無責任にまき散らしてきた「夢」が破れ、その破れ目から覗いた「現《うつつ》」に気づいた時、子どもたちは「学園」を本当に破壊し始めたのである。それは、六〇年代の大学闘争がもたらした幻滅よりずっと広くずっと深かった。

校内暴力が八〇年代半ばにほぼ収束した頃、代わって、いじめと不登校が急増する。いじめは、八五年に発生件数がピークに達し（小・中・高の総件数十五万五千六十六）、全国の小学校の五割強、中学校の六割強、高校の三割強でいじめが確認された（『教育改革』）。また、いじめに起因すると思われる自殺が二桁に達した。盛岡駅ビルのショッピングセンターのトイレで、首を吊って死んだ鹿川裕史（十三歳）を苛んだ「葬式ごっこ」は、この年、中野区立富士見中学校で起きたできごとである。

その後、いじめ件数は公式統計上では激減するが、匿名化、陰湿化し、以後の「学校病理」の大きな伏流として存在し続ける。社会学者の森田洋司によれば、いじめは、八五年に第一の波を形成し、九四年に第二の波、二〇〇五年から二〇〇六年にかけて第三の波となって押し寄せた。ほぼ十年周期で表われるいじめの波は、奇しくも日本の経済・社会のエポック（円高不況、バブル崩壊、格差拡大）に重なり、学校と社会が心理的に「地続き」であることを印象づけている。不況が雇用を脅かし、社会的弱者を排除するように、学校内の暴力も差異を持つ者を炙り出し、攻撃を加えたのである。

不登校も八五年ごろから増加し始めた。こちらは、いじめ件数の推移とは異なり、一貫して増加した。「学校嫌い」との理由で年間三十日以上欠席した生徒数は、九五年度で小学生一万六千五百六十九人、中学生六万五千二十二人、二〇〇一年には、小学生二万六千五百十一人、中学生十一万二千二百十一人でピークに達した模様である（「平成二十四年度『児童生徒の問題行動等生徒指導上の諸問題に関する調査』について」、文部科学省、二〇一三年十二月十日）。

不登校のきっかけを見ると、中学校で最も多いのは「無気力」（二六・四パーセント）で、次が「不安など情緒的混乱」（二五・一パーセント）、以下、「いじめを除く友人関係をめぐる問題」（一五・七パーセント)、「あそび・非行」(一一・四パーセント)などである。小学校では、「不安など情緒的混乱」が最多で(三三・二パーセント)、以下「無気力」(二三・八パーセント)、「親子関係をめぐる問題」(二〇・二パーセント)、「いじめを除く友人関係をめぐる問題」(一一・〇パーセント)である(前掲書)。

「不安など情緒的混乱」と「無気力」の和が五〇パーセントを超えているのは、これらが不登校行動のいわば「分母」をなす〝気分〟であることを伝えている。この両者は名づけようのない違和の感覚だが、その淵源には意味を失った「学園」の存在があるように思えてならない。不登校を選択した生徒たちは、ぼんやりした不安の中で、しかし鋭敏に「学園」の終焉を感じとっている。ただし、かつてのような憤懣も失われているから、彼らには、不登校という無為な行動の他に選択肢がない。ゆえに、親子関係や友人関係をめぐる問題などがいったん発動すれば、彼らは、いともやすやすと学校を諦めるのである。

7　不安な学園物語

学校が有形無形の暴力にさらされ、管理に締めつけられたこの時代、皮肉なことに、学校を舞台にした物語が次々と生まれた。むろんその背景には、学校問題が世間の関心を強く引きつけていたという事情がある。読者や視聴者をつかむには、その時々の話題の波に乗るのがいちばん手っとり早いからだ。

しかし、こうした説明だけでは、当時生まれた、さまざまな学園物語の発生理由を言い当てられない。それを見出すには、それぞれの物語が、深層の部分で代弁していた「学園」への期待の、その内部に入り込む必要がある。ドラマ群は、まるで壊れかけた「学園」幻想を埋め合わせるかのように、新たな学園の姿、その役割や機能を説いていたのである。

たとえば、一九七九年十月にスタートしたテレビドラマ『3年B組金八先生』のように、「熱血教師」の系譜を受け継ぎ、学校が直面するテーマを次々に採り上げた作品がある。第一シリーズでは、女子中学生の妊娠や大学受験生の自殺を、翌八〇年から始まった第二シリーズでは、校内暴力など「荒れる中学校」に焦点を当てた。第一シリーズも第二シリーズもともに、二五パーセント前後の視聴率を稼ぎ、虚構は現実と重なりあって「金八先生ブーム」をつくりだした。

武田鉄矢が演じる坂本金八が、ドラマの中で、長髪を振り乱して守ろうとしたのは、戦後的幻影としての「学園」ではなかった。理念を掲げる余裕はもはやなく、彼がぎりぎりのところで守護したのは、生徒の精神と身体の安全であり、金八自身の言葉で言えば「いのち」だった。こうした教師像こそ、当時の人々が求めたものだった。

そもそも、「金八先生」は、熱血教師ものの中でも型破りだった。夏木陽介から中村雅俊に至るまで、「熱血教師」の活躍する舞台はすべて高校だった。NHK名古屋放送局の『中学生日記』（一九七二〜二〇一二）をのぞけば、中学校のドラマは前例がなかった。

高校の学園ドラマは、青春ドラマとほぼ同義である。若さに伴う喜びと悩みと悲しみは、彼らの成長過程に紆余曲折をもたらし、ドラマの格好の素材になる。その意味でいえば、「金八先生」は青春ドラマではない。悩みと悲しみは中学生たちを押しつぶし、しばしば暴発への引き金になったからである。つまり、「金八先生」は、「学校という問題群」に取り組む、異例の社会派ドラマだったのである。

その切迫感は、ドラマをつくる側にも見る側にも共有され、その後、学校問題がいっこうに止むことなく、相貌を変えて繰り返し現われる中で、「坂本金八」を三十年にわたって、召喚し続けた。たとえ虚構の中であっても、仁王立ちになって生徒を見守る男を、人々は求め続けたのである。★3

しかし、この時期に人気を博したのは、「金八先生」のようなシリアスな物語だけではなかった。たとえば、『週刊少年マガジン』に連載された、柳沢きみおの「翔んだカップル」(一九七八～八一)は多くの読者を獲得し、さらに八〇年には映画とテレビドラマになった。

ストーリーは、いわゆる「同居もの」で、東京の高校に入学してきた田代勇介と山葉圭が、不動産屋の手違いで同居せざるをえなくなるという設定である。惹かれ合いながら、それぞれ別の相手とつきあう二人の、他愛なくねじれた関係は、倦怠感を漂わせるメロドラマの気配さえ醸し出していた。

注目すべきは、「翔んだカップル」が、少年誌に連載された男子向け「ラブコメ」だったことである。先に触れたように、学園少女マンガは、「ラブ」の夢をかなえるために登場したジャンルである。その特徴は、主人公の少女が、自身の容姿や能力に劣等意識を持っていても、これらを含めて、彼女のすべてを肯定してくれる相手に出会うという物語構造にある（もちろん相手の男性は容姿も能力も申し分ない）。このふつうの少女たちの切実な夢を、類型化されたキャラクターとプロットで具体化してみせたのが、陸奥A子、田渕由美子、太刀《たち》掛《かけ》秀子などの「乙女チックラブコメ」である。★4

しかし、読者は少女ばかりではなかった。橋本治の炯眼が見抜いていたように、「女の子の為のポルノ」（橋本治『花咲く乙女たちのキンピラゴボウ』、一九七九）である「乙女チックラブコメ」を覗いていた男性読者は、少なくなかったのだ。これに気づいた柳沢が生み出したのが、〝少年向け乙女チックラブコメ〟としての『翔んだカップル』だった。

ただし、『翔んだカップル』は、乙女チックの原則に従いながら、ふつうの少年たちの夢に、少女向けオトメチックよりずっと放恣な欲望を注ぎ込んだ。それは、身も蓋もない言い方をすれば、〝モテ男〟のファンタジーといっていい。

マンガの原作では、勇介は圭に思いを寄せながら、秀才美少女・杉村秋美に誘われて性的関係を結び、あげくに半同棲生活を送る。さらに、やや不良っぽい絵里ともつきあう。一方の圭が同級の中山わたるなどとつきあいながら、どこか禁欲的なのと対照的に、勇介は揺れながら、結局欲望に負けてしまう「節操なし」である。

つまり勇介は〝女に不自由しないモテ男〟として描かれる。これが、少年向け乙女チックの真髄であり、『翔んだカップル』の大ヒットの原因だった。少年たち及び元少年たちは、いつかモテる男になれるというファンタジーによって、存在論的危機（誰にも好かれないかもしれないという恐

怖）から自己を守ろうとした。「ラブコメ」は、こうして少女の次に、少年の読者を手中に収めたのである。★5

もうひとつの新傾向は、ＳＦで味付けをした少年少女向けの小説である。「ジュブナイル小説」と呼ばれた、このジャンルの代表作は、眉村卓の『ねらわれた学園』（一九七六）である。この作品も若い読者に広く読まれ、八一年には最初の映画作品が封切られている。

ただし、作品中の学校はどちらかというと、六〇年代的な「学園」の姿をしている。進学校だがリベラリズムを色濃く残す「阿倍野第六中学校」（後の映画では高校に設定変更）が、超能力を持つ一派に侵略、支配され、厳しい管理下に置かれるというストーリーには、この頃から目立つようになった管理教育の影が落ちている。

作者が侵略者たちに対置しているのは、明らかに「戦後民主教育」の理念である。主人公の関耕児は、クラスメイトの楠本和美（八一年の映画では「三田村由香」）とともに、過剰な秩序と規律を強要する超能力少女・高見沢みちるのグループに対し、「そこまできびしくやることはない」と抵抗する。また関の父親は、学校の様子を聞いて即座に「ファシズム」と口にし、反対運動を起こす息子に、「これは、人間としての、生き方の問題だよ」と励ます。みちるが生徒を操りながらも、選挙で生徒会長になるという「民主的手続き」にも、作者の考え方が表われている。

小説の「あとがき」によれば、作品に登場する中学校は、作者自身の母校（中学校・高校）をモデルにしたものだ。一九三四年生まれの眉村が過ごした中学・高校生活は、まさに「戦後民主教育」の真っただ中にある。いわばこの作品は、七〇年代の学校を舞台に、一九四〇年代後半に起きた「逆コース」の様相を再現したドラマということになる。

しかし、そうした時代がかった「学園」像にもかかわらず、多くの若い読者がこの作品を手にとったのは、文字通り「ねらわれた学園」というタイトルに惹かれたからにちがいない。彼らは、現実の学校生活で、すでに得体の知れない変化を感じとっていた。八〇年代初頭のミドルティーンたちが、この小説から、なんらかの「解」を引き出せたかどうかはわからないが、ただひとつ確かなことは、〝学園は狙われている〟というリアリティを、彼らが持っていたことである。

8　分かりにくい若者たち――薬師丸ひろ子の身体性

『3年B組金八先生』、『翔んだカップル』、『ねらわれた学園』という三つの学園物語に共通しているのは、若者たちの不安である。そこには、暴力に対する不安があり、性に対する不安があり、得体の知れない変化に対する不安がある。この時期、「学園」の住人たちは、誰かに狙われ、何かに脅かされていると感じ、怯えた表情を隠せない。彼らはすっかり押し込められていて、生彩を欠いている。

三つの作品は、そんな不安に苛まれる若者が、大人たちの手を借りたり、なけなしの勇気を振り絞ったりしながら、しかし、有効な反撃へ打って出られない、という物語である（『ねらわれた学園』の〝民主的反撃〟は、八〇年代の現実から遊離している）。

その打って出られない物語における薬師丸ひろ子の役割について少しだけ論じておきたい。

薬師丸は、映画化された『翔んだカップル』と『ねらわれた学園』で主役を演じた。前者は相米《そうまい》慎二《しんじ》、後者は大林宣彦《おおばやしのぶひこ》の監督作品である。

一九四八年生まれの相米は、北海道から中央大学に進み、全共闘運動をかいくぐって、一九七二年に中退、日活撮影所に契約助監督として入所した。『翔んだカップル』（一九八〇）は、相米の監督第一作である。

相米より十歳年長の大林は、既存の撮影所システムにかかわることなく、自主制作とCMの世界で腕を磨いた映像作家である。『ねらわれた学園』（一九八一）は、大林があの「尾道三部作[★6]」へ突入する直前の作品である。

両監督は、多くの読者に受け入れられた原作を、自分たちの流儀で解釈し直している。

相米は、原作のモテ男のファンタジーに青春の痛みを持ちこみ、やや辛口の視点から再構成した。鶴見辰吾が演じる勇介は、原作の勇介より内面的・内省的であり、いわば「青春映画的」である。相米は、モテ男が生まれる前の、もう少し初心《うぶ》な少年を描くことで、映画を無節操な男の夢から救い出すことに成功している。

大林の方は、原作の「戦後民主主義」的理念を薄め、侵入者たちへの不安を視覚的に具体化することに集中した。たとえば冒頭、耕児（高柳良一）が通う第一学園高校が、西新宿の高層ビルを背景に映し出されると、合成された映像の非現実感が不安で不穏な雰囲気を生み出し、間近に迫る侵入者の気配を感じさせる。

両監督に共通しているのは、モテ男になりたい欲望や民主主義の理念のような、〝わかりやすいもの〟をカッコに入れ、〝よくわからないもの〟の段階にある若者たちの方に、カメラを向けたことだ。相米は、大人の性愛をまねて途方にくれる少年・少女の表情に、大林は、巻き込まれた闘いにとまどう少年・少女のしぐさに焦点を合わせて、映像をつくった。

薬師丸ひろ子は、この生成的だが不安定な表情やしぐさを、みごとに表現した。彼女がいなければ、この時期の学園映画は成立しなかった。可憐だがどこかバランスの決まらない身体は、独特の緊張感をつくりだしたのである。

たとえば大林は、超能力者の自覚を持った少女の揺れ動く心身状態を、薬師丸の独特な身体性を生かして絵にしてみせた。

相米はさらに、彼女の「幼形成熟」とでもいうべき身体的特徴を逆手にとって、やや古風な「愛のモラル」を描き出した。化粧した圭が勇介を誘うシーンで、彼女は「わたし、きれい？」と二度尋ね、勇介は「ああ、かわいいよ」とややななめに応じながら、「杉村さんよりきれい？」とさらに迫る圭に向かって、「そんなんじゃないんだよ！」と叫ぶ。黒いスリップ姿の圭＝薬師丸への欲望を、勇介は懊悩しつつ、制御しようと試みる。

七〇年代に、純愛は、押し寄せる性愛に押し流されて居場所を失った。

しかし、相米は、ドンファンになりきれない勇介を描くことで、相手の嫉妬をかきたて合って欲望を昂進させる二人の関係に対して、批評的な視線を投げかけている。

さらに映画の終盤には、「人間モグラ叩き」の名場面がある。勇介と圭の同居を学校へ密告した中山（尾美としのり）が、モグラ叩きの中に入り、勇介とともに、圭と秋美（石原真理子）に叩かれる。最初は笑って叩き叩かれていた四人が黙り込み、中山が嗚咽《おえつ》を漏らす。気まずい勇介も黙り込む。学園祭の校舎を背景に、幼くもきわどい関係の綱渡りをしてきた四人が、秋風に吹かれて言葉を失っている。★7 静謐だが内省的なこのシーンを超える学園映画は、おそらくまだ、出現していない。

映画監督の長谷川和彦は、『翔んだカップル』を「子供版スワッピング」（「東宝映画『翔んだカップル』をめぐるうるさいおとなたちの映像美学」、『月刊シナリオ』、一九八〇年八月号、所収）と形容したが、私は、相米がこのやるせない相姦関係を描く中で、学園ドラマにもう一度、倫理的な態度を持ちこむことに成功した、と考えている。

ただしそれは、教条的理念に発する規律ではないし、公序良俗に則った規範でもない。まっとうに生きようとするなら、幻想に頼って不安な自己を守るのをやめ、「自己欺瞞」から自身を解き放つべきだ、というメッセージである。二〇〇一年に早世した映画監督は、少年と少女の修羅場を題材に、こんなモラルを語っていたように思う。★8

9 「ゆとり」が生んだ廃墟

一九七七年に告示された学習指導要領の改訂は、大きな方向転換を示した。一九五八年版、一九六八年版の基本路線であった能力主義的教育観に代わり、「ゆとり」がキーワードとして登場したのである。改訂の理由には、低成長期の到来による「価値観の多様化」や、「詰め込み教育」による「おちこぼれ」などが挙げられた。

教育課程の基準には、「人間性豊かな児童生徒を育てること」、「ゆとりのあるしかも充実した学校生活が送れるようにすること」、「児童生徒の個性や能力に応じた教育が行なわれるようにすること」という三つの柱が示された。併せて主要教科を中心に授業時間が削減され、高度で難解な内容も割愛された。さらに週に一時間「ゆとり」の時間が新設され、学校の裁量に任された。

私は、ゆとり政策の背景には、進学率の上昇による「学歴インフレ」の出現、そこから生まれる進学モチベーションの低下、さらにいえば、人々の教育と進学に対する幻滅があったのではないかと思う。往時の管理教育が、生徒たちの「学校嫌い」に対する教育界の恐怖から生まれたのと同様、ゆとり政策も、能力主義的な教育路線に対する人々の深い失望をやり過ごすためのものではなかったのか。

産業界の要求に応える後期中等教育政策は、オイルショックに腰を砕かれた企業側の労働力需要の減少と、普通高校への進学を望む圧倒的な声によって頓挫した。後に残ったのは、偏差値による序列化と進学競争における格差だった。下位に位置する生徒たちは、学ぶ理由を失い、たちまち脱落した。「ゆとり」は、彼らの憤懣を和らげる安易な飴だった。

ゆとり政策は、すでに見てきたように、ほぼ無力だった。逆に七〇年代後半から始まった「学校問題」は、八〇年代にさらに激化し、多発した。そうした中、中曽根康弘首相は、一九八四年に内閣直属の臨時教育審議会（臨教審）を発足させ、八五年から八七年にかけて四回の答申を行なわせた。大学入学資格の弾力化、学習指導要領の大綱化、六年制の中等教育学校（中・高一貫校）、単位制高等学校、教員の初任者研修制度などを盛り込み、最終答申では、個性重視、生涯学習体系への移行、変化への対応という三基本原則を示した。

新自由主義的色彩の強い臨教審の影響の下、一九八九年に学習指導要領の改訂が行なわれ、従来のゆとり路線を推し進めた上で、知識偏重の学力観を改め、〝自ら学ぶ意欲と思考力・判断力・表現力を重視する教育〟を打ち出した。

後に「新しい学力観」と命名されたこの考え方は、共通の知識・技術を身につけさせることを重視する従来の教育から、生徒や児童が「自ら進んで考え、判断し、自信をもって表現したり、行動したりできる豊かで創造的な能力の育成」（高岡浩二「今月の言葉」、『初等教育資料』、一九九一年三月号、苅谷剛彦『教育改革の幻想』、二〇〇二、より）への転換を強調した。また、自ら学ぶ意欲の育成を目指して、教師は指導者ではなく、児童・生徒の学習の「支援者」であるべきだという認識が喧伝され、実際に主体的な学習を促す体験学習の実践が推奨された。

ここにひとつ、疑問が浮かび上がる。ゆとり路線と、新自由主義的な「教育改革」や「新しい学力観」は、どのように〝結合〟したのだろうか。

臨教審の「教育改革」の核にあるのは、「個性重視」という旗印である。一見否定しにくいこの考え方は、「改革」を正当化する至上命題として機能する一方、教育の市場化や規制緩和を強力に後押しするキーワードにもなった。

その背景にあったのは、自国経済の競争力を強化するために、アメリカのレーガン政権やイギリスのサッチャー政権が推し進めた「教育の再構造化」である。両国の教育事情はやや異なるが——

イギリスでは、階層社会と地域分権が教育の停滞を招き、アメリカでは、六〇年代以後の平等主義と学校暴力が教育を荒廃させていた——中央政府の統制力を強めつつ、市場原理（学校選択の自由など消費者的主権の拡大）を導入する政策には共通点が多い。

日本の「教育改革」も、この新自由主義の流れの中にあるが、米英と異なるのは、「ゆとり」の創出という、逆向きとも見える政策が採用されたことだ。教育社会学者の藤田英典は、教育を、行財政改革や金融システム改革と同列視した結果、「学校教育がカバーする範囲を縮小すれば、教育はよくなる」という、「奇妙なロジック」（『教育改革』）が生まれたのだと指摘している。この「小さな政府」志向の、安易な改革理論によって、「ゆとり」も「新しい学力観」も正当化され、同じ方向に結束されたのである。

しかし実際には、「改革」のマイナス効果は隠しようがなかった。

教育社会学者の苅谷剛彦は、「ゆとり」が成績下位者のさらなる学習離れを促し、できる生徒とできない生徒の格差を拡大した事実を報告している。一九七九年と九七年の調査を比べると、成績上位者の学習時間も減っているが、下位者の勉強時間はもっと大幅に減っている。苅谷は、「より長く勉強していたものが勉強しなくなったのではなく、それ以上に、もともとあまり勉強していなかった生徒たちに——結果的に——「ゆとり」が与えられたのだ」（『教育改革の幻想』）と分析する。

また苅谷は、「新しい学力観」によって、教師の役割が「支援者」に転換すると、的確な指導よりも児童・生徒の関心や活動ばかりを重視する傾向に陥る危険を指摘した。すなわち、「このような学習観・学力観の転換は、生徒の間の学習経験を多様にせざるをえない。その結果、知識や技術の獲得の点での格差拡大が懸念される」（前掲書、傍点引用者）のだ。その懸念が事実になったことを、我々は知っている。

政策立案者が、学力の低下を狙っていたとは考えにくいが、「改革」が教育や学歴の格差を生み出し、「教育の機会均等」という戦後的理念を葬ったのは確かである。これが、意図されたものではなかったという保証は、どこにもない。

そして、この「奇妙なロジック」の教育観は、一九九八年の学習指導要領改訂にも受け継がれた。新しい指導要領は——学力の低下がすでに顕在化していたにもかかわらず——、「ゆとり」路線をさらに進め、学習内容の削減・整理、二〇〇二年からの完全学校五日制導入を決めた。また、自ら学び考える力など全人的な「生きる力」を提唱し、それを養う教科横断的な「総合的な学習」の時間を新設することとした。

しかしすでに見たように、「ゆとり教育」は、「学校問題」に何の解決策ももたらさず、総体的な学力低下の中で、教育の格差を広げる結果を生み出していた。学習指導要領改訂が告示された一九九八年は、「学級崩壊」が全国で勃発した年でもあった。

一九九〇年代末から二〇〇〇年代の初頭にかけて、「学力低下論争」が巻き起こった。多くの論者は、ゆとり路線を元凶とみなし、政策の見直しを求めた。論争の中心にいた文部科学省の政策課長（当時）・寺脇研は、積極的に反対論者や研究者（前述の苅谷もその一人）と対話し、「ゆとり」の正当性を訴えた。

しかし、文科省の敗北は、ほぼ決していた。

二〇〇二年一月、新学習指導要領の実施の直前に、遠山敦子文部科学大臣は、「確かな学力の向上のための二〇〇二アピール『学びのすすめ』」を出し、従来路線の転換を示した。そこに掲げられた五つの方策には、ゆとり路線の基本方針と並んで、「発展的な学習」や「学びの機会の充実」、さらに「特色ある学校づくり」など、「確かな学力」づくりの施策も盛り込まれていた。

この時点で、四半世紀にわたって継続されてきたゆとり教育の旗が下ろされた。「ゆとり」と学力の関係も、学力自体の定義も、教えるべき学習内容も、議論はつくされることなく、放置された。残されたのは、方向感覚を失った「学園」の抜け殻だった。

10　河のほとりで――岡崎京子の風景

マンガ家の岡崎京子は、一九八四年にデビューし、八〇年代後半、『くちびるから散弾銃』（一九八九～九〇）や『pink』（一九八九）で、消費都市のただなかを〝身体ひとつで〟生き抜く若い女性たちを描いた。岡崎自身の言葉を借りれば、「東京というたいくつな街で生まれ育ち「普通に」こわれてしまった女のこ（ゼルダ・フィッツジェラルドのように？）の〝愛〟と〝資本主義〟をめぐる冒険と日常のお話」（『pink』あとがき）である。

九〇年代に入ってからも、「愛と資本主義」のテーマは続くものの、時代の変化を受けて作品は陰影を増していく。『東京ガールズブラボー』（一九九三）は、『くちびるから散弾銃』の主人公（元気いっぱいの「金田サカエ」の高校生時代を描いているが、どこか痛々しい。
そして、一九九三年から九四年にかけて、あの「リバーズ・エッジ」が発表される。
主人公の若草ハルナは、都立高校の二年生である。その学校も、彼女が母親と暮らすマンションも、東京湾に注ぐ河口に近い。時代設定は定かではないが、アメリカのロックバンド、モンキーズに言及したセリフがあるから、そのリバイバルブーム（八〇年代前半）の頃と推定される。岡崎は一九六三年生まれなので、彼女自身の高校生時代にぎりぎりで重なると見ていいだろう。つまり、学校が嫌われ、暴力にさらされ、かつ「ゆとり」が導入された時代である。
冒頭、スミベタのコマに白抜き文字で、つぎのような文章が掲げられている。
あたし達の住んでいる街には
河が流れていて
それはもう河口にほど近く
広くゆっくりよどみ、臭い
河原のある地上げされたままの場所には
セイタカアワダチソウが
おいしげっていて
よくネコの死骸が転がっていたりする（『リバーズ・エッジ』、一九九四）

物語は、ハルナとその女友だち（ルミ、よっちゃん）、性的交渉もあるボーイフレンド（観音崎）、いじめに遭う美少年（山田一郎）とそのガールフレンド（田島カンナ）、一学年下のモデル（吉川こずえ）との交流の中で進む。彼らはみな、同じ高校に通っている。

高校も街も、まちがいなく荒廃している。

物語の中心に置かれたものは、山田が河原で発見した白骨死体である。いじめられていた山田を救ったハルナに、彼が見せてあげると申し出たのが、この「秘密の宝物」だった。

少年少女たちが、それぞれの心的外傷（トラウマ）を抱えながら、まるで死体の磁力に引かれるように、その周囲を巡り歩く中で、ストーリーが展開する。後半、彼らの内部圧力が限界に達して破裂すると、傷害、強姦、自殺といった惨劇が発現する。

しかし、ハルナはそれらの事件にかかわりながら、ぎりぎりの距離を保ってストーリテラーの位置を保持したまま、終幕へたどりつく。

『リバーズ・エッジ』は、学園マンガだが、教師はほとんど登場しない。唯一顔のある人物として描かれるのは、保健室の女性養護教諭である。教室からは、生徒たちの突拍子もない噂話やタレントへの批評が聞こえてくるが、学習に関する一言もない。「学園」には、もう社会との隔壁はなく、河の臭気といっしょに街のあらゆる猥雑さが入り込んでくる。

この「平坦な戦場」（作品中に引用された、ＳＦ作家ウィリアム・ギブスンの言葉）で、ハルナは、かろうじて〝愛〟と〝モラル〟のシーソーを操っている。観音崎の暴力的な性交にたじろぎ、こずえの怪物的な存在感に圧倒されながら、山田（彼は同性愛者らしい）との奇妙な関係に友情のようなものを見出す彼女は、あえていえば、戦場のモラリストである。★9

「自由」と「民主」の理念の「学園」が滅びたのは、もうはるか昔のことだが、それに代わる「ラブ」と「希望」の「学園」もすでにない。しかも、その両方の幻想を支えていた、功利的な「学園」への期待も虚しくなった。すると、「学園」から急に慌ただしさが消えうせ、まったりした余剰（ゆとり）が生まれた。余剰は倦怠を伴い、河口部で臭気を発するようになる。

『リバーズ・エッジ』は、そういう物語であり、しかも戦後の学園物語が到達した一つの極点である。

「あとがき」には、こうある。

　あらかじめ失われた子供達。すでに何もかも持ち、そのことによって何もかも持つことを諦めなければならない子供達。無力な王子と王女。深みのない、のっぺりとした書き割りのような戦場。彼ら（彼女ら）は別に何らかのドラマを生きることなど決してなく、ただ短い永遠のなかにたたずみ続けるだけだ。

註

★1　第2章で述べたように、舟木の「学園ソング」はいずれも別れの歌である。高校を卒業し、故郷から都会へ出ていく若者たちが、束の間の青春を惜しむ歌でもある。六〇年代前半、集団就職者たちが中卒から高卒に入れ替わった時期に、「学園ソング」は、望郷歌に代わる役割を果たしたのである。春日八郎や三橋美智也は、フルサトを村の風景や頬の赤い娘への思いを通して歌ったが、舟木はその代わりに、懐かしくも甘酸っぱい記憶の拠点として「学園」を歌ったのである。

もっとも、舟木の歌にはさまざまな要素が混じり合っている。たとえば、「学園広場」（一九六三）の「学園広場で肩くみあって　友とうたった若い歌」という関沢新一の詞には、遠藤実のゆったりした曲調とあいまって、旧制高校的なものへの懐旧さえ滲んでいる。しかし、詞の中の「若い歌」は寮歌などではなく、まちがいなく戦後の流行歌や合唱曲である。また舟木の風貌や態度には、旧制高校のバンカラもロシア民謡を好む歌声運動の気配もなかった。その両方から切れた、新しい若者の生きる場が、彼の歌った「学園」だったのである。

★2　「自己否定」には、ベトナム反戦運動の中で現われた「加担の論理」も滑り込んでいる。日本がアメリカの同盟国として、ベトナム戦争に加担したのと同様に、学生は資本主義社会の維持継続に加担する者の予備軍であり、その事実を自覚しない限り、闘争は「平和と民主主義」の限界を突破できず、深化は望めないとされた。

「自己否定」的な考え方が、七〇年代以後のほとんどの差別反対運動に（さらにいえば地球環境保全運動にも）影響を与えていることは見逃せない。たとえば七〇年代以後、フェミニズムがもたらしたインパクトのいくぶんかは、差別に無意識に加担する異性や同性（自身を含めて）を追及する論理から来ている。六〇年代の反体制運動は、半世紀を越えて、いまだ持続する巨大なムーブメントである。
★3 『3年B組金八先生』によって、熱血教師ものは完成の域に達した。九〇年代の『高校教師』や『GTO』、二〇〇〇年代の『女王の部屋』や『鈴木先生』に至るまで、ほぼすべての学園テレビドラマは——視聴率の多寡は別として——「金八先生」との同質性や差異性によって、その位置を定めることになった。たとえば、『ごくせん』（二〇〇二〜〇八）のキャッチコピーは、「あの（長髪）先生より人情家。あの（グレート）先生より無鉄砲」だった。
★4 陸奥A子、田渕由美子、太刀掛秀子などの作家は、雑誌『りぼん』を発表の場に、西谷祥子が拓いた「恋する少女」のキャラクターとプロットをさらに発展させ、「乙女チックラブコメ」を、七〇年代学園少女マンガのメインストリームに押し出した。
たとえば、陸奥A子の『たそがれ時に見つけたの』（一九七四）は、二人の女子生徒が二人の男子生徒と触れあっているうちに、各自が本当に好きな相手を発見するというストーリーだ。主人公の松実は、黄昏時に見かけた少年に、夢で見るほど憧れているが、その彼が眼前の二人の男子の一人（亀淵）であることに気づかない。ストーリーの中盤で、憧れの相手が間近にいたことを知るものの、松美を好きだという彼の親友（本田）の存在に気遣って踏みきれない。すると、親友のセイコが本田を好きだったという事実が発覚し、これを機にねじれがほどけ、四人の男女の本来あるべき組み合せが整うことになる——。

このネジレ（またはモツレ）とそのホドケが、ラブにコメディタッチを加え、自己肯定的なエンディングをもたらす。「学園」は、いうまでもなく、そのための書き割り的な舞台である。また主人公の松実は、やや内気で夢みがちな〝学園大衆少女〟の典型であり、アイビールックを身にまとって、「かわいい」世界の主人公をみごとに具現化してみせた。

★5　『翔んだカップル』が開拓した、〝少年向け乙女チックラブコメ〟の系譜には、あだち充の『みゆき』（一九八〇～八四）や『タッチ』（一九八一～八六）、高橋留美子の『うる星やつら』（一九七八～八七）などの大ヒット作品がある。ちなみに、劇場版オリジナル・アニメ『うる星やつら2　ビューティフル・ドリーマー』（一九八四）では、主人公の諸星あたるが住む友引町一帯が、宇宙から飛来した鬼娘・ラムの夢の中に引き込まれ、循環する時間から出られなくなるという椿事を描いている。うがっていえば、脚本・監督の押井守は、この作品で、夢の楽園に閉塞しようとする「ラブコメ」の隠された願望を批評してみせたのである。

★6　「尾道三部作」とは、『転校生』（一九八二）、『時をかける少女』（一九八三）、『さびしんぼう』（一九八五）の三本を指す。大林流「学園映画」といっていい。『転校生』では、男女の身体が入れ替わるという驚天動地の出来事にとまどいながらも、お互いを認め合っていく幼なじみの中学生（尾美としのり、小林聡美）を描いた。『時をかける少女』は、原田知世のデビュー作である。未来からやってきた少年のしわざでタイムワープなどの超能力を身につけた少女が、その少年に恋をする。原作は筒井康隆だが、眉村の『うしなわれた学園』と、未来が現在に強い影響を与えるという趣向を共有している。未来の少年は、同行を求める少女を、君は君の時代を生きろと言って押しとどめる。『さびしんぼう』は、少年の少女への思いを描きながら、少年の母の青春（ありえたかもしれないもう一つの人生）を想起させる重層的な物語。富田靖子が二役をこなした。

★7　「人間モグラたたき」のシーンについて、先輩格の映画監督、長谷川和彦が相米慎二と以下のように語り合っている。

長谷川：最後のあたりの〝モグラたたき〟な、あれは感動的だよ。この間二回目みて、二回目の方が泣けた。一回目は余計なこと思ってみてたのかも知れない。いろいろ類推させられてな。ついに撮ったなという感慨もあったし。

相米：あのシーンは俺も依怙地になって残してるんだけど。

長谷川：そうだろう。文句あったらああいうふうに撮ってみろってんだ（俺が威張ることないか）。あれは、やはり日本の伝統的な悪しきメロドラマのスタイルを完全に捨ててる。悪しきメロドラマのスタイルというのは寄るんだよ、泣く人間に。だけど、相米のは、泣く人間に寄らずに、寄るよりも実は大きくみせるという、正に映画だよ、あれこそ。

相米：ツー・カットしかないからな、むこうむきと、こっちむきと。

長谷川：あれも充分やばい撮り方なんだよ。泣かせるにはどうしたってアップで撮る、田代も中山も、杉村さんも圭も泣いていると、それがベテランのプロだってぼろぼろやるチープテクニックなんだよ。それをなんだ、あれは。わずかツー・カットで、ひいて撮って、あこぎなせりふを言うわけでもなく、あこぎな芝居をするわけでもない。そういう表現の冒険をしながら、自分の出したいあるシーン、あるシークェンスの気分なり意味なりを出しているのは、そりゃあ、あんた、これを新人というのよ。（「東宝映画『翔んだカップル』をめぐるうるさいおとなたちの映像美学」、『月刊シナリオ』、一九八〇年八月号、所収）

★8　相米は、『翔んだカップル』のあと、八〇年代に三本の「学園映画」をつくった。『セーラー服と機関銃』（一九八一）では、再度、薬師丸を起用し、零細ヤクザの組長に就任する女子高校生という荒唐無稽のドラマを、大ヒットさせた。渡瀬恒彦が演じる佐久間と、薬師丸が演じる泉の珍妙なコンビの行動を、相米は任侠映画的な様式美の中で撮っている。『ションベン・ライダー』（一九八三）

も、高校生とヤクザの交流ドラマである。誘拐された少年を奪還しようとする高校生三人組（河合美智子、永瀬正敏、坂上忍）と、はぐれ者のヤクザ（藤竜也）。目的も目標もはっきりしないまま、不条理な行動に突っ込んでいく彼らの姿は、かつての日活ニューアクションへのオマージュのように見える。そして、『台風クラブ』（一九八五）は、工藤夕貴を主役に、鬱屈した感情をもてあまし、台風の襲来を機に奇矯な行動へ走る高校生たちの姿を撮っている。

★9　若草ハルナのキャラクターは、橋本治の『桃尻娘』（一九七八）の主人公、榊原玲奈にどこか似ている。両者とも、高校生で非処女。優等生ではないが、頭は悪くない。そしてなによりも不条理に敏感で、ズルいやつやダサイものが許せないモラリストである。また死体を発見した山田一郎は、『桃尻娘』の木川田源一同様、同性愛者であるなど、他にも類似性がある。ついでにいえば、『桃尻娘』もある種の「学園ラブコメ」であり、目を凝らして見ると、庄司薫の『赤頭巾ちゃん気をつけて』（一九六九）のパロディ的要素も随所にある（「磯村薫」という登場人物さえいる）。

第6章 〈遠郊〉の憂鬱――地元意識の変容

1 閉ざされた殺人者――市原一九七四

佐々木哲也は、一九六八年春、市原市立八幡中学を卒業し、千葉県随一の進学校である県立千葉高校へ入学した。中学時代はトップクラスの成績だったが、高校では、勉学への熱意を多少失ったらしく、8ミリ映画の制作に打ち込んだり、反戦デモに出かけたりしていたという。

彼は、早稲田大学理工学部へ進学する希望を持っていた。成算もあったのだろうが、父親が強硬に反対した。早大が学生運動のメッカだからという理由だった。そんなところへ送りこむぐらいなら、さっさと家業を手伝わせようと考えたのである。

家業とは、自動車タイヤ販売店「八幡タイヤ」である。店の所在は市原市八幡北。忙しい時は、母もモンペをはいて、トラックの大きなタイヤと格闘していた。

一九七一年に高校を卒業した佐々木は、進学を諦め、店に入ったが精を出す気配がない。そこで父は、クルマを買い与え、さらに京葉道路の終点近くにレストランを持たせた。七二年二月に開店した店の名は、「華紋」。二階建ての建物は、あたりのドライブイン・レストランの中でもひときわ目立った。

開店してしばらくすると、佐々木は夜遊びを始めた。千葉市の栄町界隈に出入りし、風俗営業店の女性を連れて飲み歩くようになった。月給は五万円しか与えられていなかったが、店の売り上げを抜き取るのは、造作もないことだったのだろう。

そして、七四年五月、栄町のソープランドで働く女性（当時二十一歳）を知って、のめり込む。女には同棲中の愛人がいたが、夏には別れさせ、稲毛海岸に近いアパートも借りた。

両親は、二人の関係に猛反対した。レストランのずさんな経営も目にあまるものがあったのだろう。父親は、クルマを取り上げ、従業員のいる前で、息子を叱責した。

その翌日の十月三十日、佐々木の両親は姿を消した。父・守は六十歳。母・あきこは四十八歳だった。

三日後、佐々木は、両親が行方不明になっていると市原署に届け出た。自宅から多量のルミノール反応が出たため、捜査本部が設置され、二十二歳の哲也を殺人と死体遺棄の容疑で逮捕した。十一月九日には、父親の遺体が東電五井火力発電所沖で発見された。足を括った麻縄には、タオルケットが結びつけられていた。警察は、これで包んだ錘《おもり》が転がり出たのだろうと推察した。翌十日には、母親の遺体も発見された。こちらには、重さ二一・五キログラムのタイヤのホイールドラムが結びつけられていた。ふたつの遺体には、無数の刺し傷があった。

この「市原両親殺人事件」をモデルに、中上健次は、「蛇淫」という短編を書いた（『文藝』、一九七五年九月号）。主人公の名は順、相手の女はケイ。順はかつて「この町一番の不良」で、ケイは、順の一家が昔住んでいた「駅裏の、どぶがにおいたてる路地」の隣家の娘である。小説の舞台は千葉ではなく、関西方面である。「路地」はいうまでもなく、中上作品にしばしば登場する、非差別部落の「路地」である。

順の父親は、さまざまな商売を手がけて成り上がり、今は製材業を営んでいる。二十七歳の順もすでに改悛し、両親から国道沿いにスナック「キャサリン」を出してもらった。ウェイトレスは、むりやり引っ張ってきたケイにやらせた。

間もなく二人は肉体関係を持ち、順はケイを家に連れ込むが、両親はケイを嫌った。

ケイの失聴した右耳の原因をめぐって、順と両親は言い争った。ケイは順に、昔彼の家に生《は》えていたイチジクを盗んで叩かれたからだと話したが、順の父親は、ケイの母親の情夫が、中学三年生のケイを手ごめにし、それを知った母親が殴ったからだと言う。順の母親は、息子が女に「ひっかかって、とりつかれてるんや」と言い、「蛇や蛇、あの女は蛇。淫乱」と罵る。順は、逆上し、灰皿で両親を殴りつけ、殺害する。

そして、親殺しの物語は、小説から映画へ手渡される。

今村昌平組から日活へ「出向」した長谷川和彦は、藤田敏八《としや》、西村昭五郎、神代辰巳《くましろたつみ》らの助監督を務めながら、『濡れた荒野を走れ』（一九七三）、『青春の蹉跌』（一九七四）、『宵待草』（一九七四）、テレビドラマ『悪魔のようなあいつ』（一九七五）などのシナリオを書き、注目されていた。七五年、日活を出た長谷川に声をかけたのは、ATG（日本アート・シアター・ギルド）の多賀祥介（元『映画の友』編集長）だった。

長谷川は、一瞬逡巡したが、『理由なき反抗』（一九五五）のような映画ならできるかもしれないと考えた。企画を探し始めた長谷川に、「蛇淫」を読めと言ったのは、大島渚の盟友で脚本家の田村孟《つとむ》である。

長谷川は、作品を読んで興味を抱き、中上に会い、「蛇淫」にモデル事件があったことを知る。半年かけて千葉へ通い、「会える人間には皆会った」（DVD『青春の殺人者』監督インタビュー）長谷川は、「蛇淫」を原作としながら、調査でつかんだ事実を織り込んで、虚実半ばの脚本を書こうと考える。筆の進まない長谷川に執筆を申し出たのは、最初の提案者、田村だった。

映画『青春の殺人者』（一九七六）の前半は、斉木順（水谷豊）が両親を刺殺し、大量の血を洗い流し、死体を海へ投棄するまでを克明に描く。後半は、片耳の聞こえないケイ子（原田美枝子）との短い逃避行と、ここに及んだ順の半生のフラッシュバックである。

映画では、順は、「元不良」ではなく、佐々木哲也本人の素性を取りもどしている。父親を殺した順に対し、遺体を捨て、「二人で暮らそう」と持ちかける母親（市原悦子）は、「大学行きなさいよ、また勉強して、大学院にも行きなさいよ」と語りかける。

また、劇中劇のように挿入された8ミリ映画も、高校時代の佐々木の作品をモデルにつくられている。タイトルは、『磔刑《はりつけ》――家族帝国主義論序説』。「脚本・監督　斉木順」とクレジットに記された、この架空の作品は、高校時代の映画仲間、宮田道夫（江藤潤）、石川郁子（桃井かおり）の結婚披露宴で再映されるはずだった。

三分ほどのモノクロ映像は、高校闘争の後で男子生徒が焼身自殺し、彼のガールフレンド（桃井）が拉致され、磔にされ、彼女を救いにきた仲間二人（水谷、江藤）が返り討ちに遭うというストーリーである。長谷川は、佐々木がつくった8ミリ作品（『血塗られた微笑』）を見て、そのアイデア（人形を投げ上げるシーンなど）を再現したという。

撮影部の栗田豊通と助監督の相米慎二が撮影した映像は、ひどく殺伐としていて、グロテスクで、本編と拮抗するような迫力がある。あたかも佐々木のつくった映画が転生して、長谷川の映画に異議を申し立てているかのようである。

この章で論じるのは、〈遠郊〉の若者たちである。〈近郊〉が都市のすぐ外側に位置するなら、〈遠郊〉はもう一回り外側にある。「地方」や「田舎」といわれておかしくない地域もある。地元の住民たちは、家族や仲間で喋り合う時は、土地の言葉を使う。彼らは、都市の経済や文化に直接さらされたり、その恩恵を被ったりしているとは考えていない。

しかし後述するように、七〇年代以後、〈遠郊〉の目に見えない防壁は、都市の無秩序な拡大に食い破られていった。この予想をはるかに越える蚕食現象の中で、〈遠郊〉の経済と社会の基盤が掘り崩され、人々は仕事と暮らしのバランスを失っていった。

千葉・市原の佐々木家は、その地に長く住み続けた人々ではない。哲也の父も母もここに流れつき、しがみつくようにして、成り上がった一家である。彼らは、自動車のタイヤやドライブイン・レストランといったモータリゼーション周辺の事業によって、〈遠郊〉の成功者の地位を勝ち取ろうとしていた。

しかし息子は、こうした新興自営業者のバイタリティを間近に見て、むしろ反発を感じていたようにに見える。彼は、〈遠郊〉へ熱波を送ってくる首都の動静が気になっていた。地元を離れて進学校へ入ったことも、その傾向を促進したに違いない。

彼は東京に出ようとする寸前で、父親の制止を受け、それを振りきることができなかった。いったんはしまいこんだ都市への欲望はくすぶり続け、腹いせのような遊興行動に転化した。それはどこか、「成り上がり」の子弟にふさわしいものに映る。しかもあげくに、急ごしらえの「恋」を制止され、彼はキレた。

2　切り裂かれた田園——宇都宮一九八〇

もう一方には、いったん東京へ出たものの、居続ける根拠を失って、戻った者もいる。

作家の立松和平は、宇都宮駅のすぐ近くの川向町で生まれた。彼の父は、戦災で破損した焼けモーターを東京から買ってきては、修理して脱穀や揚水などの農業用に売っていた。母は夏の間だけ、病院や食堂や家庭を回って氷を商った。

立松は、栃木県立宇都宮高校を卒業し、一九六六年、早稲田大学政治経済学部へ進学した。折からの学園闘争に加わり、ジャズを聴き、放浪の旅を繰り返し、結婚して子どもをつくり、小説を書いた。卒業後は定職に就かず、バーテン、測量の棒持ち、立ちんぼの土方、病院の看護助手などを転々としたが、ついに食いつめ、一九七三年、宇都宮に戻った。

宇都宮市役所に勤めた立松は、市街から十キロほど離れた横川地区に居を構えた。彼の住む「安普請の建売り住宅団地」は、田畑と雑木林を壊してつくったものだ。その「団地の脇には新4号バイパスが高速道路のような威容を誇って走り、道路の対岸には鉄筋コンクリートの箱をならべたような四階建てのアパート群があり、その先は工業団地になっている」(『回りつづける独楽のように』、一九八二)。

集合住宅のとなりに、トマトをつくるビニールハウスがあれば、小説『遠雷』(一九八〇)の舞台ができあがる。

『遠雷』の主人公、和田満夫は、製菓工場の運転手を辞めて、トマトをつくっている。一家は、県の工場団地と住宅団地の開発によって大半の田畑を手離していた。金はうなるほどあった。父は、街の女に入れあげて家を飛び出し、母はその必要もないのに、道路工事の現場で交通整理をやっている。満夫は残された土地にビニールハウスを建て、農業を続けようとしている。

満夫には、中森広次という幼なじみの友だちがいる。満夫の母と同じ工事現場で働いているが、田植えの時期になれば、清掃工場で働く父母と一緒に泥田へ出る。もちろん、彼の家にも金はある。

その使い道がよく分からないままに、かたちばかりの農業と日銭稼ぎの雑業を漫然と続けている。二人の若者は、東京へ行かない。東京を話題にすることもない。満夫の兄は、埼玉の団地に住むサラリーマンだが、彼の口からも東京の情勢は聞こえてこない。青年たちは、まるで怖れるように都市に背を向けている。売り残したわずかな土地は、自身が吹き流されるのを留めるための、最後の拠り所のようだ。

しかし、そんな彼らがただひとつ気にかかるのは、都会の匂いをわずかに漂わせる、団地の主婦たちである。彼女たちが発するけだるい停滞感は、青年たちには、欲望の表象のように見えて仕方ない。

『遠雷』は、発表された翌年、根岸吉太郎《ねぎしきちたろう》の手で映画化された。企画は、『青春の殺人者』と同じ、ATGの多賀祥介である。満夫（永島敏行）と広次（ジョニー大倉）を翻弄する、団地の主婦カエデ（横山リエ）は、子連れながら垢ぬけてしかも妖艶だ。広次は、そのカエデを連れて出奔し、あげくに絞殺して、満夫のところに戻ってくる。

映画の終盤である。満夫は、見合いで意気投合したあや子（石田えり）との結婚式に臨んでいる。彼女は、カエデとは対照的なたくましい農家の娘で、「子供をぺろりと産む女」と形容されている。★1
披露宴には、近隣の縁者たちが集い、浴びるように酒を飲んでいる。まるで「村が戻ってきたよう」な光景である。夜半、雨が降り始め、満夫は濡れ鼠の広次を拾って、ビニールハウスにかくまう。

広次が、カエデとの侘しい逃避行の一部始終を長々と語ると、満夫は旧友にこう言う。

「広次、逃げろ。俺の車乗ってけや。明日の朝一番で農協から百万おろすからよ。今夜はここで休んで百万持ってどっかで暮らせや。団地のやつらの犠牲になることなかんべな」

小説の趣意は、小さな土地にしがみつき、勝算のない闘いを続ける男への共感であり、穏やかな田園をずたずたに切り裂いた「開発」への反感である。立松は、故郷に出戻りながら、どこか腰の坐らない自身のあり方の対極で、骨太い満夫を描き、併せてその閉塞感に耐えきれなかった広次を描いた。

七〇年代後半、〈遠郊〉は、すでに「団地のやつら」の犠牲となり始めていた。この事情を我々はもう少し、仔細に見ていくことにしよう。

3 窮乏化する地方経済

立松和平は、『遠雷』に続く作品として、『春雷』(一九八三)と『性的黙示録』(一九八五)を書き、三部作をなした。最初の作品が、息詰まるような閉塞感に苛まれながら、土に触れて生気を取り戻す青年を描き、どこか楽観的なファンタジーであったのに引きかえ、第二作と第三作は、土から引き離される若者たちの陰惨なリアリティを執拗に描き込んでいく。

『春雷』では、満夫たち和田一家は、ビニールハウスを建てたわずかな畑と住宅を手放すところまで追いつめられている。父は農薬を飲んで自殺し、第一作が結婚式で幕を閉じたのと対比的に、葬式で締めくくられる。

さらに、『性的黙示録』では、満夫はトマトの栽培を止め、土地と家を売り払う。自身は蒲団屋の勤め人になり、あや子はスーパーのパート仕事に出る。二人の子どもと老いた母親を抱え、街の賃貸アパートで暮らす満夫の一家には、濃い灰色の影が落ちている。

ささいなきっかけから、社長の水野を撲殺した満夫も、彼の家族にも、もう戻る場所が残されていない。ビニールハウスのあった場所はファミリーレストランに、住宅は取り壊されて駐車場に変わり果てている。土地の記憶はコンクリートとアスファルトの下へ塗り込められて、ぷつんと立ち消えてしまっているからだ。

満夫の一家がたどった道は、八〇年代の〈遠郊〉の急速な変貌を象徴している。その変貌の背景には、この時期の地方経済に絡んだいくつもの因果がある。

前史には、国土と産業のデザインをめぐる、都市と地方の綱引きがある。

高度経済成長を牽引した重化学工業は、三大都市の近傍に生産拠点を集中させた。それが都市圏への人口集中を招き、地方の衰退を招くことになった。これに対して、一九六〇年代以後、工場を地方へ分散させようとする動きがあった。

一九六二年に策定された「全国総合開発計画」は、太平洋ベルト地帯への工業の集積、その結果生まれた、他地域との格差の拡大を懸念して、工場の分散をはかったが、予測を上回る経済成長が続いた結果、大都市（特に東京）への人口流入は止まらなかった。

その後、「新全国総合開発計画」（一九六九）、「工業再配置促進法」（一九七二）、「第三次全国総合開発計画」（一九七七）などの策定・制定を通して、工業・工場の地方分散がある程度達成され、大都市への人口流入と地域格差は縮小していった。

しかし、八〇年代には、さらに大きな転換が始まる。

まずこの時期に、鈴木善幸《ぜんこう》内閣の「増税なき財政再建」によって、公共事業が抑制され、地方の原料立地型工場地帯への資金流入が細る。背景には、ニクソンショック以来の固定相場の終焉というグローバルな要因がある。変動相場制の下では、資本は国境を超えて租税負担の低い地域へ流れ出す。すると戦後の先進国が維持してきた、税による所得再分配モデルが揺らぎ始め、都市の稼ぎを地方へ配分する意欲が失われる。こうして、七〇年代まで追求されていた、産業の地方分散が断念されていった。

いわゆる、新自由主義への路線転換である。

さらに転換を決定づけたのは、八五年のプラザ合意による円高誘導と、その結果としての円高不況である。「合意」を強要したのは貿易赤字に悩む米国であり、中曽根康弘首相と竹下登大蔵大臣は、結果を見通しながら米国の要求に従った。

九〇年代以後の日本の経済と社会の混乱は、ここに始まるといっていい。

当然ながら、日本の製造業の競争力は低下し、製造拠点は海外へ移っていく。「空洞化」は、地方でより顕著だった。工場団地から企業が撤退し、雇用が失われた。

しかし、政府はこうした事態を知りながら、別の方向へ手を打っていく。折から策定中の「第四次全国総合開発計画」（一九八六）について、中曽根首相は、基調テーマの「多極分散型国土の構築」に対し、「大都市問題への抜本策」を指示して再考を促した。大都市重視を打ち出したのである。地方からの激しい反発に遭って、元の方針へ帰着したものの、以後の国土政策及び社会資本政策は結局、中曽根首相の意図にそって舵を切っていった。

「民活」（民間活力）による都市型大規模プロジェクトも始まる。それも、生活基盤ではなく生産基盤の社会資本の増強に限られたものだった。関西国際空港や東京湾横断道路（アクアライン）などの大型プロジェクトは、高速通信網などとともに、グローバル経済に対応する「世界都市」構想に基づくものだった。

それが東京のオフィス需要の急激な高まりとなって、バブル経済へのひとつの引き金になっていく。また一方、工場機能が流出して「空洞化」した地方経済は、公共事業への依存を高めていく。唯一の地場産業が公共事業となり、地方では技術や人材を育てる機会さえ失われてしまった。

この話はさらに続く。

プラザ合意による円高は一時、家電や自動車などの輸出産業に深刻な影響を与えたが、日本の産業界は、生産拠点の海外移転を含む合理化に加え、ハイテク化や情報化によって産業構造を転換し、競争力を取りもどしていった。また、そうした構造転換を可能にしたのは、内需拡大に起因する金あまりと資産価値の増大である。

アメリカは、膨らむ一方の対日赤字を見て、その原因を日本の文化的特殊性に求めるようになる。米国の論客たちは、金を持っているくせに生活の質を向上させようとしない日本人を反消費的であると批判した。これこそ、「ジャパン・プロブレム」である、と。

このような文化干渉的な言い分におずおずと対応したのが、「前川レポート」(一九八五)である。中曽根首相の私的諮問機関である「国際協調のための経済構造調整研究会」(座長:前川春雄元日銀総裁)は、生産拠点の海外移転(!)や海外製品の輸入促進を主張した。

アメリカはさらに攻め立ててくる。

一九八九年、ブッシュ(父)大統領は、宇野宗佑首相に「日米構造協議」を提案してきた。アメリカの対日赤字が増え続けるのは、日本の市場の閉鎖性(非関税障壁)に原因があるとして、二百項目を超える改善要求を突きつけてきたのである。

その中で大きなポイントになったのは、第一に流通の規制緩和である。具体的には、税務署が管轄していた酒・たばこ・米の販売がターゲットになった。第二は、内需を刺激するための、社会資本整備に対する財政投融資(郵便貯金や年金を原資として大蔵省資金運用部が特殊法人に融資する資金)の活用である。

専売制の廃止については、一定の合理性があったが、財政投融資の方は、大規模な公共事業に米国企業を参加させようとするあからさまな目的があった。バブルが音を立てて弾ける中、財政投融資による公共投資は、目に見えて規模を拡大していく。

社会学者の新雅史《あらたまさふみ》は、このバブル以後の財政投融資に注目し、それが地方にばらまかれて、中心街からかけ離れた場所に、地方都市間のアクセス道路が数多くつくられたことを指摘している。市街地の道路は土地取得などの調整に時間がかかるから、手っ取り早く整備できる国道バイパスなどのアクセス道路が優先されたのである（『商店街はなぜ滅びるのか』、二〇一二）。

アクセス道路沿いでは、大規模な住宅用地や工業用地など道路周辺の開発も行なわれたが、バブル崩壊後の日本企業には、これを取得する余裕がなかった。こうして、地方都市の周囲には、造成されながら塩漬けになった土地がたくさん生まれた。地方自治体は、苦肉の策として、雨ざらしになった工業・住宅用地を商業用地に転換した。九〇年代から各地に広がったショッピングモールがやってきたのは、このような場所である。

地方都市間をつなぐアクセス道路沿いに大型店舗ができれば、市街地の中小小売店は大きな影響を受ける。かつては、大店法★2で大型店舗の出店を牽制した地域小売業は、もはやその力を失っていた。客が来なければ、シャッターを降ろす店が増え、商店街の衰退に拍車がかかる。さらに言えば、商店街の核店舗である酒屋・米屋・たばこ屋の多くの事業主たちが、コンビニエンスストアへ転業を終えるのも、この時期である。家族経営の零細商店が生き残る方法は、他になかった。

工業がアジアなどの海外へ逃げ、商業が郊外の大型店舗に取られると、地方経済は半壊した。雇用面では、製造業が抜けた後を埋めるのは、建設関係の公共事業か、ショッピングセンターやその周囲のロードサイド店、コンビニのパートやアルバイトしかない。地域に仕事がなければ、若者たちは都市へ出ていこうとする。しかし、九〇年代後半以後は、彼らが都市で正規雇用に就けるチャンスは目に見えて減っていった。「上京」とは、最初からすでに負け戦を意味する言葉になっていたのである。

4　ローカリズムと不良文化――ヤンキーたちの伝説

『遠雷』の満夫と広次が、気晴らしに街へ繰り出す場面がある。漂流の始まる前の青年たちには、まだ屈託がない。満夫の家で、夕食をいっしょに食べていた広次が、満夫に出かけようと誘うのだ。彼はまだ、団地の主婦・カエデを知らない。満夫は、土方みたいなかっこうじゃもてないから、一風呂浴びてからにしようと答える。

しばらくして、広次がクルマでやってくる。

庭からクラクションが聞こえた。マフラーが短く切ってあるので広次のスカイラインのエンジンは大型車なみの轟音がした。満夫は新しいジーンズをおろし、風呂あがりの濡れた髪に櫛をいれて外にでた。ひんやりした風が火照った頬に気持よかった。ヘッドライトに照らされて、ビニールハウスは燃上がったように見えた。トマトの黒い実や葉が炎に包まれる。広次は窓から肩を乗りだして叫んだ。

「ポマードべったり塗りやがって。リーゼントにきめてきたんか」

このシーンと会話から、満夫と広次の風体と、彼らが身を置いている若者文化の種類が分かる。

マフラーを切ったスカイラインも、ポマードで固めたリーゼントも、ともに七〇年代の古典的なヤンキーカルチャーである。いうまでもなく、広次役を努めたジョニー大倉は、矢沢永吉をリーダーとする「キャロル」のメンバーである。彼の熱演（日本アカデミー賞優秀助演男優賞）がなければ、この映画の雰囲気はずいぶん違ったものになっただろう。広次＝大倉の、激情を制御しきれない危うさと、甘えを隠しきれない孤独感を交互にのぞかせた〈遠郊〉の青年像には、七〇年代のカウンターカルチャーの匂いも残っている。

「ヤンキー」は、戦後不良文化の代表的な表象のひとつである。その言葉通り、ルーツはアメリカの若者文化にある。リーゼント、革のジャンパー、オートバイの組み合わせは、五〇年代のマーロン・ブランド（『乱暴者《あばれもの》』、一九五三）やジェームズ・ディーン（『理由なき反抗』、一九五五）らに発し、日活アクション映画を介して日本の若者たちに伝わった。

同じアメリカ文化でも、東部の大学生の髪型や服装から来た「アイビー」は、中産階級の価値観を伴っていたが、「ヤンキー」は、元々は下層階級のものだ。[★3]

七〇年代、ヤンキーはふたつのブームと併走し、時に合流し、全国へ拡大した。

ひとつは、暴走族である。

暴走族は、七〇年代のバイクの低価格化を背景に生まれた。はじめは、集団走行による自己顕示が目的だったが、七〇年代半ばには地域連合が結成され、組織間の抗争へ発展した。併せて厳しい上下関係や地域暴力団とのつながり（いわゆる「ケツ持ち」）が、組織内に軋轢を生み出すようになる。またその風体は、典型的なバイカースタイルから逸れて、パンチパーマと剃り込みのヤクザ風髪型、アロハシャツや甚平に女もののサンダルという奇妙な取り合わせ、長丈で刺繍の入った「特攻服」まで、独特のスタイルを生み出していく。

もうひとつのブームは、改造学生服である。

改造学生服（長ラン、短ラン）を好んで着る中・高校生たちは、「ツッパリ」と呼ばれた。その言葉が示しているように、彼らは成績と素行を重視する公認の学校文化に反抗した。第5章で見たように、七〇年代の中等教育が成績による序列の一元化を進める中で、これに反発する「非進学組」の旗印が、ツッパリ（女子のリーダーは特に「スケ番」と呼ばれた）だったのである。

八〇年代に入って、管理教育がツッパリを学校から追い出し、制服がブレザー（改造しにくい制服）になって、長ランや短ランはすたれた。他方、暴走族も厳しい取り締まりと、組織内の厳しい拘束が嫌われて、勢いを失っていく。〝やんちゃな〟若者たちは、学校から流れ出し、バイクから降りて街に居場所を求めるようになる。

そうした中で、ヤンキーは、反学校・反社会の色合いを急速に失って、表面的な意匠のひとつになっていく。ロックグループの「横浜銀蝿」や一連のヤンキーマンガが人気を得たのは、この頃だ。パロディ化されて歌われ、描かれた〝ハンパない〟青年たちは、すでに消滅しつつある古典的な反抗者の姿だった。

またもうひとつ重要な現象は、ヤンキーが地域社会の「包摂装置」として機能するようになったことだろう。社会学者の大山昌彦の観察・分析によれば、茨城県A市を拠点とする暴走族「幕府」

は、七〇年代末以後、毎年、町の祭りでロックンロールダンスを踊ってアピールするのが慣わしだった。毎回のように、警察との小競り合いがあったが、彼らが完全に排除されることはなかった。祭りの主催者側に彼らのOBがいて、「幕府」と地域の伝統的共同体との「つなぎ」をやっていたからである（「暴走族文化の継承」、五十嵐太郎編『ヤンキー文化論序説』、二〇〇九、所収）。

十八歳になると、多くの「幕府」メンバーは引退する。「卒業生」たちはしばらくの間、「現役」とつきあいを維持しながら、しだいに地域の大人社会の方に近づいていく。消防団に属したり、商工会議所のメンバーになったりして、大人社会に溶け込んだ彼らは、神輿《みこし》の会に加入し、再び町の祭りに参加するようになる。★4

「幕府」は、十代半ばの少年たちに、反抗の場を与え、しかも彼らが地域社会に戻っていくための道筋をつけていたのである。

すでに何人かの論者が指摘しているように、ヤンキー現象は、ポール・ウィリスが『ハマータウンの野郎ども』（原著：一九七七、翻訳：一九八五）で論じた「反学校文化」に通じるところがある。同書は、イギリスの労働者階級の子弟たちが、勉強して有利な職に就くという「学校文化」を認めず、進んで学校での成功を放棄するという姿を描いた研究書である。

この本の訳者の一人、経済学者の熊沢誠は、こう書いている。

彼らはしかし、学校では「落ちこぼれ」ても決して打ちのめされていません。いわば従容として底辺の肉体労働の世界に入ってゆくのです。ここで注目すべきことは、彼らがなかまとともにそこに立っている「反学校文化」は、親や地域に根付いている「たくましさも退嬰もあわせもつ」労働者文化に支えられていることです。(『若者が働くとき』、二〇〇六)

満夫と広次の高校時代は、作品の中では触れられていないが、彼らが広義のヤンキー文化の近くにいたことはまちがいないだろう。多少は羽目を外したかもしれない青年たちを、『遠雷』の地域社会はそれなりに受け止め、遇している。

しかしその後、立松が書いた続編(『春雷』『性的黙示録』)の中で、地域社会はほぼ完全に包摂力を失い、ついで地域社会そのものが消え去ってしまう。

事情は、大山が調査した茨城県の暴走族でも同じようだ。「幕府」は二〇〇〇年に消滅した。理由は、後継者がいなくなったからだ。厳しい上下関係や逮捕のリスクなどが嫌われたのである。バイク好きの少年たちは、もっと自由で気楽な愛好会で走るようになった。また、「反学校文化」の温床だった中学校の不良グループの規模も縮小したという。

「幕府」なき後、この町では、若者たちが地域社会へ戻っていく「包摂装置」が再生することはないだろう。母集団たる不良少年が減少したのは、彼らが戻っていける地域社会自体の衰退を、敏感に嗅ぎ取ったからに他ならない。

5　ジャスコのある風景

〈遠郊〉の文化に触れるとき、「ジャスコ」を語らずにすませることはできない。

消費社会研究家の三浦展《あつし》は、地方都市及びその郊外で犯罪が頻発していることに注目し、郊外化の病理を分析してみせた（『ファスト風土化する日本』、二〇〇四）。

その中で三浦は、「犯罪現場の近くにはなぜかジャスコがある」と見出しを立て、犯罪とジャスコの因果関係を論じていくうちに、実に単純で重大な事実に遭遇する。

それは、〝どこにだってジャスコはある〟という事実だ。

三浦によれば、ジャスコを中心とするイオングループは、ジャスコ、サティという総合小売業だけでも三百二十七店を有している（二〇〇四年当時。両社は二〇一一年、ともに「イオン」へ名称変更）。日本の国土のうち、たかだか十二～十三万平方キロメートルしかない平野部でみれば、ほぼ三八〇平方キロメートル弱に一店あることになる。「つまり、二〇キロ四方の範囲に一店はあるわけで、どこからでも一〇キロ行けば必ずジャスコかサティがあるという計算になる。だから、犯罪の起きた場所の近くにジャスコがあるというのは、その意味では当然だ。どこにだってジャスコはあるのだ」（前掲書、傍点引用者）。

そして三浦は、「もちろんジャスコが犯罪と直接関係しているわけではない」（前掲書）と前言を翻し、「全国に張り巡らされた道路網とモータリゼーション、それに伴う郊外化によって、日本の地域社会の流動化と不安定化が進み、犯罪を誘発しているのだ」と結論づけた。

しかし、それは本当だろうか？　犯罪が地方都市とその郊外で頻発しているという事実と、ジャスコがあらゆる地域にくまなく展開しているという事実には、因果関係や相関関係はないのだろうか。

『下妻物語《しもつま》』（二〇〇四）という不思議な作品がある。嶽本《たけもと》野ばらが、二〇〇二年に書いた原作が二〇〇四年に映画化されている（監督：中島哲也）。茨城県下妻市を舞台に、ロリータファッションに身を包む竜ヶ崎桃子（深田恭子）と、レディース（女性だけの暴走族）の白百合イチゴ（土屋アンナ）の、コミカルで紆余曲折の友情物語である。

桃子は、兵庫県尼崎市から、事業に失敗した父親とともに、祖母の実家がある下妻へやってきた。ロリータファッションを買いに代官山へ通う彼女は、実は刺繍の名人である。一方のイチゴ（仲間には「イチコ」で通している）は、いじめられてぼろぼろになっていたところを、レディース「ポニーテール」のリーダー（小池栄子）に会って救われた経験を持つ。

そんな二人が出会い、ぎくしゃくしながらも、相手を友として認知していく。暴走族の季節はとっくに終わっているから、イチゴのヤンキーぶりは完全にパロディだし、ボンネットをかぶって農道をしずしずと歩いていく桃子も非現実的である。

しかし、この映画が優れているのは、〈遠郊〉の若者の現実が、こうした奇妙なファンタジーを介さない限り、描きようがないことを伝えているからである。

そしてこの映画は、「ジャスコ」が巧みに引用されていることでも知られている。冒頭、代官山を目指して下妻駅に向かう桃子に向かって、地元の八百屋（荒川良々《よしよし》）が不思議そうに尋ねるシーンだ。

「なんで東京行くの？　ジャスコがあんのに」

彼は、店の客たちといっしょに、自分たちのふだん着はすべてジャスコで買ったものだと言って、それぞれの値段を告げる。

ここで桃子が向き合っているのは、ジャスコでしか服が買えないという現実ではなく、すべての住民がジャスコで服を買っているという現実である。これにいったん気づいてしまった者は、やりきれない閉塞感を抱えこむことになる。それを突破するには、何らかのファンタジーによって現実を壊すしかない。奇抜なファッションも時代遅れの暴走もそのひとつだが、その程度では飽き足らない者の脳裏に、犯罪に隣り合うようなファンタジーが浮上してきても、さほど不思議ではない。

このような事態はもちろん、ジャスコが意図したものではないが、人口数万人の地方都市に大型店を出し、地域の圧倒的なシェア（誰もがジャスコで買い物をする状態）をめざしたのは、明らかに彼らの戦略だったのである。

6　ロードサイドからイオンモールへ

一九九七年に開店した下妻ジャスコ（現・下妻イオン）は、国道二九四号線（千葉県柏市～福島県会津若松市）常総バイパスと国道一二五号線（千葉県香取市～埼玉県熊谷市）のクロスポイントの脇にあり、下妻駅から三キロメートルほど離れた典型的な郊外店舗である。

映画『下妻物語』の中で、カメラに捉えられたのは、この店舗である。

ジャスコの出店戦略は、一九七五年の大店法の改正（規制強化）によって大きく変わったことが知られている。それまでは、都市の中心部や駅前へ「アンカーストア」（拠点店舗）を出店すべく、ダイエーや西友と競っていたが、成果がなかなか出なかった。大店法改正で地元商店街の反対が厳しさを増すことを予測し、ショッピングセンターを全面的に郊外型店舗へ切りかえる決断を下したのである。

当時の社長、岡田卓也が発したスローガンは、「タヌキやキツネの出るところ、カエルの鳴くところに店をつくれ」（李敬泉「ジャスコの出店戦略の原型」、二〇〇四）だった。岡田は、野の獣が棲む田舎でも、モータリゼーションの波に乗れば、十分ショッピングセンターの立地として成り立つと見通したのである。

ダイエーは、この時期以後も大都市へ出店を続けたが、ジャスコが出店したのは、本当に大手競合店不在の人口十万人以下の町、それも駅や中心部から外れた不便な場所だった。その結果、東北、北陸、山陰に、ジャスコは多くの店舗を持つことになった。

しかし、地理的ニッチを狙う出店戦略を貫くには、そのぶん、地域の高いシェアを確保する必要がある。ジャスコは、地元の八～九割の消費者が買いにきてくれるように、現地のニーズに応えた店舗オペレーションを磨き、地元商店との「共存共栄方式」の出店を通じて、地域への浸透を図った。『下妻物語』の八百屋とその客が、「みんなジャスコで買ってんだよ」と言ったのは、こうした努力の〝成果〟だったのである。

ジャスコの出店戦略に学び、同調したのは、カテゴリーキラーと呼ばれる専門店だった。紳士服、家電、靴、書籍、クルマ用品、ホームセンター、ドラッグストアなどの大規模資本がこぞって――大店法規制にかからない五〇〇平方メートル以下の売場面積で――郊外の幹線道路沿いに出店攻勢をかけた。またこれら専門店が、新しい消費ゾーンを形成すると、その客たちを狙って、ファミリーレストランやファストフードストアなども集まってくる。

こうして大店法の時代に、規制と正面衝突した大規模スーパーと、規制で身を守ろうとした既存商店街の間隙をぬって、ロードサイドビジネスが急拡大を遂げたのである。すると、この動きにつれて、アパートやマンションが建ち、新しい住民たちがやってきて、新旧住民の比率が急速に入れ替わる。さらに、銀行、郵便局、病院、学校、学習塾、スポーツ・文化施設などのインフラ系の業種や施設もロードサイドへ移動してくる。

評論家の小田光雄は、この新たな「混住社会」（『〈郊外〉の誕生と死』、一九九七）が、定住度の低い「ノマド的発想」によって成立していると述べた（ノマドとは英語で遊牧民・放浪者の意味）。それは多くのロードサイド店舗がオーダーリース方式（借地借家方式）で建設され、新住民の多くが賃貸のマンションやアパートに住んだからである。

オーダーリースは出店のコストを下げて、多店舗展開をしやすくするだけでなく、契約期間終了後は転出も自由だから、不採算店の撤退にも都合がいい。また、賃貸住宅の住民とは、他地域への移転を前提とした浮動的な住民たちである。そもそも、ロードサイド店舗の就業者たちは、町中の店とちがってそこに住んでいない。つまり、道路沿いにつくり出された賑わいは、その本質において、かりそめの時の中にしかない。

ちなみに、八〇～九〇年代にかけて、地方都市の住民に対してジャスコが果たした役割は、二〇〇〇年代以後、さらに大規模な「イオンモール」によって、洗練・拡大された。

最初の出店は、一九九二年の「イオン柏ショッピングセンター」（青森県西津軽郡柏村、現「イオンモールつがる柏」）である。以来、いくつかの店舗ブランドが存在したが、二〇〇七年、「イオンモール」に統一された。

モールの原義は木陰のある遊歩道だが、アメリカでは、大規模ショッピングセンターを意味するようになった。イオンの場合、その基本条件は、二つ以上の核店舗（総合スーパーや百貨店、大型専門店など）を専門店街で結ぶ「二核一モール型」である。自動車三十分圏、商圏人口四〇万人を想定し、総賃貸面積七～八万平方メートル、三五〇〇台以上の駐車場を確保する。シネマコンプレックスをはじめとするアミューズメント、医療・銀行など公共性の高いサービス施設、イベントホールなどの公共施設を備えるモールもある。

現在営業中の施設は、東北十三、北関東・北信越二十五、南関東二十二、東海二十三、近畿三十一、西日本二十五、海外では、中国五、カンボジア一、ベトナム二で、総数百四十七にのぼる（二〇一四年一二月現在）。

社会学者の阿部真大《まさひろ》は、岡山県倉敷市をフィールドに、地方都市に住む若者を調査し、彼らの強い地元志向を浮き彫りにしてみせた（『地方にこもる若者たち』、二〇一三）。

その若者たちが、異口同音に余暇を過ごす場所として、イオンモールを挙げた。彼らは、休日にはイオンモールへのドライブを楽しみ、モール内のユニクロで買い物をし、ロードショーを見て、手軽なレストランやカフェでくつろぎ、またクルマで自宅へ帰る。

阿部によれば、イオンモールとは、「ほどほどの楽しみ」を与えてくれる「ほどほどのパラダイス」だ（前掲書）。そこには、半壊したとはいえ、いまだに濃密な田舎の人間関係（地縁）は届かない。クルマで三十分走れば、擬似的な都市空間のもたらす自由と解放がある。そのコンビニエントな快適さこそ、若者たちの新しいローカリズムである。★5

7　地元のユートピア——『木更津キャッツアイ』の世界

八〇年代の代表的な「民活プロジェクト」のひとつ、東京湾横断道路（アクアライン）は、一九八九年に着工され、一九九七年には全線が開通した。神奈川県川崎市と千葉県木更津市を約十分で結び、首都圏の渋滞を大幅に解消する切り札として期待されたが、高額な通行料のせいで利用者数が低迷した。期間限定も含め、数次に及ぶ料金値下げを行なったが、いまだに投資回収のめどは立っていない。

そのアクアラインを遠望する木更津の海岸に、掘立小屋のような居酒屋「野球狂の詩《うた》」がある。店のマスターは、アフロヘアの子持ちで、木更津第二高校野球部のOBである。

この店には、彼の同輩たち——二年前の夏、県大会の決勝で敗れた野球部の仲間——が、足繁く立ち寄り、ビールをあおりながらバカ話に興じる。彼らは、卒業後も草野球チーム「木更津キャッツ」をつくり（その裏組織が「キャッツアイ」というアマチュア窃盗団）、仲良く〝つるんで〟いる。

床屋の息子、ぶっさんこと田渕公平（岡田准一）は、元キャプテンでキャッチャー。呉服屋のせがれ、バンビこと中込フトシ（櫻井翔）はピッチャー。サードを守る金髪の佐々木兆（塚本高史）の実家は写真館。彼は、野球のうまい弟がいるせいで、たんにアニと呼ばれている。うっちーの愛称を持つ内山はじめ（岡田義徳）はショート。吃音で、素性がはっきりしない不思議なキャラクターである。そして、「野球狂の詩」のマスター、岡林シンゴ（佐藤隆太）は、その通りマスターと呼ばれ、ファーストを守る。マスターは別として、定職に就いている者はいない。バンビだけが大学に通っている。彼らが、自身を宙づりの状態に置いて、自己決定を回避しているのは、誰の目にも明らかだ。

TVドラマ『木更津キャッツアイ』は、二〇〇二年に放映された。『池袋ウエストゲートパーク』（二〇〇〇）で一躍脚光を浴びた、宮藤官九郎《くどうかんくろう》のオリジナル脚本である。プロデューサーの磯山晶《あき》によれば、放映当時はさほど視聴率が高くなかったようだが、後にDVDがヒット、ロケ地の木更津は「聖地」化され、多くのファンが訪れたという。

全九話に緊密なつながりはないが、初回から最終回までを貫いている一本の筋は、主人公であるぶっさん・公平の死である。★6 彼は、悪性リンパ腫で余命半年と宣告されており、その〝未来の死〟がドラマに陰影と緊張をもたらしている。いわば、宙づりを満喫していた青年が、突如別の宙づりに苛まれることになったのである。仲間たちは、そんな公平を活気づけるために、あれこれの騒ぎを巻き起こす。

また、五人の若者たちの周囲には、奇妙なジモトの大人たちが跳梁跋扈して、スラップスティックな雰囲気を盛り上げる。

オジーと呼ばれるホームレス（古田新太）、裏社会につながる野球部の先輩たち（山口智充・阿部サダヲ）、不安定な心身をかかえる高校教師、美礼《みれい》先生（薬師丸ひろ子）、ストリップ劇場のベテランダンサー、二代目・木更津ローズ（森下愛子）、息子と名前で呼びかわす公平の父、公助（小日向文世）、男色家の事業家（ケーシー高峰）……。彼らこそ、宮藤の〈遠郊〉イメージを支える〝濃い〟ジモト人たちである。

同じジモトものとはいえ、『池袋ウエストゲートパーク』にちりばめられていた暴力的な要素は――オジーの惨殺以外には――あまりない。池袋の街をまるで揉み合うように駆け回っていた、カラーギャング（都市型不良グループ「チーマー」の派生型[★7]）と暴力団、殺人鬼と警察は、木更津にはいない。暴走族はエピソードの一部として登場するが、どちらかといえば過去の遺物として扱われている。

ドラマの基調は、〈遠郊〉の倦怠に満ちた穏やかさであり、いわばゼロ年代のユートピアである。そして、人気をじわじわと押し上げていったのは、宮藤脚本の凝った構成（野球にちなんだ「表」と「裏」の二部構成）や、サブカルの無数の引用とパロディ（最も重要な引用は、オジーの死んだ兄に重ねられたあだち充の『タッチ』）や、金子文紀、片山修らの軽快な演出だけではない。視聴者の共感を得たのは、ジモトに居残って、野球と泥棒で遊びつづけ、人生の選択を先送りする若者たちの、底抜けではない明るさだった。

　第三話で、皆が東京へ合コンに出かけようとすると、公平は、初めて東京へ行くのだと言って、彼らを驚かせ、「行こう行こうと思うんだけど、なかなか難しくて」と弁解してみせる。このセリフに見られるように、木更津の若者たちは、東京に強く憧れることはないかわりに、それをことさら嫌うこともない。[★8]東京はもはや接触せずに済ませられる場所ではないからだ。ただし、そのことを重々知りながら、彼らは慎重に東京と距離を置こうとする。東京との曖昧な関係を続けるのは、彼らが宙づりのままで痛痒を感じないのと、ほぼ同じことを指している。

　評論家の大塚英志は、『木更津キャッツアイ』が、押井守のアニメ作品『うる星やつら2　ビューティフル・ドリーマー』（原作：高橋留美子、一九八四）のテーマを継承し、かつ発展させたものと見ている。

　『ビューティフル・ドリーマー』は、主人公の諸星たちが、学園祭の準備をしているうちに、いつまでも同じ時間が繰り返されていることに気づくところから始まる。調べていくと、その理由は、彼らが住む友引町そのものが、諸星といつまでも一緒にいたいという、キュートな鬼娘・ラムの夢に、すっぽり呑み込まれていたからだった。押井は、町が巨大な亀に乗って虚空を移動していく映像で、この事情を外部の視点から明らかにしてみせた。[★9]

　確かに、若者たちは、多少の後ろめたさを抱えながら、先送りによって宙づりの状態を続けたいと望んでいる。またジモトの大人たちも、同様の先送りに耽っている。いつも何かに後ろ髪を引かれている美礼先生（薬師丸）を含め、街の人々はゆるやかな循環的時間と反復的所作（たとえばオジーの「朝だよー！」）を楽しんでいるようだ。

しかし先送りは、公平の余命半年宣告によって、強制終了へ向かう。第六回で、オジーがトルエンの密売に巻き込まれ、殺されるあたりから、「死」は急速にドラマの中に侵入してくる。「死ぬってこえーな」とつぶやいていた公平が、いつの間にか、「俺、もう充分生きたから」と語りだす。第九回の「裏」で、公平はいったん息を引き取るが、蘇って野球場に現われる。最後のナレーションでは、彼は「一年以上しぶとく生き延び」、二十二歳でこの世を去ったとされる。

大塚によれば、『木更津キャッツアイ』が『ビューティフル・ドリーマー』の主題をより深化しえたのは、先送りにした終わりがいつかやってくることを示したからである。公平は、まるでアニメの主人公のような「死なない身体」をいったん与えられて生き返り、次に「壊れゆく身体」へ帰還する。宮藤自身も、このエンディングが意図したものであったことを述べている。

この作品を論じた評者がもうひとりいる。

先送りの終了という大塚の分析を（やや斜めに）引き継いで、評論家の宇野常寛は、宮藤が、「終わりのある（ゆえに可能性に満ちた）日常」という新しい郊外像を描き出したと述べた（『ゼロ年代の想像力』、二〇〇八）。半年後の死を宣告された公平は、キャッツおよびキャッツアイという「自ら選び取った共同体」（前掲書）をかけがえのない物語として受け取り、七〇年代以降引き継がれてきた郊外の閉塞感を乗り越える術を手に入れたのである、と。

つまり宇野は、この作品から、郊外の「終わりなき日常」を脱け出すには、伝統的な共同体へ包摂されないように、拠るべき共同体(キャッツ的なもの)を自分たちでつくりだすしかない、という命題を引き出したのである。

8 〈遠郊〉の捉え方――宮藤官九郎の方法

大塚と宇野の興味深い視点を共有した上で、もう少し臆見を述べて、この章を終えたい。

大塚は、八〇年代以来のオタク文化を乗り越える契機を探していた。オタク文化の核にある、虚構による現実の置き換えが、現実に対する批評機能を失って、惰性的なファンタジーへ堕したことを見てとり、これに引導を渡す作家や作品を待っていたのである。そのような意味で、『ビューティフル・ドリーマー』で発せられた押井の発想は、『木更津キャッツアイ』でより明確な主張へたどりついた、と大塚は感じた。

一方、宇野の問題意識の背景にあるのは、「終わりなき日常」(または「終わりある日常」)というタームが示すように、社会学者の宮台真司が描き続けた、九〇年代の若者たちの心象風景である。宮台は、〝まったりと続く終わり(終末)なき日常〟が、都市の女子高校生風俗を起点に、若者文化を侵食していったようすを描き、それを破ろうとした終末論の果てに、オウム事件を位置づけてみせた(『終わりなき日常を生きろ』、一九九五)。

その「終わりなき日常」が一番似合ったのは、「郊外」と呼ばれる地域だった。七〇年代に山田太一のドラマに描かれた郊外は、八〇年代には管理教育と暴走族を招き入れ、九〇年代にはロードサイドビジネスに覆い尽くされながら、同心円を広げて、「終わりなき日常」を〈遠郊〉へ拡張していった。宇野は、その閉塞感を乗り越える可能性を見出したのである。

率直に言って、両者はともに、自身が抱えてきた問題の解決者として宮藤を見ており、宮藤自身がどのような観点を持っていたかは、不明である。ただし、『木更津キャッツアイ』が独自のやり方で、若者物語の新しいかたちをつくりだしたのは確かであり、大塚と宇野の、宮藤に対するリスペクトは、ここに発している。

私の方は、『木更津キャッツアイ』の物語づくりについて、重要と思われる三点を挙げることにする。

一つ目は、「木更津」の捉え方である。

宮藤は、半分虚構で半分現実であるような木更津の町をつくった。あえて大塚と宇野に目配りしていえば、オタクの「夢」に閉じこめられてもいないが、閉塞した「郊外」からも自由であるような空間を、つくりだしたのである。

なぜそれが可能だったかといえば、木更津が「思っていた以上に何もない」場所だったからだ（DVD Vol.5 収録のインタビューでの宮藤発言）[★10]。「何もない場所」を舞台に、脚本家は物語のあらゆる部分に、サブカルチャーとポップカルチャーの雑多な断片（ギャグ・セリフ・歌詞などの言葉から、商品・人物・施設などの実体まで）をまき散らした。何もない〈遠郊〉はその結果、魅力的なくドカン・ワールドになった。

この「ワールド」が、オタクの偽史的虚構（現実と同じ一貫性を細部までつくり込んだ精緻な虚構）とは異なることが重要である。雑多な断片はバラバラのまま、物語の内壁を穿ち、多孔質の手触りを与えている。無数の孔からは空気が出入りし、閉塞しない。また、〝分かる者には分かる〟引用やパロディはマニアックだが、宮藤はオタク的な一貫性には頓着していない。結果的に、どの細部にも含みがありそうだが、発している意味は体系にならない。ドラマの世界は、まるで現実の町のように、とりとめなく、矛盾だらけでコミカルだ。

だからこそ、主人公の死と野球と泥棒は理屈なくつながって、荒唐無稽なリアリティを醸し出している。『池袋ウエストゲートパーク』が、若者と大人（または権力）の対立を前提とする、古典的青春ドラマの姿をかろうじて留めているのに対し、『木更津キャッツアイ』には、そうしたプロットが存在しない。若者と大人の間に利害の線は引かれておらず、若者に特権的な位置が与えられることもない。すべての出来事は、偶発的な出会いやすれ違いの連なりとして、浮かび上がっては流れていく。

重要なのは、〈遠郊〉が、そのようなとりとめない物語が生成する場所として指定されたことである。『遠雷』に代表される、田園や共同体に彩られたユートピア（桃源境）が喪われる物語ではなく、いまここにある〈遠郊〉がそのまま、価値あるトポス（場所）、すなわちユートピアとして物語られるのである。

ユートピアの原義は、「無い場所」であるという。〈遠郊〉は、そこにあるが、何も無い場所であるから、ユートピアの類縁である。つまり、〈遠郊〉はディストピア（地獄境）ではない――宮藤はこう語っているようだ。

二つ目は、ジモトの語り方である。

九〇年代のバブルの崩壊とそこから始まった「平成不況」によって、若者は受難の季節を迎えることになった。企業の雇用政策は、中高年ではなく、実は一貫して若者に対して厳しかった。九〇年代後半には、非正規雇用者の比率が急速に高まり、終身雇用と年功制をベースに築かれたライフコースが、破綻しかかっていることが実感されるようになった。

地方の若者たちのなかには、地域経済の行き詰まりを知りながらも、都市に出ることを止め、ジモトに残る覚悟を決めた者も多い。

こうした動きに呼応するかのように、二〇〇〇年代初頭には、〈遠郊〉の若者を扱う映画作品が出現した。矢口史靖《しのぶ》監督の『ウォーターボーイズ』（二〇〇一）や『スウィングガールズ』（二〇〇四）が代表作だろうか。むろん、『木更津キャッツアイ』もこのムーブメントの一部であるのは否定できない。

ただし矢口作品が、困難な課題（男子シンクロやジャズのビッグバンド）を突破するプロジェクトを通して、「終わりなき日常」を脱出するのと対照的に、『木更津キャッツアイ』には、華々しいプロジェクトが見当たらない。彼らは二年前に、至上のプロジェクトである甲子園大会の予選で負けており、主題は、敗北の「後」をどう生きるかに移っている。

二〇〇二年の宮藤が、ジモトに残る若者たちにどんな共感を持っていたのか、分からない。ただ、敗者の烙印を押された元・野球少年たちに、何を手渡せるかと考えた節はある。

彼が選んだのは、〝普通〟という一言だ。公平が、美礼先生に頼んで、野球のボールに〝普通〟と書き入れてもらうシーンは、甘酸っぱい中に苦さも仕込んであった。

青年期の終盤とは、絶望的な退屈を覚悟して、〝普通〟に生きるための準備運動を行なう時期である。このドラマの人気を支えたのは、この手堅いメッセージだったのかもしれない。

ただし、宮藤のメッセージは額面通りには受け取れないところがある。おそらく彼は、〝普通〟が、多くの「先送り」を含み、「終わりなき日常」そのものであることを熟知し、「失われた二十年」のただ中で、〝普通〟に生きることの狡《ずる》さにも冷静な視線を向けていたのではないか。

9　ヒーローはいかに地元で死ぬか

そして、三つ目は、ヒーローの描き方である。

このドラマの最大の仕掛けは、第六話のオジーこと小津裕次郎（古田新太）の死である。

彼は、公平たちの先輩で剛速球のピッチャーだったが、試合中にライナーを頭に受けて、精神に異常をきたし、家族にも親戚にも見捨てられてホームレスになった。市民からは、「木更津の守り神」と慕われる彼が、トルエンの密売に巻き込まれる。

オジーには、キャッチャーの双子の兄（慎太郎）がいた。剛腕投手である弟の名声が原因で野球を辞めた兄は、金髪に染めて不良になり、トルエンの密売にからんで殺された。オジーは、締め出していたその記憶をふとしたことで蘇らせ、復讐に立ち上がる。まず、因縁のトルエンに絡む暴走族の一党を根こそぎにし、そのまま黒幕の暴力団に殴り込むが、返り討ちに遭って死ぬ。その死は、兄の死の反復であり、因果であるように語られる。[★11]

『木更津キャッツアイ』のピークは、この第六話にある。残りの話は後日談であり、公平の死もそのひとつの要素にすぎない、とも見える。本当のヒーローは、オジーらしい。

ところで、彼の死は、きわめて多義的である。

「木更津の守り神」は、死を賭して、若者たちや大人たちの宙づり状態を防衛したようでもあり、もう一方では、宙づり状態がもはや守りきれないと告げて去ったようでもある。また、兄を死に追いやった自分自身に懲罰を下す行為であった、とも受け取れる。

さらにいえば、オジーの死は、宮藤がつくりだしたユートピアの虚構性を暴いているようにも見える。第六話には、ゴミの山に捨てられた死体を見下ろすカットがあり、夢のような「木更津」の物語に硬くて重い〝異物〟を放り込んでいる。

主人公が死ぬ話はいくらでもある。重要な脇役が死んだり、どうでもいい端役が殺されたりする話もたくさんある。しかし、このやや奇怪な風体の男の死には格別な何かがある。その格別さの所以は、長らく「若者という物語」を覆ってきたファンタジーの、最後の一枚が外されたような感覚である。

やや乱暴な言い方だが、オジーはヒーローであるにもかかわらず、その死には〝甲斐〟のようなものがない。彼なりの「義」はあるのだが、その「義」は閉じられていて、周囲に影響を及ぼさないのだ。実際、物語はオジーの死を契機に新たな展開を見せるわけではなく、第六話の後半は、ヒーローの死とは関係ない、宝石強盗のドタバタへ流れ込む。死は、まるでゴミのように、たちどころに処分され、眼前から消え去っていく——宮藤は、二〇〇〇年代の社会のリアリティをそのようなものと見ていたのではないか。[★12]

最後にもうひとつ。ジモトとフルサトのちがいとは何か。

ジモトという観念の核が「排他性」だとすれば、フルサトの方には、「排自性」がある。

ジモトが排他的であるのは、分け前に限りがあるからだ。[★13]

一方の「排自性」とは私の造語だが、自分を排除するという意味合いである。フルサトを偲ぶ歌がいくつも現われたのは、農家の次三男が、家計の補助と口減らしのために都会へ出ていった、大正末から昭和初年にかけてのことである。この近代的なフルサト概念において、帰れない出郷者たちは、「排自」を自身の命運として引き受けざるをえなかった。

事情は戦後でも変わらない。一九五〇年代にも、集団就職をはじめとする大量の若者たちが都会へ向かった。〝錦を飾って〟フルサトへ帰った者は少数である。多くの者は、フルサトから自分を締め出し、その不帰の場所を理想化することで、心のバランスを取った。

つまり、ジモトは外部の者を排除し、フルサトは外部へ出ていった者を排除する。地域社会はこうして、「他者」をはじきだすことで、「自己」をつくりだしてきた。地域社会を会社と置き換えても、力学の構造は同一であるにちがいない。

そして、若者はいつの時代も、ジモトとフルサトの間を行き来しながら、ヨソモノになることに憧れ、かつ怖れ続けた。おそらくそのいじらしさは、〈遠郊〉の若者に特有のものである。

一九七四年、佐々木哲也が両親殺しの容疑で逮捕された市原市は、袖ケ浦市とともに木更津市に隣接している。七〇年代の市原は、地方都市から〈遠郊〉へ変貌する直前であり、息子にロードサイド・レストランを任せようと考えた父親には、先見の明があった。

佐々木が殺人の罪に問われた頃、アクアラインはオイルショックの余波を喰らって、計画自体が頓挫していた。木更津の町には、ぶっさんもバンビもアニもまだ生まれていない。

佐々木は、後のぶっさんたち同様、自営業者の息子である。家業にもレストランにも情熱を持てず、東京に出たいと思ったが、その希望は父に阻止された。屈託を晴らすためにのめりこんだ街の女性との交際も禁じられ、彼は父と母を殺した——とされた。

しかし佐々木は、八四年に下された一審の死刑判決を不服とし、控訴した。八六年には控訴棄却。さらに上告したが、九二年に上告も棄却、死刑が確定した。それでも九八年には、無罪を裏付ける証拠が見つかったとして、再審を請求した。二〇〇六年に請求は却下されたが、同年、さらに第二次再審請求を出した。

東京拘置所に収監中の佐々木は、一九五二年生まれだから、私と同じ〝一九六九年の十七歳〟である。彼が四十年あまりの獄中生活で、何を糧に生きてきたのかは知らない。ただ彼もまた、ジモトとフルサトの間を行き来し、悩んだ若者の一人だったことはまちがいないだろう。

註

★1　評論家の小田光雄は、『遠雷』を、同じ年（一九八〇）に発表された田中康夫の『なんとなく、クリスタル』と比較している。後者の主人公は、「三十代になった時、シャネルのスーツが似合う雰囲気を持った女性になりたい」女子大生の由利である。小田は、「その女性像において『遠雷』の方がファンタジーであり、『なんとなく、クリスタル』の方がリアリティを持ってしまう」（『〈郊外〉の誕生と死』、一九九七）と書いた。一九八〇年代、農耕社会はまさにファンタジー化し、消費社会がさらにリアリズムを強化していたのである。

★2　大規模小売店舗立地法（大店法）は、一九七四年に施行され、その後も規制が強化された。大型店の出店が申請されると、開店時期・店舗面積・閉店時間などについて、その地域の商工会議所に置かれる商業活動調整協議会（商調協）にうかがいを立てる。法律上は、商調協の出す意見に従って通産大臣が勧告を出すことになっていたが、実質は、商調協の言い分がそのまま通っていたという。大店法は、一九八三年、九一年、九三年と数次にわたって緩和が行われており、二〇〇〇年に廃止された。

★3　六〇年代後半になると、階層文化の差異にさほど頓着しない日本の若者たちの間では、アイビーとヤンキーを融合させた「ヨコスカ・マンボ」（スカマン）と呼ばれるスタイルも生まれる。裾を極端に絞ったパンツとブレザー、タータンチェックのマフラーというのが定番の取り合わせだった。

★4　宮台真司は、「ヤンキーは実は地域社会の最後の守り神だ」と述べている。「暴走族も女は十八歳、男は二十歳で卒業して、卒業後はダンプの運ちゃんやパートの姉ちゃんになって、ほどなくヤンママ・ヤンパパになり、いずれは町内会のオジサン・オバサンになる。ヤンキーは町内会予備群《ママ》なのだ」（『まぼろしの郊外』、一九九七）という。

★5　マーケッターの原田曜平は、現代のヤンキーを「マイルドヤンキー」と命名し、「上「京」志向がなく、地元で強固な人間関係と生活基盤を構築し、地元から出たがらない若者たち」と定義した。原田は彼らの好むものとして、ミニバンやEXILEと並んでイオンモールを挙げ、東京都西多摩郡日の出町の若い主婦の「名言」（「日の出の若者にとって、イオンは夢の国。イオンに行けば、何でもできるんです」）を引いている。

★6　宮藤によれば、「主人公が死んじゃう話」は、プロデューサーの磯山晶の案だった。それを聞いて、宮藤は六年ほど前に書いた作品を思い出している。それは、「草野球の監督が伝染病にかかって死にそうなのに、選手たちは野球が好きなのでついつい集まっちゃあ感染しちゃう」（宮藤官九郎『木更津キャッツアイ』、二〇〇二）という、彼の作品の中で唯一、死をテーマにしたものだった。

★7　宮台真司は、戦後の「郊外化」を二段階に分け、第一段階を「団地化」、第二段階を「コンビニ化」と呼んだ（『まぼろしの郊外』、一九九七）。「団地化」の内実とは、地域共同体の崩壊と家族への内閉であり、「コンビニ化」は、家族共同体の崩壊と「第四空間」への流出である、という。「コンビニ化」の方を仔細に見ると、八〇年代後半は、地域密着型のヤンキーから都市浮遊型のチーマーやコギャルへ、不良文化の先端が移っていく時期だった。若者たちは、うっとうしい家庭・学校・地域を出て、「第四空間」としての都市へ出ていったのである。チーマーとは、渋谷センター街をメッカに、ストリートギャングの気分を楽しむ少年少女のグループである。当初は、中流層の子弟を中心とする不良集団というイメージで、ヤンキーと差別化していたが、しだいに混淆していった。『池袋ウエストゲートパーク』に登場する「Gボーイズ」は、チーマーの派生集団である「カラーギャング」のようだ（チームカラーの黄色をアピールしている）。
★8　公平は、東京に対する怖れを表明している。第九話の「表」で、〝冥土の土産話〟とばかりに、東京見物へ向かう一行が盛り上がる中、当の公平の顔はこわばっている。この場面は、アクアラインを走る車上である
バンビ「ぶっさん、気分悪いの？」
公平「いいわけねえだろ？」
アニ「大丈夫、東京に着きゃ治るって」
公平「つーか心配なんだよ」
マスター「なにが」
公平「オレ……東京行って変わっちゃうんじゃねえかって」
★9　『ビューティフル・ドリーマー』は、ラブコメが無意識に紡いできた「永遠の学園」のからくりを〝白日の下に〟曝してみせた点で画期的である。ラブを求めて学園に通う少女や少年は、ワクワクとドキドキが永遠に続くことを疑わない。押井は、そのような能天気が、実は亀の甲羅に乗った夢であることを明らかにしたのである。
もっとも、『ビューティフル・ドリーマー』以後も、ラブコメは生きのび、大量に産出された。その中には、『湘南爆走族』（吉田聡、一九八二〜八七）や『BE-BOP-HIGHSCHOOL』（きうちかずひろ、一九八三〜二〇〇三）も含まれる。「反学校文化」の急先鋒だったツッパリも、「かこわれた学園生活での大騒ぎ」（宮崎駿による吉田聡作品に対する発言、森田真功「ヤンキー・マンガ　ダイジェスト」、二〇〇九）であり、深く学校という「場」に依存していたのである。

★10　当初のロケ地候補は船橋や松戸だったが、撮影のしやすさで木更津に決まったと言われている。もし、前者のどちらかの町が舞台になったら、ドラマはすっかりちがうものになっていたかもしれない。

★11　兄の因果が弟に報いるというわけだが、因果への連想はさらに広がる。オジーの「金髪の兄」は、金髪の「アニ」(塚本)へ重なる(弟の純は優秀な野球部員)。また、オジーの公平への好意は、「いいキャッチャー」だった兄への思慕に重なっているらしい。

★12　テレビドラマから四年後に公開された、映画『木更津キャッツアイ　ワールドシリーズ』(二〇〇六)で、宮藤官九郎は、米国映画『フィールド・ドリームス』(一九八九)をパロディにしながら、死んだオジーやぶっさんを蘇らせ、キャッツの再結成を果たす。物語自体はかなり支離滅裂だが、全体の筋を引っ張っているのは、バンビの「ちゃんと、ぶっさんにバイバイを言っていない」という悔恨である。いわば、バンビの口を借りて、宮藤自身の心残りを表明しているようだった。

★13　ジモトにつきものの「排除」は、重要なテーマである。『池袋ウエストゲートパーク』は、ストリートギャングなどジモト勢力による排除の暴力に、ドラマの軸を置いている。一方、『木更津キャッツアイ』は、ジモト集団を描きながら、排除についてさほど触れていない。むしろ、排除が表面化しないように、慎重な配慮がなされているとも見える。たとえば彼らは、ドラマの中で異質な外部者にほとんど出会わない(遭遇するのは哀川翔や氣志團のような同質者)。また、組織の経済的利害は、縄張りのような地域性に依存しない(稼ぎは地域性の薄い泥棒行為でもたらされる)。臆見だが、排除に触れない最大の理由は、「守り神」のオジーが、排除役を一手に引き受けたからだ。しかも、この隠された事実は、オジーの死まで誰にも自覚されなかった。

終　章　東北と若者たち

1　『山びこ学校』の時代

高校を卒業する頃、ある友人が、電話越しにこう言った。

「さよならだけが人生、っていうじゃない?」

このフレーズは、私を痛打した。その人から聞きたい言葉ではなかったし、人生をそんなふうに考えたことがなかった。私はかなり落ち込み、ひどい風邪を引いて寝込んだ。

「さよならだけが人生だ」は、作家・井伏鱒二による、漢詩「勸酒」の名訳として知られている。

「勸酒」は唐代の詩人、于武陵《うぶりょう》の五言絶句である。

勸君金屈卮　　コノサカヅキヲ受ケテクレ
滿酌不須辭　　ドウゾナミナミツガシテオクレ

花發多風雨　ハナニアラシノタトヘモアルゾ
人生足別離　「サヨナラ」ダケガ人生ダ
（井伏鱒二『厄除け詩集』、一九三七）

友人が、井伏の訳詞を聞き知っていたのか、劇作家の寺山修司による翻案のような詩（「さよならだけが人生ならば」）を目に留めていたのか、正確なところはわからない。が、とにかく、私よりずっと知的な同輩の言葉は、十代後半にさしかかった私にとって、忘れ難い「分岐点」となった。おそらくここで、私はロマンチックなだけの「後期少年期」に別れを告げ、多少のリアリズムを含む「前期青年期」へ進むことができたように思う。

私は、その人に感謝している。

たいていの若者は、分岐点に遭遇する。大きいか小さいか、深刻か浅薄かは別として、彼や彼女はその分岐点で、どちらかを選び、残りを捨てる。その選択の善し悪しや巧拙が、その後の人生軌道に、一定の角度を与えてしまうのは仕方のないことだ。たとえ少々の引き延ばしに成功したとしても、人はいつか選ばざるをえないし、その結果に目をふさぐわけにはいかないからだ。そのようにして、我々は若者になり、さらに若者を脱して、別のものになる。

この章では、東北に生まれた何人かの人物に触れて、彼らがどのような分岐点に遭遇し、どのような選択を行なったかを見ていく。「その時」の選択と別れが、彼ら自身をつくり出したことはまちがいないが、実は彼らが生きた時代にも影響を与えている。個は、社会や歴史のような全体に、無力なようで、確かなインパクトを与える場合がある。

ただし個と全体の関係は、長い時間の中で見えてくるものだ。若い時期の分岐点の、本当の意味が分かるまでに、人は一生分の時間を費やすこともある。それはもはや、若者論の範疇ではないかもしれないが、若者が、〝若者以後の時間〟を生きざるをえない以上、避けて通れないテーマではある。

一九四八年四月、山形師範学校を卒業したばかりの無着成恭《むちゃくせいきょう》が赴任したのは、山形県南村山郡山元村立山元中学校だった。校舎は明治三十三年（一九〇〇）に建てられた茅葺で、この村には、山形からの路線バスも開通していなかった。

新任の無着は、近隣の本沢村《もとさわ》にある沢泉寺の跡取りで、まだ二十一歳だった。腰に手ぬぐいを下げ、下駄を履いた坊主頭の青年は、初めて会う四十三人の生徒たちに、利口になろうとか、物知りになろうとか、頭がよくなろうとか、試験の点をよくしようとか思って学校に来ている者がいるなら、それは大馬鹿者だと語った。彼が理想とする学校は、いつどんなことが起きても、それを正しく理解する目と耳を養い、そして誰がみても理屈に合った解決ができるように勉強しあうところだった。そのような学びの場を創り出すために、彼は持てる能力と情熱のすべてを投じた。

しかし、子どもたちの置かれた環境を知ると、無着は絶望感と無力感に襲われた。

たとえば、社会科の教科書『日本のいなかの生活』は、村には小学校と中学校があり、村に住む子どもたちを立派に育てるための施設が整えられている、と書いていた。

ところが、現実は大きく異なる。地図も実験道具もなく、破れた障子から吹雪がびゅうびゅう入ってくる教室で、教師のチョーク一本をたよりに教育が営まれていた。

教科書を「そっくりそのまま子供に教えたのではウソになる」と思いながら、無着は『日本のいなかの生活』を読み返し、答えがそこにあることに驚く。彼の注目したのは、「いなかに住む生徒は、改めて自分たちの村の生活をふりかえって見てその欠点を除き、新しいいなかの社会をつくりあげるよう努力することがたいせつである」というくだりだった。

膝を打った無着は、自分のやり方を変えようと、悩み、考え、「綴方《つづりかた》を利用してみよう」と思い至る。「もちろん、それまでも綴方を書かせてきたのでしたが、綴方で勉強するために書かせたものではなく、ただ漫然と綴方を書かせてきたのでした。目的のない綴方指導から、現実の生活について討議し、考え、行動までも押し進めるための綴方指導へ移っていったのです」(無着成恭編『山びこ学校』、一九五一)。

学校の現実同様、あるいはそれ以上に、村の現実は厳しいものだった。何人かの子どもたちは親ともども、貧しさに押しつぶされそうになっていた。無着は子どもたちと一緒に、貧しさの実態と本質を語り合い、綴方を通して言葉にしていった。無着のやり方は、「付け焼刃の民主主義教育を逆手にとり、文部省ののど元に匕首《ちいくち》をつきつける、いわば捨身の教育だった」のである(佐野眞一『遠い「山びこ」』、一九九二)。

無着は、子どもたち自身の手で、生きた社会科の教科書をつくろうと考えた。子どもたちの実感と村の暮らしを題材とする綴方の成果は、クラス文集『きかんしゃ』になった。

第一号は、一九四九年の七月に生まれ、以後、生徒たちが卒業する一九五一年三月までに、つごう十四号が刊行された。無着と山元中学校を一躍有名にしたのは、『きかんしゃ』第二号に載った、江口江一《こういち》の作品「母の死とその後」である。

「僕の家は貧乏で、山元村の中でもいちばんぐらい貧乏です」という書き出しで始まる江一の文章は、母が死んで三十五日目に書かれている。「自分が死んだらどうなるか」と思い悩む母親を、リヤカーに乗せて病院へ運んで十一日後、少年は、ほんとうに母の死に直面することになった。茫然自失の中で、江一は「どんなに働いても、お母さんと同じように苦しんで死んでゆかねばならないのでないか、貧乏から抜け出すことができないのでないか」（『山びこ学校』）と考えるようになる。

無着はそんな江一を案じて、級長の佐藤藤三郎《とうざぶろう》に、生徒たちによる支援の可能性を尋ねる。具体的には、江一にのしかかったバイタ（薪）背負いや、葉煙草のしなどの作業を手伝えるかと聞いたのである。

藤三郎は、少し考えるようにして黙っていたが、こう答える。

「できる。おらだの組はできる。江一もみんなと同じ学校に来ていて仕事がおくれないようになんかなんぼもできる。なあ、みんな」（前掲書）。

江一は作文の終盤で、亡き母親に級友たちの協力を報告すると綴り、「お母さんのように貧乏のために苦しんでいかなければならないのはなぜか、お母さんのように働いてもなぜゼニがたまらなかったのか、しんけんに勉強することを約束したいと思っています」と書いた。そして自分たちの学級にいる、自分よりさらに貧しい石井敏雄を助けようと結んだ。

無着は、『きかんしゃ』を知人や児童雑誌に送っていた。そうした経路から、江一の作文「母の死とその後」は、世の中へ出ていった。さまざまな教育専門誌や一般誌が紹介し、一九五〇年には、日本教職員組合と教科書研究協議会主催の全国作文コンクールで文部大臣賞を受賞。翌年、岩波書店の『世界』二月号に掲載されるに及んで、全国へ知れ渡った。

「母の死とその後」の反響を追い風に、『山びこ学校』は、一九五一年三月に出版された。無着が教えた四十三人全員の作品は、いずれも『きかんしゃ』から選ばれた詩・作文・調査レポートで、山の自然や村の生活をみごとに写しながら、自分たちがなぜそのようであるかを問いかける、緊張感のある視線を読者に送ってくる。

『きかんしゃ』に注目したのは、戦前から綴方運動を指導し、無着とも面識のあった国分《こくぶん》一太郎《いちたろう》（教育実践家、児童文学者）である。彼が仲介役となって、野口肇（元・『日本評論』編集長）をはじめとする出版人との出会いが生まれ、当時の不安定な出版事情による紆余曲折を経て、世に送り出されたのである。

結果として、『山びこ学校』は、多くの読者に迎えられた。二年間で十二万部というから、当時としてはベストセラーと言っていい。書評は一九五一年だけで百紙誌を超えた。人々は、無着と四十三人の子どもたちの、手づくりでありながら、すさまじく高度な教えと学びの実践に、度肝を抜かれたのである。

2　遠ざかる山びこ

一九五一年三月、無着の教え子たちは、山元中学校を卒業した。二学期に横浜へ引っ越した一名を除く四十二人が卒業式に参加した。生徒の半数は上履きもなく、素足だった。

卒業生代表の佐藤藤三郎は、次のような答辞を読んだ。

私たちの骨の中しんまでしみこんだ言葉は「いつも力を合わせて行こう」ということでした。「かげでこそこそしないで行こう」というものでした。「働くことが一番すきになろう」ということでした。「なんでも何故？と考えろ」ということでした。そして、「いつでも、もっといい方法はないか探せ」ということでした。（『山びこ学校』）

四十二人の卒業生のうち、高校へ進学する者は、男子の四人だけだった。残りの三十八人は、何らかのかたちで仕事についた。しかし、村には彼らの独り立ちを支えるほどの仕事はなかった。また第2章で触れたように、都市部の労働力不足が起きるのは一九五〇年代後半で、中卒労働者を「金の卵」ともてはやす風潮は、まだ存在していなかった。

それでも多くの者たちは、山元村を去った。

九〇年代初頭、生徒たちの行方を追った佐野眞一によれば、山元村に残っていたのは五人。東京や神奈川、静岡方面に出た十一名、宮城方面に出た一名の計十二名に加え、二十名が山形市、上山《かみのやま》市、南陽市など、山形県内に移っていた。これらの合計三十七人以外の五人は、帰らぬ人となっていた。

故人となった五人の一人は、「母の死とその後」を書いた江口江一である。彼は、一九六七年、三十一歳の若さで妻と二人の子どもを残して、短い人生を終えた。

江一は、一九五二年に山元森林組合の仕事に就いた。三千円の給料と早朝の畑仕事で、暮らしは一息つけるところまでこぎつけた。倒産寸前だった組合を組合長とともに支え、事実上の責任者となってからは猛烈に勉強して、簿記・測量など五つの国家資格を取った。森林関係法規、製材、種苗、果樹栽培などの学習も欠かさなかった。村の脆弱な経済を、営林事業によって立て直そうという夢を持っていたのである。蜘蛛膜下出血で倒れた彼は、絶対安静を命じられたベッドの上でも組合の仕事を続け、入院の二カ月後に亡くなった。彼は、「働くことが一番すきになろう」という師の教えに、最後まで忠実だったように見える。

江一の葬儀で弔辞を読んだのも、村に残った藤三郎である。彼は、「母の死とその後」が、貧しい人々に生きる勇気を与えたことを述べ、級友が林業への志を命がけで説き、貫いたことを称えた。

この頃無着は、すでに山元村を出て、東京に暮らしていた。『山びこ学校』に編まれた文章によって、家計の状態や密かな信仰などを明かされた村人は、生徒を指導した無着を許さなかったのである。

追われるように村を離れた無着は、駒澤大学仏教学部へ編入し、卒業したものの故郷の沢泉寺へは戻らなかった。一九五六年、知人の紹介で、東京都三鷹市の私立明星学園に就職し、『山びこ学校』の生活経験主義を超える、〝科学主義教育〟の追求に夢中になっていった。

『山びこ学校』を出た若者たちには、もちろん〝その後〟の物語がある。佐野眞一の労作『遠い「山びこ」』のおかげで、我々は四十三通りの人生のあらましをたどることができる。それらはみな、さほど華々しい人生ではないが、各々の色合いと深みがある。

群を抜いて強靭な意志と知力を持つ藤三郎のその後もまた、苦闘の連続だった。零細農家の次男は、当然ながら貴重な労働力として期待されていた（長男は百日咳で亡くなっていた）。ゆえに高校へ進学するには、家族の猛反対を押し切る必要があった。春から秋までは、早朝の農作業をこなし、三〇キロ離れた上山農業高校（定時制）へ自転車で通い、冬期は上山市内に下宿した。他方、サークル誌や同人誌の発行にもかかわって、文章を書き続け、入学時の半数が脱落する中、卒業にこぎつけた。

卒業後、青年学級の活動で知り合った女性との初恋が、「万作の花の咲く頃」というエッセイで綴られている（『まぼろしの村Ⅴ』、一九八一）。相思相愛の関係が、彼女の見合いでもろくも崩れ、「貧農の小セガレ」にすぎない二十一歳の「わたし」は、無力な自分を責める。

あらゆる「運動」が無意味に思え、生きる目的が見えなくなった青年は、牛を売って金をつくり、東京に出て神田の学生街をさまよい、どうにもならず、引き返す。そして、「自分がでなおす道は「勉強」することしかない」（前掲書）と思い定める。農で生きようと決意し、上山農業高校畜産専攻科へ再入学したのは、一九五六年のことである。

藤三郎のもう一つの分岐点は、一九六〇年にやってくる。

この年彼は、最初の著書『25歳になりました』（一九六〇）の中で、無着に対するかなり厳しい批判を述べた。

ひとつは、『山びこ学校』の大きな反響によって、彼ら生徒たちが、世間の過剰な「期待」を担わされたことである。村に残った江一や藤三郎は、この〝虚像〟に翻弄され、苦しんだ。〝虚像〟の処理にともに取り組んでくれるはずの無着が、村を去り、戻らなかったことを、彼らは恨んだ。

また、明星学園の、いかにも都会的な子どもたちを連れて、農村の見学にやってくる無着のようすにも、藤三郎は違和感を持った。「成績がどうであろうとも、人間として正しい生き方を求めていくことが立派なんだ」と語っていた恩師は、「東大級の人間」を育てるには、農業なんかやっていてはだめだ、ときめつけた（前掲書）。

出版後、『朝日ジャーナル』で企画された無着との師弟対談で、二十五歳の青年は改めて、かつての師にぶつかった。彼は、師も自分とともに、『山びこ学校』の〝虚像〟に耐えられなかったことを正直に認めるべきだと言いつのった。藤三郎の言葉にややたじろぎながら、無着は自分に農村教師の典型を求めるのは、やめてほしいと語った。

藤三郎の論点はもうひとつあった。綴方をはじめとする生活記録運動への失望である。彼は、「直接的に生活をよくする方法があるんじゃないか」と問い、「例えば、農業技術をもっと高めていくことによって、もっと高い農民の集団、農民としての自覚ができるんじゃないか」と考えるようになった、と自身の転換を語った。すると無着は、そんなものは「足のひん曲がった「篤農家」」の考え方だと批判した（『朝日ジャーナル』、一九六〇年三月二十七日号）。以後、二人の距離が開いていったのは、無理もなかった。

無着と別れた藤三郎は、稲作・養蚕・葉煙草・果樹から酪農まで様々な分野を手がけながら、二人の子どもを大学へ送りだし、農業や教育関連の二十冊に及ぶ書物を著した。その基調は、死んだ江一と同じく、村が生き続けるための〝もうひとつの方法〟の探究である。

藤三郎が、無着の教育や当時のようすを再び書くようになったのは、二〇〇〇年を越えてからだ。師の教えの意味に改めて気づかされながら、今も彼は、そこに不足していたものが何だったかを考え続けている。

たとえばそれは、山間の農村が自立的に生き延びるための技術や政策といったことである。いくら「人間としての正しい生き方」を学んでも、暮らしが成り立たなければ、人は人生の選択肢を持てないのではないか。高い理想だけでは、村は豊かにならないのではないか。彼の懊悩は、こうした自問から発していた。

『山びこ学校』は、戦後民主教育の最後の、奇跡的な燃焼だった。しかし、そこから生まれた運動は、急速に時代の変化に飲み込まれ、発祥の地に根づくことはなかった。中心人物が去ると、残った者たちには、残った問題が与えられた。

山元中学校は、二〇〇九年春に最後の三人の三年生を送り出して廃校になった。それでも、八十歳を迎える藤三郎は、幻の「山びこ学校」をたぐり寄せ、戦後の日本人が置き去りにした、理想と現実、理念と実践を結びつけるという難問に、今も向かい合っているように見える。

3　浜通りにやってきたもの

かつて福島県富岡町・楢葉町付近から茨城県北部まで、本州最大の炭田である常磐炭田が広がっていた。一八五〇年代から採掘が開始され、一八七七年には西南戦争の需要で東京市場へ進出したことが知られている。

一八八三年には、渋沢栄一らの東京資本と地元資本の共同出資で、磐城《いわき》炭鑛が設立され、一八九七年には、石炭を首都圏へ運び出す常磐線も開通した。

首都圏にもっとも近い炭鉱として注目されたが、品質は高くなかった。さらに地層が激しい褶曲を受けているため、石炭層を求めて地下へ掘り下げる、高い掘削技術が求められた。また坑内の出水も多く(温泉の湧出もあった)、採炭コストは小さくなかった。

とはいえ、二度の世界大戦で、需要は急拡大した。特に第二次世界大戦では、挙国石炭確保運動にそって磐城炭鑛と入山《いりやま》採炭が統合され、最大規模の常磐炭鑛が設立された。また、徴兵による労働力不足を、朝鮮人労働者、中国人捕虜、学徒動員を含む徴用労働者で補って、ひたすら増産が進められた。終戦時には、約三万五千人が働いていたという。

戦後、常磐炭田は再び、活気づく。第一次吉田茂内閣が石炭の増産を指示、石炭は〝日本復興のエネルギー〟としてもてはやされた。戦前の「総力戦体制」を引き継ぐように、常磐の人々は、国家の期待に応えて石炭を掘りつづけたのである。一九四七年、昭和天皇はこの地を訪れ、湯本鑛に入坑し、居並ぶ鉱夫たちを激励した。

「炭坑節」は九州筑豊の田川で生まれた歌とされている。戦後、何人かの歌い手によってレコード化され、誰もが知る歌になった。六〇年代から盆踊りの主要曲にもなった。

常磐炭田にも炭坑節がある。田川の歌と区別するために、「常磐炭鉱節」と呼ばれる。もっとも普及しているのは、次のような歌詞である。

ハアー朝も早よからヨ　カンテラ下げてナイ
坑内通いはヨ　ドント主《ぬし》のためナイ
ハアー遠くはなれてヨ　逢いたい時はナイ
月が鏡とヨ　ドントなればよいナイ
ハアー逢えばさほどのヨ　話もないがナイ
逢わなきゃその日がヨ　ドントすごされぬナイ

元は鉱夫や選炭場の女たちの労働歌だが、湯本温泉などの花柳界で三味線がつき、昭和初期には座敷歌のかたちが整ったらしい。なかなか艶っぽい恋唄に仕立ててある。

いくつかのバリエーションがあり、中には炭鉱に暮らす人々の気風を感じさせる詞句もある。たとえば、「娘よう聞けヨ　鉱夫の嬶《かかあ》はナイ　岩がドンと来りゃヨ　ドント若後家よ」や、「発破かければヨ　切羽《きりは》が伸びるナイ　切羽伸びればヨ　ドンと金となるナイ」などの歌詞は、坑内作業の危険とその見返りを、一種の自由感さえ伴って歌っている。

またそこからは、過酷な労働であるにせよ、国を支える基幹産業に携わっているという気概や自信も伝わってくる。常磐の人々は、石炭を通して中央とつながっているという、実感やプライドを持つことができたのにちがいない。

しかし、石炭の命運は早々に尽きた。一九五一年をピークに出炭量は減り始める。中東から安価な石油が輸入され、石炭がエネルギーの主役から去るのは、早晩確実になった。

一九五四年には、通産省の石炭合理化計画大綱が作成され、常磐炭鑛でも五九年頃から、実際に人員整理が始まる。他方で同社は、地域の雇用創造を目的に、常磐湯本温泉観光を設立し、一九六四年に常磐ハワイアンセンターを開業する。本州最後の炭鉱である、常磐炭鑛西部鑛業所の退山式が行なわれたのは、一九七六年十月九日のことだった。

福島県がエネルギー産業を地域経済の柱と考えるようになった背景には、常磐炭田の記憶があったのだろう。ただしその「品目」は、一次原料から、電力へ移る。

只見川電源開発は、戦後の電力需要急増を見越して、只見川水系に複数のダムを設置し、水力発電を行なおうとしたもので、GHQも協力し、米国ニューディール政策のTVA（テネシー川流域開発公社）をモデルとしていた。一九五三年、福島県と東北電力は、只見川分流案を主張する新潟県を抑えて、この開発計画を手中にした。五〇年代末から六〇年代初頭にかけて、田子倉ダムや奥只見ダムなどの大型ダムが完成、発電所の運転が始まった。

只見川電源開発における福島県の「勝利」の背景には、当時の吉田茂首相及び吉田が指名した白洲次郎東北電力会長のバックアップがあった。こうした中央との連携は、石原幹市郎に始まって、大竹作摩《さくま》、佐藤善一郎、木村守江《もりえ》ら、歴代の県知事へ引き継がれる。

六四年より知事を務めた木村は、その前から産業振興の決め手を心中で温めていた。

原子力発電しかない、という思いである。

参議院議員だった木村は、東京電力の木川田一隆副社長に相談し、さらに佐藤知事を動かして県独自の調査を始めた。一九六〇年、福島県は東電に正式に誘致を申し入れ、翌年から交渉を始めた。双葉町議会、大熊町議会もあいついで誘致を議決した。東電の猛烈な接待攻勢の効果もあったらしく、両町議会とも全会一致だった。

一九六四年、用地買収が始まる。予定地域の中心は大熊町の塩田跡地（所有者は堤康次郎《やすじろう》率いる国土計画興業）で、残りの民有地も大半は山林で農地は一部だったため、買収はスムーズに進んだ。

ただしこの時期に初めて、反対勢力が現われる。双葉町会議員の岩本忠夫である。酒屋を営んでいた岩本は、五八年に社会党に入党、青年会などの活動に積極的に関わっていた。岩本がなぜどのように反原発の志を持ったのか、はっきりしたことはわからない。社会党も共産党もまだ、原発への態度を固めていなかった時期のことである。

4「原子力ムラ」への異議

用地買収が始まった六四年、秋田県横手市から富岡町にやってきた若者がいた。二十一歳の郵便局員、石丸小四郎である。仙台の業務研修で知り合った女性が、富岡郵便局に勤めていたため、彼女と結婚するために移ってきたのである。

そこで石丸は、原発反対運動を始めたばかりの岩本に会う。岩本は、「石丸君、核と人間は共存できないぞ」と熱っぽく説いた。石丸はその言葉に感銘を受け、六五年から反対運動を手伝うようになる。

岩本と石丸らは、福島第一原発稼働後の一九七二年に、「双葉地方原発反対同盟」を結成する。第一原発は事故が続発した。第二原発の建設も動き出し、東北電力浪江・小高《おだか》原発も計画が明らかにされていた。全国各地で勃発した公害反対運動の機運もあり、地元には反対の声も上がり始めていた。

しかし、この時期の大勢は、まちがいなく「原子力ムラ」（開沼博『「フクシマ」論』、二〇一一）への急速な変貌である。土地の売却で利を得た者はそう多くないが、原発関連で生まれた大量の業務や雇用は、確実に町々を潤していったからである。それは、減反による農家の困窮を救い、出稼ぎからの解放を意味していた。また、町には、ガソリンスタンド、運送業、ドライブインや喫茶店、弁当屋、民宿などが次々に生まれた。県下で最貧といわれた地域に、待ちに待った「豊かさ」がやってきたのである。

当時の高校生（大熊中学校の元校長・原中）は、次のように語った。

父は東電の守衛として採用されたが、クリスマスにはケーキ、正月には新巻鮭が配給され、子供として感激した思い出がある。高校生だった私は、郷土に大企業が誘致され、原子力発電所という未来エネルギーが完成するという思いがあり、時代は急速に流れていることを実感していた。（中略）東電の社宅が次々と建築され、町が活気づき、徐々に町が近代化した。毎年新しい建物が完成し、双葉町そのものが変化した。（『「フクシマ」論』）

また、一九七四年に制定された電源三法（「電源開発促進税法」「電源開発促進対策特別会計法」「発電用施設周辺地域整備法」の総称）による交付金は、地域の公共投資を加速した。七〇年代の浜通りの町々には、ある種の多幸感が漂った。スリーマイル島やチェルノブイリの事故が起きるのは、その後のことだ。

一九七九年三月二十八日、米国ペンシルバニア州のスリーマイル島原子力発電所2号炉で起きた事故は、小さなきっかけから、人為ミス、機械の故障、状況判断ミスなどが絡み合い、炉心溶融にいたる大事故となった。当直のオペレーターは、専門的な知識に欠けており、安全面での教育も十分に受けていなかった。原発の再立ち上げには時間もコストもかかるため、少々のトラブルが発生しても原子炉を停止しないよう訓練されていた、ともいわれる。米国では、この事故を機に、原発の安全神話は決定的に崩れた。

スリーマイル島事故の後、岩本忠夫は、この機を逃すまいと県議会議員選挙に挑む。

しかし、結果は落選だった。原発は争点にならなかったのである。反対運動を共にしてきた石丸にも、この結果は衝撃的だった。他方、地域経済への原発効果は次第に陰りを見せてきた。「ポスト原発」の声もささやかれるようになる。

岩本は八四年に社会党を離れ、翌年、双葉町長選に出馬して、当選する。そして二期目には、原発の増設（第一原発7、8号機）を打ち出す。町が生き残るにはそれしかない――かつての反対派のリーダー・岩本が下した、まさに苦渋の決断だった。一九九一年、双葉町は増設誘致を決議する。東電も国も、満面の笑みを浮かべて、申し出を受けた。当然ながら、これが岩本と石丸の道を分かつ分岐点になった。

しかし、二〇〇二年には東電のトラブル隠しが発覚して逆風が吹き、原発に疑念を抱くようになった佐藤栄佐久《えいさく》知事との温度差もあって、計画は進展しなかった。

石丸小四郎は、一貫して反原発を貫いた。併せて、被曝労働者問題に取り組んだ。七〇年代末には、阪南中央病院（大阪府松原市）の村田三郎医師の協力を得て、被曝労働者の実態調査を行なっている。全国各地を歩き、二百人に接触、百一人分のアンケートを回収した。その結果は、一九八二年の広島原水禁世界大会で報告された（石丸小四郎ほか『福島原発と被曝労働』、二〇一三）。

アンケート結果は、原発労働者の有病率の驚くべき高さを伝えていた。現役で二三パーセント、辞めた人で四六パーセント、全回答者の三四パーセントが何らかの疾病に罹患し、自覚症状を訴えていたのである。一九七九年の国民健康調査有病率（四十五〜五十四歳）が一二・三パーセントであったから、その高い比率は際立っていた。さらに、自覚症状を広島・長崎の原爆被爆者と対比したところ、類似性が高いことも判明した。

また石丸は、被曝労働者の労災認定にも関わってきた。これまでの原発関係の労災申請は全国で十九件、うち十一件が福島県で、ほとんどが第一原発である。石丸らは、これまでに四件の労災認定を勝ち取っている。

二〇一一年三月十一日、石丸は、富岡町の自宅に隣接した仕事場にいた。妻は前年に亡くなっていた。子どもや孫を避難所へ向かわせ、石丸自身は十八時間後に川内村へ向かった。原発反対運動に取り組んでから、四十六年が経ち、石丸は六十七歳になっていた。

岩本の方は南相馬市に避難し、ニュースを見ながら「東電、何をやってるんだ」と怒りをあらわにしたが、三月末に福島市へ移る頃から、急速に衰えた。入院してから四十日間は、ほとんど口がきけず、七月十五日、八十二歳で亡くなった。

娘が東電社員と結婚したから、岩本は運動を離れたのだという声に対して、石丸は「そんなちゃちな男ではない」と一蹴しながら、かつて志を同じくした男が、国や東電に「千両役者」として、徹底的に利用されたことに悔しさを隠せなかった。

二〇一二年秋、石丸は、社会民主党の福島瑞穂に向かって、「ああすればよかった、こうすればよかった、こんな運動をしたらもっとよかったんじゃないか、という悔恨の情の方が深い」と語っている（福島みずほ対談47、二〇一二年九月十八日公開）。「悔恨の情の方が」という言葉は、反対運動を続けた者が、自らの正当性を証明しえた勝利感ではなく、己の至らなさに強い敗北感を抱いていることを物語っている。この七十代に近い活動家が、山口二矢や千刈あがたと同じ、一九六〇年のセヴンティーンであることに気づいたのは、その後だった。

5　〝これからの戦後〟を生きる

東日本大震災直前、青森県出身者を中心に、東京へ出た北東北の若者たちの意識や行動を調査した研究がある。二〇〇八年から二〇一一年二月にかけて行なわれた、アンケートやインタビューに基づくもので、中心をなすテーマは、「若者たちが住み慣れた故郷から移動し、Uターンするのはなぜか」であり、「移動し、Uターンした若者は何を得て、何を失うのか」である（石黒格ほか『「東京」に出る若者たち』、二〇一二）。

青森県は、全国でも厳しい経済環境と雇用環境の下にある。高度経済成長期に「むつ小川原計画」（六ヶ所村を中心とする、石油化学コンビナートなど大規模臨海工業地帯の開発計画。コンビナートは実現せず、後に原子力関連施設が進出）が始まったが、総じて第二次産業の集積は進まず、第一次産業への依存度が高いために、冷害や台風などの自然条件に影響を受けやすい。完全失業率や県民所得は長らく、全国でワースト五位以内にある。脆弱な経済基盤や雇用基盤の中で、他県との賃金格差も大きい。従来から集団就職や出稼ぎの歴史があり、一般の就職でも進学でも、県外（特に首都圏）への移動が盛んな地域である。

石黒らの研究は、地域間移動がもたらす経済的な利益と、移動する者が経験する社会関係の変化を分析している。そこでは、移動が利益をもたらし、移動できる者とできない者の格差が、さらに移動によって拡大する傾向が示されている。一方、地元の人間関係が移動によっては毀損されにくいこと、さらに東北出身者のローカルトラック（若者たちの移動のパターンとそれを支える関係）が存在することが、説明されている。

移動する者たちの社会的関係をめぐる、やや特異な傾向は――直観的にいえば――東北の人々が戦後七〇年をかけて形成してきた、自助の仕組みであるように思える。

その「自助」とは何か。

東北の若者たちは、移動後にアクティブな友人関係をいったん縮小させても、地元に帰って関係を再開しやすいのだという。何か危機的な出来事によって故郷へ戻らざるをえないとき、彼らは地元の包摂的な対応を期待できるのである。

ローカルトラックについては、東北の若者たちが、東京圏（一部は仙台市を擁する宮城県）を集中的に選択するという傾向があること、またこの移動傾向が、高度経済成長以後、一貫して存在していることが指摘されている。

その結果、東京圏には、兄姉や従兄姉などの近い世代の親族、さらにおじやおば、祖父母などのより年長の親族が住んでいる確率が高い。さらに同世代に限っても、地元の仲間が進学や就職で揃って東京圏へ出ていくことも多いから、移動の時期が多少ずれても、その仲間が東京圏で待っている可能性が高いのである。

　こうしたローカルトラックの存在によって、若者たちは、移動先で完全に孤立する危険から身を守ることができる。移動を宿命づけられた東北の若者たちは、わが身と後続の世代のために、包摂的なネットワークを都市の中に張りめぐらしてきたのである。


　前掲書の後半に収められたインタビューは、青森の工業高校を出て東京圏へ就職した男性たちと、県内外の四年制大学を出て東京で働く女性たちを対象にしている。学歴の差があるため、同じ基準では捉えられないが、東京の女性たちの奮闘ぶりは注目に値する。

　その中のひとり、三十代前半のKは、「望む方向に進めない分岐点」（前掲書）をいくつも切り抜けてきた経験を持つ。

　まず地元の大学に入れず、親戚のいる東京圏の大学に入学。卒業して飲食店の本社に正社員として勤めるものの、責任の重さと長時間労働に耐えきれず離職。いったん青森へ帰るが、仕事は「スーパーのレジ打ちだけ」だった。東京の恋人とも別れたが、それでも東京へ戻った彼女は、靴販売店でアルバイトに就く。

　しかし靴屋では正社員になれず、また離職。そのとき彼女が頼ったのは、派遣会社に勤める高校時代の「特別に仲がよかったわけではない」友人だった。その友人の仲立ちで、派遣社員として事務系の仕事に就き、経理実務を覚え、満を持してさらに転職。二十人規模のメディア制作会社の正社員になることができた。

彼女の転機にも、高校の友人という、ローカルトラックの関係が生きているのが興味深い。靴屋を辞めて、派遣会社を選ぼうとしていたとき、「じゃあうちに登録すれば」とかけてくれた一言が、その後の行動に安定感を与えたようだ。

そのせいかKは、青森出身の友人はたくさん東京圏に「残っている」と頼もしそうに語る。

中学校の時の友だちも残ってるし、高校の時の友だちも残ってるので。よく会うのは、○○が一番よく会うんですけど。それ以外にも、飲みに行こうって連絡したり、四、五人小グループで集まったりとか、高校は四、五人。中学校が、最近とくに連絡取るようになってて、誰もいた誰もいたみたいな感じで。こないだ、結婚式、パーティに呼ばれて行って、一〇人ぐらい。神奈川だったりとか、埼玉だったりとかありますけど。あくまで呼ばれた人なんで、呼ばれてない人とか来れなかった人たちで、また何人かいるので。意外と残ってるんですよね。(前掲書)

闊達な受け答えからは、彼女の〝いまだ闘争中〟の気迫と誇りも伝わってくる。同じ〝志〟を持つ仲間が、「意外と残ってる」と知って、その気分はさらに昂揚しているようだ。

『「東京」に出る若者たち』の「あとがき」で、石黒格は、この本を執筆すべきかどうか、長く迷っていた、と記している。石黒らの研究チームが収集したデータは、「震災前、いわば平時の若者たちの行動を示している。あの日から、日本社会がまったく変わってしまったなどという論も聞こえてくる中で、平時のデータを示すことに、どれだけの意味があるのか、迷っていたのだ」という。しかし、データを分析し、解釈する中で、迷いはしだいに消えていった。大きな被害を受けた地域からは、多くの人々が転出していく。その中には、むろんたくさんの若者が含まれる。「東北地方出身の若者たちが地域間移動したとき、その先に待つものを実証的に明らかにしようとした本書の情報は、現在のような、意図せざる移動を強いられる若者がいる状況の中で、より大きな意味をもつ可能性もあろう」と考えたのだという。

確かに震災後は、被災沿岸企業の廃業・休業による雇用縮小と地域外企業の支援採用が増加したために、岩手・宮城・福島の主要被災三県では、若年者層の流出が加速した。もともと県外就職率の高い岩手県は別としても、宮城県と福島県では、十五〜二十四歳の年齢層の顕著な流出増が見られた。また福島県では、原発事故による放射能の影響で、特に〇〜十四歳の年齢層の流出が顕著である。

ただし、若者たちの意識は必ずしも一様ではない。

大震災後、東北地域の大学生を主な対象に行なわれた「若者の就労に関するアンケート」（二〇一二年十一月、公益財団法人東北活性化研究センターが実施、サンプル数三百二十）では、東北エリアで働きたい学生は半数に上った（五〇・〇パーセント）。また、「地元で働きたいか」の設問に対し、「地元」は三二・九パーセント、「地元の近く」は二三・一パーセントの回答だった。大震災の経験は、明らかに若者たちの目を地域や地元へ向けさせたのである。

また、震災経験による仕事観の変化については、「社会的に意義のある仕事」や「東北・ふるさとの復旧・復興に役立つ仕事」を望むようになったと答えている（前者二八・四パーセント、後者二〇・三パーセント）。若年層の県外流出とは、矛盾するような傾向である。

この矛盾を説明できる仮説は、どのようなものだろうか。

私が立てた第一の仮説は、流出志向の若者と地元志向の若者の併存を格差によるものとする考え方だ。流出志向とは、手っ取り早く雇用を求めて域外へ向かう困窮層の行動であり、地元志向は、実は余裕のある家庭の子弟たちの行動であるという仮説である。

これはひとつのリアルな視点だが、現在の求職行動がそれほど截然と分化しているとは考えにくい。ことはもっと別の内実を含んでいるように思える。

第二の仮説は、流出志向と地元志向は、非連続で対立的なものではないとする考え方だ。両者は、「条件」の如何によって転換可能であり、特に地元志向は、重要な条件が満たされなければ、比較的容易に流出志向へ移行するだろうという仮説である。

では、彼らの「条件」とは、どのようなものか。

地元に住むための条件は何かと訊かれて、学生たちが（おそらく躊躇なく）挙げたのは、一番目が「希望する仕事があること」（五六・九パーセント）であり、二番目が「収入が確保されること」（二三・一パーセント）だった。

東北の地元で働きたいという気持ちは、もし希望する仕事が見つからない場合に、変わるのだろうか、変わらないのだろうか。強いストレスを生みだすのだろうか。それとも、軽い挫折感として、次の行動選択の中で容易に忘れ去られるのだろうか。

おそらく、一般的な答えなどない。一見矛盾と見える、流出志向と地元志向の中間のどこかに、彼ら一人ひとりの分岐点があるにちがいない。それに個々が向き合う中で、東北と若者たちの次の時代の関係がかたちづくられていくのだろう。

被災地を含む東北の未来について、我々は拠るべき経験をほとんど持っていない。3・11は、この国の戦後経験をはるかに超えてしまったからである。今そこに残された東北は、もう以前の東北ではないし、決定的に失われたものについて、軽々しく「復興」を唱えることはできないのではないか。

ただし誰にも、フルサトを夢みる権利がある。そこへ戻り、または住みつく者なら、そこをフルサトと呼ぶ権利を持っている。そして、この権利は、東北の若者たちだけに許されているものではない。我々は、東北を〝開かれたフルサト〟として、志を持つ者たちを迎え入れる場所として捉え直す必要がある。そう考えないかぎり、東北の未来は見えず、新しいフルサトは見えてこないように思える。

6　若者文化と戦後史

戦後、日本の人口は増加を続け、一九六七年に一億人を超えたが、二〇〇八年の一億二千八百八万人をピークに減少に転じた。国立社会保障・人口問題研究所の推計によれば、二〇四八年に一億人を割り込み、二〇六〇年には八千万人まで減少すると見込まれている。より長期的に見れば、二一〇〇年には三千万人台へ至り、明治維新（一八六八年）の水準（三千三百三十万人）に戻るという。要するに日本の社会は、約二百三十年をかけて、鋭い岩峰のような人口曲線を登り、越え、下っていくことになる（ちなみに、江戸幕府成立から明治維新までの二百六十年間は、二千百万人増の緩やかな変化である）。

よく知られているように、日本の人口は、敗戦直後の高い出生数によって、再び急坂を駆け上がった。この戦後最大のマッス（塊）が、長じて〝若者社会〟をつくり出したのだ。一九七〇年には、二十〜三十九歳人口が三千六百三十三万人となり、総人口の三五パーセントを占めた（一〜二十九歳では五一・七パーセント）。文字通り、ここが若者の時代のピークとなったのである。

序章では、戦後の若者たちが、社会と家族と市場から、三重の要求を課せられたことを述べた。第一には「労働力」として、第二には「家族力」として、第三には「消費力」として、期待に応えることを求められたのである。この期待が大きかったのは、若者たちが圧倒的多数であり、彼らの動向が産業や社会に大きな影響力を持ったからである。

また、高度経済成長によるパイの拡大は、三つの要求に矛盾なく応える若者像を提示できた。目の前の「豊かさ」は、そうした理想像へ誘導する効果的な報酬だったから、彼らは迷うことなく、「豊かさ」へ向かって走った。

もっとも若者たちは、これらの期待に対して、従順さだけを示したわけではない。各章で描いてきたように、彼らは、「労働力」や「家族力」や「消費力」であることを引き受けながらも、それ以外の選択肢への欲求に、たびたび衝き動かされてきた。

「それ以外の選択肢」は文字通り、それ以外であるから明確には定義できない。あえていうなら、〝これではない何か〟であり、〝ここではないどこか〟である。この「ないものねだり」が、若者たちの欲求の根底にある。

コドモとオトナの中間に位置し、どちらにも引かれながら、どちらにも属しきれない不安定で中途半端な者たち――若者のこうした「あり方」を、素直に投影すると、心のスクリーンには、〝これではない何か〟や〝ここではないどこか〟が映る。

その〝もうひとつの現実〟を具体化するための手立てを若者文化と呼んでも、あながちまちがいではないだろう。

戦後日本の若者文化（ユース・カルチャー）には、複数の文脈が流入している。

第一は、アメリカナイズされた大衆文化である。戦争から解放された若者たちにとって、明るく華やかなアメリカの文物は、内部の欲望を可視化するのにうってつけだった。

第二は、敗戦直後の「民主主義」の熱狂である。いくどか述べたように、若者たちは、一九五〇年代を通して、「戦後民主主義」のもっとも戦闘的な信奉者だった。

第三は、そこへ寄り添って勢力を拡大したマルクス主義である。明確な世界観と革命論を主張する唯一の運動として、六〇年代まで絶大な「権威」を発揮した。

第四は、底流に潜む不良文化である。犯罪に隣接するアウトローの文化や、大人たちに眉をひそめさせる逸脱的な行動は、〝イカス〟若者の絶対条件だった。

第五は、純愛から性愛まで、恋愛に対する強い関心である。階層や立場を超えて、戦後の若者たちにとってもっとも切実だったのは、この領域である。

これらの五つの文脈に共通しているのは、旧習や権威や制度などへの対抗文化的な傾向である。「敵」と見なされたのは、国家主義・封建主義から純潔思想・精勤思想に至る戦前の価値観ばかりではない。拝金主義や功利主義にまみれた戦後の風潮も攻撃の対象だった。

そしてもっとも重要なのは、急激に拡大する消費文化が、これらすべての文脈をすっぽり呑み込んでいったことである。民主主義もマルクス主義も対抗文化も、ここではまったく無力だった。消費文化は上の五つと並ぶ一要素ではなく、普遍的で包括的な行動様式として、若者文化のみならず戦後社会のすみずみまで浸透していった。

若者たちは、「労働力」や「家族力」や「消費力」として自分の全身を捧げたくない時、前記の文脈のいずれか、またはそれらを組み合わせて、「もう一つの選択肢」を編み出してきた。若者の絶対数が多かったせいもあるが、確かに六〇年代前後の若者文化は、豊かな多様性を発揮していた。政治と文化と娯楽の境界は定かでなく、シリアスでコミカルでアイロニカルな渾然一体の奔流が、音を立てて流れ出ていた。

ただしその旺盛な若者文化が、消費社会の巨大な掌の上に乗っていたことは、すでに述べた通りである。若者文化は、大人たちの文化に対抗しながら、当の大人たちのビジネスに貢献するという両義性を、最初から持っていた。若者たちは、そうした事情を知った上で、彼らのためにつくり出された流行や思想や商品を受け入れていった。

逸脱や反抗も、適度なバランスを保っていれば、排除されることはなかった。ゆえに、そうした消費社会の「懐の深さ」を利用しながら、どこまで抱き込まれずにいられるか、というゲームも不可能ではなかったのである。


若者文化が、大きな変容を遂げたのは一九八〇年代である。この時代に、戦後的な対抗文化の匂いが薄れ、消費文化の色彩がいっそう強まった。

到来した高度消費社会の手招きで、若者たちは消費の主役として舞台の中央に進み出た。また彼らの中には、消費文化の〝仕掛け人〟として制作や演出の側に回った者もいる。渋谷公園通りや表参道には、まるで若者の、若者による、若者のための消費社会が出現したかのような一瞬があった。

ただしこうした変容が、あらゆる場所で一様に起きたわけではないし、すべての若者が、消費文化に惑わされ呆けてしまったわけでもない。本書の後半で述べたように、一部の若者は、消費社会の誘惑に足をすくわれながらも、彼らなりの知恵と工夫で、（時にはやや奇態な）若者文化を編み出し、〝もうひとつの現実〟をつくり出してきたのである。

省みるべきは、八〇年代の変容期、我々が若者文化の「対抗力」を生かす方途を語り合う場を持てなかったことだ。

八〇年代にもすでに格差はあったが、そこにはまだ、共通の利害を議論し合える、若者たちの「塊」が存在していたのではないか。「自立した個」に分断される前の若者たちが、〝これではない何か〟や〝ここではないどこか〟を論じ合う可能性があったのではないか。九〇年代に日本社会が決定的に変質し、若者が「社会的弱者」へ滑り落ちる前に、打つ手を考える機会があったのではないだろうか。

このような〝未発の可能性〟を議論するための素材は、今に続く戦後史の中にある。若者たちが、乏しい経験とそれを補う勘と度胸で切り拓いた〈精神の領土〉の中にいくつも見出せる。本書にいくらかの存在価値があるとするなら、そのような役割を措いてほかにはない。

あとがき

　若者たちについて書きたいという気持ちは、ずっと前からあった。前著『「幸せ」の戦後史』で、若者の労働や雇用などは論じたが、書いてみたいテーマは逆に膨らんだ。特に流行歌や高校闘争や中等教育については、自らのささやかな体験を含め、記しておきたいことがあった。その思いを本書で叶えることができた。

　本書には、何人かのセヴンティーンが登場する。『伊豆の踊子』で不機嫌な少女を演じた美空ひばり、ポリドール時代の最後の曲「風吹く丘で」を歌った青山ミチ、流転の渦中にあった森進一や永山則夫も十七歳だった。

　山口二矢をはじめする一九六〇年のセヴンティーンは、戦後史の分水嶺を越えつつあることをかなり明確に意識していたし、私を含む一九六九年のセヴンティーンは、戦後史の幻想が綻びかけていることに気づいていた。巻頭のエピグラフのように、十七歳は、少しだけほんとうのことを知る年頃なのである。

一九七〇年の秋、十八歳の誕生日を間近に控えた学園祭で、私はガリ版刷の詩集を買った。文化祭の展示や模擬店が並ぶ校舎の廊下で、同学年のその「詩人」に、百円の対価を払ったと記憶している。

ワラ半紙をホッチキスで綴じ、薄い和紙の表紙をかぶせた詩集の標題は「ながれ」。作者名は、浅内街（AZANAI Machi）と記されていた。同じクラスになったこともないし、口をきいたこともない彼女の詩集を、どんなつもりで買ったのかもう憶えていない。でもここに収められた十二篇の詩は、かなり長い間、私の重要な拠り所だった。

その中の一篇、「秋――その1」から、数行を引く。

活動のあとの小休止
とどまることを知らない
疲労感
この次　私のすることは……
冷たい風が
冷たい精神の刺激剤となり
錯乱の中の蜘蛛の糸となる

彼女は高校を卒業すると、親元を離れ、自活したという。くわしいことは知らないが、闘うことの多い人生だったと人づてに聞いた。亡くなった時は、まだ四十代だった。

私は、この詩の「活動のあとの小休止」という一節を読み返すたびに、自分はその小休止を果たして抜け出せたのだろうかと自問した。あの時期、身体に宿った「熱」は二度と戻ってこないだろうと思いながら、この次に自分のなすべきことを探した。十七歳の経験は、けっこう重いものだったのである。

「若者」とは実体ではなく、時を限定された意識の状態である。誰もが一時は若者であり、次第にそこから遠ざかる。その「一時」が、どんな事象として体験されるか、どんな記憶として後の世代に伝わるかが、本書の一貫した関心事だった。

こうした若者の〈社会意識〉を探る方法のひとつは、〝繋がりの発見〟である。〈社会意識〉は一個人の脳髄に単独で住まうものではなく、何かの共通項で繋がり合う人と人の関係から立ち上がるものだからだ。

その「関係」は、必ずしも現実界の交流を条件とするものではない。見ず知らずでも、思想や趣味、年齢や地域などを共有することで、〈社会意識〉を生みだす「関係」は形成される。昨今の社会学は世代論をさほど重視しないだろうが、私は同一の年齢層が、その時代の〈社会意識〉の発生源になると信じている。

〈セヴンティーン〉は、そうした方法のひとつなのである。

本書が、多くの研究者やジャーナリストの成果に依拠するものであることは言うまでもない。さまざまな文献を渉猟していて、ふと思いがけない若者の横顔が見えると、その作品の筆者に、思わず手を合わせて感謝する習慣が身についた。

第4章では、私のあやふやな記憶を確かめるため、同窓の友人や先輩諸氏の力を借りた。また父が遺してくれたダンボール一箱分の著作や資料がなければ、このようなかたちにはならなかったことも確かである。

本書の第一章から第六章までは、朝日新聞社『WEBRONZA』に連載した。担当して下さった高橋伸児氏に御礼を申し上げたい。本書が多少の開放感を発揮しているとすれば、この連載によるところが大きい。

企画の検討から、序章と終章の書き下ろしを加えた執筆の完了まで、すべての過程を支えて下さったのは、前著同様、トランスビューの中嶋廣氏である。私は、氏の的確なアドバイスと「面白い！」の一言をたよりに書き続けた。

装幀も前著と同じく、菊地信義氏のお世話になった。実はこの方も一九六〇年のセヴンティーンの一人である。

みなさん、ありがとうございました。

二〇一四年十二月

菊地史彦

山下祐介『東北発の震災論――周辺から広域システムを考える』、ちくま新書、2013

全体にわたって参照したもの

菊地史彦『「幸せ」の戦後史』、トランスビュー、2013
岩波書店編集部『近代日本総合年表　第四版』、岩波書店、2000
世相風俗観察学会『現代風俗史年表』(増補2版)、河出書房新社、2001
中村政則、森武麿『年表　昭和・平成史 1926-2011』岩波ブックレット、2012
平凡社『昭和・平成史年表』、平凡社、2009

旬報社、2011年10月25日、所収
石丸小四郎・建部暹・寺西清・村田三郎『福島原発と被曝労働——隠された労働現場、過去から未来への警告』、明石書店、2013
いわきヘリテージツーリズム協議会「常磐炭田の歴史」
http://www.i-heritage.com/history.html
遠藤薫編著『大震災後の社会学』、講談社現代新書、2011
Oguma Eiji, "The Hidden Face of Disaster: 3.11, the Historical Structure and Future of Japan's Northeast," The Asia-Pacific Journal Vol.9, Issue 31, No. 6, August 1, 2011.（和訳：小熊英二「東北と戦後日本——近代日本を超える構想力の必要性」）
長田暁二・千藤幸蔵編著『日本民謡事典』、全音楽譜出版社、2012
開沼博『「フクシマ」論——原子力ムラはなぜ生まれたのか』、青土社、2011
川西英通『東北——つくられた異境』、中公新書、2001
川西英通『続・東北——異境と原境のあいだ』、中公新書、2007
佐藤藤三郎『25歳になりました』、百合出版、1960
佐藤藤三郎『まぼろしの村V』、晩声社、1981
佐藤藤三郎『山びこ学校ものがたり——あの頃、こんな教育があった』、清流出版、2004
佐野眞一『遠い「山びこ」——無着成恭と教え子たちの四十年』、文藝春秋、1992（新潮文庫、2005）
「常磐炭鉱節」、唄：磯原すみれ、茨城県北茨城市磯原町
https://www.youtube.com/watch?v=M506_1KBZxE
常磐炭田史研究会「常磐炭田略年史」
http://tankouisan.jp/data/year_history/
『東北における若者の就労に関する調査研究　若者の「多様な仕事・働き方」の可能性と実現方策』、公益財団法人 東北活性化研究センター、2013年2月
http://www.kasseiken.jp/pdf/library/guide/24fy-0501.pdf
福島みずほ対談47　石丸小四郎さん「原発被曝労働者を使い捨てるな」
https://www.youtube.com/watch?v=gqN-pmjIok0
『平成24年度 国土交通白書』、国土交通省、2013年7月2月
https://www.youtube.com/watch?v=gqN-pmjIok0
無着成恭編『山びこ学校』、青銅社、1951（角川文庫、1969）
無着成恭・佐藤藤三郎「『山びこ学校』師弟対談」、『朝日ジャーナル』、1960年3月27日号、所収

中上健次「蛇淫」、河出書房新社、1976（『中上健次選集11』、小学館文庫、2000）
難波功士『ヤンキー進化論——不良文化はなぜ強い』、光文社新書、2009
原田曜平『ヤンキー経済——消費の主役・新保守層の正体』、幻冬舎新書、2014
三浦展『ファスト風土化する日本——郊外化とその病理』、洋泉社新書y、2004
宮台真司『終わりなき日常を生きろ——オウム完全克服マニュアル』、筑摩書房、1995（ちくま文庫、1998）
宮台真司『まぼろしの郊外——成熟社会を生きる若者たちの行方』、朝日新聞社、1997（朝日文庫、2000）
森田真功「ヤンキー・マンガ ダイジェスト」、五十嵐太郎編『ヤンキー文化論序説』、河出書房新社、2009 、所収
李敬泉「ジャスコの出店戦略の原型」、『経営研究』第55巻第1号、大阪市立大学経営学会、2004、所収
『週刊現代』、1974年12月26日号
『週刊大衆』、1974年11月28日号
『新潮45』、2006年10月号
『通商白書2004』、経済産業省、2004年6月
『平成3年国民生活白書　東京と地方——ゆたかさへの多様な選択』、経済企画庁、1991年11月19日
アムネスティ死刑廃止学習会「死刑と誤判」報告
http://homepage2.nifty.com/shihai/report/040612shimatani/2.html
DVD『木更津キャッツアイ Vol.1 ～ Vol.5』、TBS 、2002（Vol.5に宮藤官九郎のインタビューを収録）
DVD『青春の殺人者　デラックス版』、パイオニアLDC 、2001（長谷川和彦のインタビューを収録）

終　章

石黒格・李永俊・杉浦裕晃・山口恵子『「東京」に出る若者たち——仕事・社会関係・地域間格差』、ミネルヴァ書房、2012
石丸小四郎「原発内被曝労働と国・事業者の責務」、『原子力資料情報室通信』No.353、原子力資料情報室、2003年11月1日、所収
石丸小四郎「福島原発震災と反原発運動の四六年」、『労働法律旬報』1754号、

山住正己『「教育」の同時代史』、平凡社、1984
米沢嘉博『戦後少女マンガ史』、新評社、1980（ちくま文庫、2007）
『文藝別冊　岡崎京子（増補新版）』、河出書房新社、2002
「平成24年度『児童生徒の問題行動等生徒指導上の諸問題に関する調査』について」、文部科学省初等中等教育児童生徒課、平成25年12月10日
http://www.mext.go.jp/b_menu/houdou/25/12/1341728.htm

第6章

阿部真大『地方にこもる若者たち――都会と田舎の間に出現した新しい社会』、朝日新書、2013
阿部真大「ヤンキーたちは地域に戻ることができるのか」、五十嵐太郎編著『ヤンキー文化論序説』、河出書房新社、2009、所収
新雅史『商店街はなぜ滅びるのか――社会・政治・経済史から探る再生の道』、光文社新書、2012
ウィリス、ポール・E『ハマータウンの野郎ども――学校への反抗・労働への順応』（熊沢誠、山田潤訳）、筑摩書房、1985、（ちくま学芸文庫、1996）
宇野常寛『ゼロ年代の想像力』、早川書房、2008
大塚英志『キャラクター小説の作り方』、講談社現代新書、2003
大山昌彦「暴走族文化の継承」、五十嵐太郎編『ヤンキー文化論序説』、河出書房新社、2009、所収
小田光雄『〈郊外〉の誕生と死』、青弓社、1997
宮藤官九郎『木更津キャッツアイ』、角川書店、2002（角川文庫、2003）
宮藤官九郎『池袋ウエストゲートパーク』、角川書店、2003（角川文庫、2005）
熊沢誠『若者が働くとき――「使い捨てられ」も「燃えつき」もせず』、ミネルヴァ書房、2006
斎藤環『世界が土曜の夜の夢なら――ヤンキーと精神分析』、角川書店、2012
下川浩一『日本の企業発展史――戦後復興から五〇年』、講談社現代新書、1990
神野直彦『地域再生の経済学――豊かさを問い直す』、中公新書、2002
橘木俊詔『格差社会――何が問題なのか』、岩波新書、2006
立松和平『遠雷』、河出書房新社、1980（河出文庫、1983）
立松和平『回りつづける独楽のように』、集英社、1981
立松和平『春雷』、河出書房新社、1983（河出文庫、1989）
立松和平『性的黙示録』、トレヴィル、1985（河出文庫、1990）

第5章

飯沢耕太郎『戦後民主主義と少女漫画』、PHP新書、2009
石坂洋次郎『青い山脈』、新潮社、1947（新潮文庫、1952）
岡崎京子『バージン』、白夜書房、1985（九龍コミックス、2002）
岡崎京子『pink』マガジンハウス、1989
岡崎京子『東京ガールズブラボー』、宝島社、1993
岡崎京子『リバーズ・エッジ』、宝島社、1994
片桐芳雄・木村元編著『教育から見る日本の社会と歴史』、八千代出版、2008
鎌田慧『教育工場の子どもたち』、岩波書店、1984（岩波現代文庫、2007）
苅谷剛彦『教育改革の幻想』、ちくま新書、2002
小阪修平『思想としての全共闘世代』、ちくま新書、2006
佐藤忠男『日本映画史』、岩波書店、1995
庄司薫『赤頭巾ちゃん気をつけて』、中央公論社、1969
白川静『字統』、平凡社、1984
絓秀実『1968年』、ちくま新書、2006
西谷祥子『レモンとサクランボ』、集英社、1966（白泉社文庫、2004）
日本大学文理学部闘争委員会書記局編『増補　叛逆のバリケード――日大闘争の記録』、三一書房、1969
橋本治『花咲く乙女たちのキンピラゴボウ』、北宋社、1979（河出文庫、1984）
橋本治『桃尻娘』、講談社、1978（講談社文庫、1981）
長谷川和彦・相米慎二「東宝映画『翔んだカップル』をめぐるうるさいおとなたちの映像美学」、『月刊シナリオ』1980年8月号、日本シナリオ作家協会
藤井淑禎『純愛の精神誌――昭和三十年代の青春を読む』、新潮選書、1994
藤田英典『教育改革――共生時代の学校づくり』、岩波新書、1997
藤田英典編『誰のための「教育再生」か』、岩波新書、2007
藤本由香里『私の居場所はどこにあるの？――少女マンガが映す心のかたち』、学陽書房、1998
眉村卓『ねらわれた学園』角川文庫、1976（講談社文庫、2012）
宮台真司・石原英樹・大塚明子『増補　サブカルチャー神話解体――少女・音楽・マンガ・性の変容と現在』、ちくま文庫、2007
陸奥A子『たそがれ時に見つけたの』、集英社、1975
森田洋司『いじめとは何か――教室の問題、社会の問題』、中公新書、2010
文部科学省「確かな学力の向上のための2002アピール『学びのすすめ』」、2002年1月17日

竹内静子『反戦派高校生――状況を創るもの』、三一新書、1970
竹川義男「高校生運動の論理と展開」、しいら書房編著『世界は業火につつまれねばならない――反逆する高校生』、しいら書房、1969、所収
田代三良『高校生』、岩波新書、1970
田村晴久「若者になれ」、『いぐさ9号』、都立井草高校生徒会、1969、所収
土屋達彦『叛乱の時代――ペンが挑んだ現場』、トランスビュー、2013
中島孝之・前島寿一「井草祭によせて」、『第12回井草祭プログラム』、1968、所収
三田誠広『高校時代』、角川文庫、1980
村上龍『69 Sixty nine』、集英社、1987
盛田隆二『いつの日も泉は湧いている』、日本経済新聞出版社、2013
山住正己『教科書』、岩波新書、1970
山住正己『日本教育小史――近・現代』、岩波新書、1987
和田あき子「高校生にはデモの権利はないのか」、『大泉市民の集いニュース』第26号、1970年3月1日、所収（復刻版、1998）
和田あき子「高校生にもデモの権利はあるのだ」、『週刊アンポ』第12号、1970年4月20日、所収
「父母への通知」、都立井草高等学校校長 飛岡正治、1969年12月15日
『井草――都立井草高校ＰＴＡ会報』、第2号、1969年12月20日
『井草新報』、第92号、1970年2月10日、都立井草高等学校新聞委員会
『五十周年記念誌――自由と人間尊重の伝統』、都立井草高等学校、1991年
都立井草高校で配布されたビラ
「12・5、12・6、12・8連続討論会へ！」、1969年12月5日
「本日事前討論会!!」、1969年12月8日
「封鎖宣言」、1969年12月9日
「我々の考え」、1969年12月9日
「考えるのをやめてはいけない」、3Ｅ有志、1969年12月
「期末考査問題に関して」、3年Ｅ組、1969年12月
「評価をなくし、評価のための定期考査をやめることの提案」、3年Ｅ組、1969年12月
「All Ｈ組における多数の案」、1969年12月
「不当処分及び確約書を撤回せよ!!」、1970年1月
「始業式・授業再開を弾劾し、暴力的闘争圧殺策動を粉砕せよ!!」、1970年1月

『週刊漫画サンデー』、1960年11月5日号
『週刊漫画サンデー』、1964年4月29日号
『週刊読売』、1960年10月30日号
『週刊読売』、1961年5月21日号
『読売スポーツ』、1961年3月24日号
『読売スポーツ』、1961年6月23日号

第4章

ウォーラーステイン、イマニュエル『ポスト・アメリカ――世界システムにおける地政学と地政文化』(丸山勝訳)、藤原書店、1991
大阪府立東淀川高校1969年卒業式「自主答辞」、平栗清司編『高校生は反逆する』、三一新書、1969、所収
柿沼昌芳・永野恒雄・田久保清志『高校紛争――戦後教育の検証』、批評社、1996
苅谷剛彦『大衆教育社会のゆくえ――学歴主義と平等神話の戦後史』、中公新書、1995
菅孝行『戦後演劇――新劇はのりこえられたか』、朝日選書、1981
菊地四郎「教育相談活動の中から」、『学級経営』1967年6月号、明治図書、所収
菊地四郎ほか「座談会・高校生パワーと中学生パワー」、『中学教育』1970年5月号、小学館、所収
菊地四郎「演劇教育の立場から II」、宮坂哲文編『現代学級経営第2巻　学級づくりの理論と方法』、明治図書出版、1961、所収
北沢弥吉郎『東京の高校紛争――教育への挑戦に応えて』、第一法規出版、1971
小池真理子『無伴奏』、集英社、1990(集英社文庫、1994)
高坂正顕『私見　期待される人間像　増補版』、筑摩書房、1966
小阪修平『思想としての全共闘世代』、ちくま新書、2006
小林哲夫『高校紛争1969-1970――「闘争」の歴史と証言』、中公新書、2012
佐藤俊樹『不平等社会日本――さよなら総中流』、中公新書、2000
須田重雄・菊地四郎編著『新しい教育相談の実践』、日本文化科学社、1967
高橋源一郎「民主主義の中の暴力」、平栗清司編『高校生は反逆する』、三一新書、1969、 所収
高瀬勇編著『工業高校　その闘いと教育の本質』、三一新書、1970

佐藤忠男『日本映画史』、岩波書店、1995
沢木耕太郎『テロルの決算』、文藝春秋、1978（文春文庫、1982）
笹倉明『昭和のチャンプ――たこ八郎物語』、集英社文庫、1989
島成郎『ブント私史――青春の凝縮された生の日々 ともに闘った友人たちへ』、批評社、1999
島﨑今日子『安井かずみがいた時代』、集英社、2013
中村正則『戦後史』、岩波新書、2005
西部邁『六〇年安保――センチメンタル・ジャーニー』、文藝春秋、1986
野地秩嘉『キャンティ物語』、幻冬社、1994（幻冬社文庫、1997）
原彬久『岸信介――権勢の政治家』、岩波新書、1995
干刈あがた『樹下の家族』、福武書店、1983（福武文庫、『樹下の家族／島歌』、1986）
干刈あがた『ウォークinチャコールグレイ』、講談社、1990（講談社文庫、1993）
百田尚樹『「黄金のバンタム」を破った男』、PHP文芸文庫、2012
平井陽一『三池争議――戦後労働運動の分水嶺』、ミネルヴァ書房、2000
保坂正康『六〇年安保闘争の真実――あの闘争は何だったのか』、中公文庫、2007
正村公宏『戦後史　下』、筑摩書房、1985
村上信彦「考える葦と感ずる葦」、『婦人公論』、1960年12月号、所収
山口二矢顕彰会編『山口二矢供述調書』、展転社、2010
山口晋平「二矢の短い生涯――親の夢子供の夢」、『文藝春秋』、1961年1月号、所収
山住正己『日本教育小史――近・現代』、岩波新書、1987
山田鋭夫「日本型資本主義と企業主義的レギュラシオン」、『国際経済環境と産業構造が変化する中での日本型資本主義の調整様式の変容に関する研究』（平成7～9年度科学研究費補助金成果報告書）、1998、所収
吉本隆明「擬制の終焉」、『民主主義の神話』（共著）、現代思潮社、1960
吉本隆明『自立の思想的拠点』、徳間書店、1966
渡辺武信『日活アクションの華麗な世界　上』、未来社、1981
『サンデー毎日』、1960年11月20日号
『週刊朝日』、1960年10月30日号
『週刊現代』、1960年10月30日号
『週刊文春』、1961年5月15日号

佐藤忠男『日本映画史』、岩波書店、1995
土田隆平「高度成長と集団就職——中卒者就職構造の分析」、『東北公益文科大学総合研究論集』、東北公益文科大学、2005、所収
新妻イト「東京で明かるく働く少年たち」、『家の光』、1957年11月号、所収
橋本健二『「格差」の戦後史——階級社会 日本の履歴書』、河出書房新社、2009
畑山博「狩られる者たち」、『狩られる者たち』、文藝春秋、1971、所収
平林たい子「集団就職」、『家の光』、1962年9月号、所収
藤井淑禎『純愛の精神誌——昭和三十年代の青春を読む』、新潮選書、1994
堀川惠子『永山則夫——封印された鑑定記録』、岩波書店、2013
簑輪紀子『新潟発　団塊の世代史』、越書房、1995
『女性自身』、1968年6月17日号
『女性自身』、1976年5月27日号

第3章

石川真澄『戦後政治史』、岩波新書、1995
江刺昭子『樺美智子　聖少女伝説』、文藝春秋、2010
大内文一・小川吉造・武石文人・山領健二『高校生の戦後史——学校新聞からの証言』、新評論、1983
大江健三郎「セヴンティーン」、『性的人間』、新潮社、1963、所収（新潮文庫、1968）
大江健三郎「政治少年死す——セヴンティーン第二部」、『文學界』1961年2月号、文藝春秋、所収
大島渚『日本の夜と霧／大島渚作品集〈増補版〉』、現代思潮社、1966
大島渚プロダクション（公式サイト）http://www.oshima-pro.jp/
小川吉造・今井久仁編著『高校新聞の戦後史——学園メディアと高校生記者たちの青春』、白順社、1999
奥浩平『青春の墓標——ある学生活動家の愛と死』、文藝春秋新社、1965
加賀まりこ『とんがって本気』、新潮社、2004
樺光子編『人しれず微笑まん——樺美智子遺稿集』、三一新書、1960
軍司貞則『ナベプロ帝国の興亡』、文藝春秋、1992（文春文庫、1995）
小池和男「三池」、『現代日本経済史——戦後三〇年の歩み　上』（共著）、筑摩書房、1976
小林哲夫『高校紛争 1969–1970——「闘争」の歴史と証言』、中公新書、2012

奥山弘『「艶歌の竜」と歌謡群像』、三一書房、1995
北中正和『増補　にほんのうた――戦後歌謡曲史』、平凡社、2003
軍司貞則『ナベプロ帝国の興亡』、文藝春秋、1992（文春文庫、1995）
小西良太郎『海鳴りの詩――星野哲郎 歌書き一代』、集英社、1993
佐藤忠男『日本映画史』、岩波書店、1995
竹中労『美空ひばり』、1965、弘文堂（『完本　美空ひばり』、ちくま文庫、2005）
東谷護『進駐軍クラブから歌謡曲へ――戦後日本ポピュラー音楽の黎明期』、みすず書房、2005
弘田三枝子「ミコブロ」（オフィシャルブログ）http://ameblo.jp/micomusic/
本田靖春『「戦後」 美空ひばりとその時代』、講談社、1987（講談社文庫、1989）
森秀人『日本の大衆芸術』、大和書房、1964
吉本隆明『自立の思想的拠点』、徳間書店、1966
輪島裕介『創られた「日本の心」神話――「演歌」をめぐる戦後大衆音楽史』、光文社新書、2010
渡辺武信『日活アクションの華麗な世界　下』、未来社、1982
『週刊現代』、1963年6月13日号
『週刊女性』、1962年9月5日号
『週刊新潮』、1963年6月17日号
『週刊平凡』、1962年11月22日号
『週刊平凡』、1963年3月14日号
『週刊平凡』、1970年7月2日号
『女性自身』、1968年2月26日号
『女性自身』、1968年4月1日号
『女性セブン』、1968年4月10日号

第2章

石坂洋次郎『風と樹と空と』、講談社、1963（角川文庫、1968）
岩本隼「十年前上野駅に着いた金の卵――ある集団就職の運命」、『週刊新潮』、1973年6月21日号、所収
加瀬和俊『集団就職の時代――高度成長のにない手たち』、青木書店、1997
片瀬一男「集団就職者の高度経済成長」、『人間情報学研究』第15巻、東北学院大学、2010、所収

引用・参考文献

（初版の出版社名と刊行年、括弧内は参照した本を示す）

序　章

阿久悠『愛すべき名歌たち――私的歌謡曲史』、岩波新書、1999

上前淳一郎『イカロスの翼――美空ひばりと日本人の40年』、文藝春秋、1978（文春文庫、1985）

川端康成『伊豆の踊り子』、金星堂、1927（岩波文庫、『伊豆の踊り子・温泉宿他四篇』、1952）

熊沢誠『新編　日本の労働者像』、ちくま学芸文庫、1993

熊沢誠『若者が働くとき――「使い捨てられ」も「燃えつき」もせず』、ミネルヴァ書房、2006

斎藤完『映画で知る美空ひばりとその時代――銀幕の女王が伝える昭和の音楽文化』、スタイルノート、2013

佐藤忠男『日本映画史』、岩波書店、1995

竹中労『美空ひばり』、弘文堂、1965（『完本　美空ひばり』、ちくま文庫、2005）

日高六郎『戦後思想を考える』、岩波新書、1980

美空ひばり『ひばり自伝――私と影』、草思社、1971

統計数理研究所「日本人の国民性調査」
http://www.ism.ac.jp/kokuminsei/

第1章

阿久悠『夢を食った男たち――「スター誕生」と歌謡曲黄金の70年代』、毎日新聞社、1993（文春文庫、2007）

五木寛之「艶歌」、『小説現代』1966年12月号、講談社、所収（『艶歌・海峡物語』、講談社、1987）

上前淳一郎『イカロスの翼――美空ひばりと日本人の40年』、文藝春秋、1978（文春文庫、1985）

小熊英二『単一民族神話の起源――「日本人」の自画像の系譜』、新曜社、1995

菊地史彦（きくち　ふみひこ）

1952年、東京生まれ。76年、慶應義塾大学文学部卒業。同年、筑摩書房入社。89年、同社を退社。編集工学研究所などを経て、99年、ケイズワークを設立し、企業の組織課題やコミュニケーション戦略を中心にコンサルティング活動を行なう。現在、株式会社ケイズワーク代表取締役。国際大学グローバル・コミュニケーションセンター客員研究員。著書に『「幸せ」の戦後史』（トランスビュー、2013）、『情報文化の学校』（共著、NTT出版、1989）がある。

「若者」の時代

二〇一五年三月五日　初版第一刷発行

著　者　菊地史彦

発行者　中嶋　廣

発行所　株式会社トランスビュー
東京都中央区日本橋浜町二―一〇―一
郵便番号一〇三―〇〇〇七
電話〇三（三六六四）七三三四
URL http://www.transview.co.jp

印刷・製本　中央精版印刷

ISBN978-4-7987-0156-1 C1036